阿含正義——唯識學探源

第六輯

平實導師 著

ISBN-13:978-986-82992-5-2

佛云：「若佛子：心背大乘『**常住**』經律，言非佛說，而**受持二乘聲聞**、外道惡見一切**禁戒**、邪見**經律**者，犯輕垢罪。」佛又云：「若佛子：自佛弟子及外道惡人、六親，一切善知識應一一教受持**大乘經律**，教解義理，使發『菩提心、十發趣心、十長養心、十金剛心』，於三十心中一一解其次第法用；而**菩薩**以惡心、瞋心，**橫教二乘聲聞經律**、外道邪見論等，犯輕垢罪。」佛又云：「若起一念**二乘**、外道心者，犯輕垢罪。」（《梵網菩薩戒經》。否定如來藏常住而受持比丘、比丘尼戒者，不傳授大乘經律而專門教導二乘解脫道者，皆犯菩薩戒之輕垢罪；過半月已，若未懺悔、後不復作，即成違犯重戒；專教解脫道而否定常住如來藏之一切比丘、比丘尼眾，對此應特別留心、補救。）

唯有如來藏是**常住**法，緣起性空是虛相法、不常住法，依止無常性之蘊處界，始有緣起性空法故。若不欲違犯菩薩戒者，當信受常住如來之藏，當修學常住如來之藏，當求證常住如來之藏，方名眞實菩薩也！信緣起性空而排斥如來藏，即是二乘種性人，犯菩薩戒。若謗常住如來藏，即是外道惡見，佛依如來藏而說阿含蘊處界緣起性空故，不是單依生滅法之蘊處界而說緣起性空故；此理已舉證阿含聖教於前五輯中，參閱即知。

——正智出版社　編輯部——

必須已經閱讀前面每一輯，並且確實瞭解其內容以後，才不會誤解這一輯書中所說的法義，或讀不懂此輯書中的法義。若直接從這一輯閱讀，將很有可能誤會這一輯書中所說的義理，而仍然自以為沒有誤會；越到後面數輯，越是如此。若不從第一輯開始依次第閱讀、思惟，有可能在非故意的情況下，誤犯了大妄語業，請您特別注意這個叮嚀。斷我見之最重要義理為識蘊之內容，若欲確保我見已完全斷除者，可向正覺同修會索取《識蘊真義》結緣書，更深入而詳細的瞭解識蘊之內容，我見當可斷除，三縛結因此可斷。

——平實誠懇的叮嚀——

目錄

第三輯

第四輯

第五輯

第八章　俱解脫—八解脫聖者應再進修

第九章　涅槃

第六輯

第七輯

自序

本書的義理，僅從四阿含諸經中取材而說，不從大乘諸經中取材而說，如是證明大乘方廣唯識諸經的法義，從來不違四阿含諸經的解脫道法義，證明大乘經典中的法義並非歷經演變而成者，也證明一件事實：原始佛法中解說涅槃時，爲了不墮入斷見外道見中，不得不處處隱語密意說有第八識**本住法**的存在，而第八識法義本是應該留到第二、第三轉法輪時才正式宣說的。所以二乘法其實是以大乘法爲根本而方便宣說的，若離大乘法宗本的如來藏根本心，二乘涅槃將難逃於斷滅見之譏評，本質也將成爲斷滅空，如同印順之所墮。

本書之所以不取材於大乘經典來說者，是因爲印順、昭慧……等人私心之中，認爲大乘經典是部派佛教以後的佛弟子們長期創造演化出來的，不承認大乘經典眞是 釋迦世尊所說，是故此書中原則上都不引證大乘經典法義。又因佛學學術界公認的阿賴耶識權威史密豪森先生（Lambert Schmithausen），依據後出的《瑜伽師地論》爲根據，立論說：阿賴耶識心體是在論中的〈本地分〉才出現的，原始佛法中並未說有阿賴耶識心體；又說意根在論中的〈攝抉擇分—

證明分〉中仍然尚未建立起來，是到後面的〈流轉分〉中才建立起來的，認為在此論出現以前，佛法中是尚未建立意根末那識的；但是他的說法，完全違背佛教法義弘傳的最早文獻記錄中的歷史事實，因為在四阿含教典中，不論是南傳或北傳的阿含部經典，都曾明說或隱說阿賴耶識了，只是史密豪森讀不懂罷了。又因為大乘經典是被印順、史密豪森所否定的，他們都不相信大乘經典，都對大乘經典持否定態度，堅稱不是 佛口親說，由此緣故，此書中不舉示大乘經典、論典而說，單取四阿含諸經（印順說為原始佛法）經文證據來說，證明原始佛法中早已說過有意根及阿賴耶識心體的存在，證明印順、昭慧……等人所信受的西方學術研究者說法是全面錯誤的。

復次，本書對四阿含諸經法義的取材，是全面性的，不是像印順、證嚴……等人一樣專取四阿含中自己所愛樂的法義來說，也不是像印順、證嚴……等人一樣的排斥四阿含中對自己不利的法義而省略不說。印順甚至說**四阿含的經文不完全符合 佛意**，而主張親聞 佛陀所說的才是完全符合 佛意，所以另行建立**根本佛法**（親聞佛口所說之法義）以別於**原始佛法**的四阿含諸經所說。但是，莫說印順今天親自聽聞佛說一遍就能真解法義，乃至現存四阿含經典，可以讓他再三、再四乃至再十的連續研讀，他尚且一樣嚴重誤會，錯解經文的證據確鑿，何況親聞 世尊演說一遍可以解義？絕無斯理！

由於印順……等人已有否定大乘經，說非佛說，以及別行建立根本佛法等二種**不正當**作法，所以他們對四阿含諸經經義的解說，已經使原意喪失泰半，也使四阿含的眞義廣被埋沒，印順、證嚴……等人已將 佛陀的本懷加以嚴重曲解了。但是他所謂的**根本佛法**，在 佛陀入滅以後根本就不可能存在，除了古時當場聽聞者；但在此時是絕無可能的，所以他的主張是毫無意義的。本書則是普遍、廣泛對四阿含經文加以引證廣說，使四阿含諸經的眞實義，可以示現在末法時代廣大學人眼前，也使四阿含諸經所說的解脫道眞義，重現於末法時世的今天，這是本書與印順、昭慧……等人取材阿含法義而說時的最大不同所在。

四阿含諸經所說法義，以二乘菩提爲主；二乘菩提則是解脫道之法義，專述出離分段生死之解脫道法義，不以實證法界萬法實相爲內涵，故與成佛之道的佛菩提道無直接關聯，因爲成佛之道是必須從親證萬法本源的第八識如來藏開始的。第二、三轉法輪之大乘諸經法義，則以成佛之道爲主；大乘成佛之道則以佛菩提智慧爲主，卻又函蓋了二乘菩提之解脫道；是故大乘成佛之道，非唯第二轉法輪之般若系諸經所說實相般若總相智、別相智，亦須再進一步求證一切種智增上慧學。般若既以親證如來藏爲始，依所證如來藏才能現觀如來藏的中道實相義；而一切種智增上慧學，則是第三轉法輪諸經所說如來藏自性妙義，以及如來藏所含藏一切種子等增上慧學爲本；以親證萬法根源如來藏心體中所含藏之一切種子已具足故，名爲圓滿成就一切種智，名爲成佛。

如是，合解脫道智慧、般若總相智、般若別相智，以及一切種智之智慧，方可名爲成佛之道，非如印順單以二乘菩提之解脫道可以名爲成佛之道也！否則，一切阿羅漢應皆已經成佛也！然而現見一切阿羅漢皆非是佛，亦無任何一位阿羅漢敢在 佛入滅後自稱成佛也！故知成佛之道函蓋二乘菩提之解脫道，亦函蓋大乘別教不共二乘之般若總相智、別相智、一切種智等智慧也！具足如是智慧，方名成佛。然而二乘聖人所證解脫道，既不曾證般若總相、別相智慧，更不曾證一切種智，印順焉得單以二乘解脫道小法智慧而稱爲成佛之道？更何況他早已誤會二乘解脫道的涅槃智慧了！然而印順卻敢在死前，同意潘煊把他的傳記以《看見佛陀在人間》爲副書名而出版，這是以凡夫之身僭稱成佛，顯然不懂解脫道及佛菩提道。

由因諸多崇尚二乘小法之聲聞種性法師與居士，盲從日本、歐美一分否定如來藏妙義之佛學學術研究學者，盲從藏密堅持意識是最終心的應成派假中觀邪見者暗指「大乘非佛說」之邪論，極力誹謗第二、三轉法輪諸經所說如來藏正義，謗無如來藏，私下言語中常常無根誹謗：「原始佛教四阿含諸經中不曾說有第七識意根，亦不曾說有第八識如來藏；如來藏即是外道神我思想淨化而成佛教中的一個支派，大乘經中所說如來藏富有外道神我色彩，本是後來大乘崛起之後，方由第六意識心體上細分演變而建立起來的，故實無七、八識。」

由彼等妄謗三乘菩提根本之第八識如來藏，將確實可以親證的第八識心體謗爲實無，導致他們所弘揚的二乘涅槃墮於斷滅空無的本質中，也導致他們所理解的般若成爲**性空唯名**之戲論；然而印順所判「般若爲性空唯名」之說，其實極不如理；此因第七、八識皆是四阿含諸經中本已處處隱覆密意而說之法，特因二乘聖人智慧不足，不能領受之；亦因初時不應即時宣講甚深般若及一切種智妙法，是故 佛設五時三教而說。然而彼等對此事實都無絲毫之信，極力否定大乘經典，謗爲非 佛所說；由是緣故，本書不從大乘經典中舉證如來藏之實有，唯採擷阿含諸經中有關大乘唯識增上慧學之法義，證明四阿含中早已處處隱覆密意而說第八識法，故都只由四阿含諸經中舉證之，令彼等不能不信服，欲令未來佛教正法流傳無礙。

亦因彼等常言：「唯識學專論名相，專說諸法之虛妄相，乃是專爲降伏外道而施設之法義論辯學問，與佛法實證無關，故名之爲虛妄唯識；唯識學中都只說明虛妄的六識心，又不曾言及佛道之眞實義，故亦名爲虛妄唯識。」然而第三轉法輪方廣唯識經典所說一切種智極妙勝義，方是眞正成佛之道，彼等諸人以無力親證如來藏故，因此完全不懂第三轉法輪之精義，乃不顧此一事實，妄將自己所無法親證之唯識增上慧學所說本識如來藏，謗爲外道神我思想。由是緣故，本書不單以阿含基本法義解脫道內涵之解說爲主，而同時以菩薩之大乘解脫道證量及大乘般若正理而觀阿含、而說阿含，乃是以菩薩所證得佛菩提道之般若智慧而觀之、而說之，乃是以菩薩所證得道種智之智慧而觀之、而說之，乃是以菩薩雙證解脫道與佛菩提道之現量境界而闡釋之，證明唯識增上慧學實已在四阿含中粗略隱說，證明　釋迦世尊於初轉法輪時期，即已圓滿具足第二轉法輪經中所說之般若智慧，亦已圓滿具足第三轉法輪諸經所說之一切種智，非如別有心機者所說：「在宣說阿含時之釋迦其實尚未成佛。」以此書舉示四阿含中的開示，證明 釋迦不是在宣講方廣唯識系列經典時方才成佛的。是故四阿含諸經所說，非唯具足二乘聖者所知之法，亦已粗略含攝二乘聖者所未知悉之大乘不可思議解脫妙理。說穿了，其實某些阿含部的經典，本質即是二乘聖人在第二轉法輪時期，聽聞 佛說大乘經典以後結集出來而變成阿含部的小乘經典。平實即以如是正義，寫作此書，匡正末法時期已被大法師們誤導之傳法方向與內容。何故如是而為？其故有九：

一者，聲聞人智慧狹劣，或不信、不解、不證大乘法，故其所結集之經典中，其實雖有許多本是大乘經典，然因聞而不解故，對大乘法義的念心所不能成就，則不可能憶持大乘經典，只能以解脫道之觀點而結集成為小乘經典，絕不可能兼含隱說之大乘法義而結集之。由是緣故，四阿含諸經結集完成後之所說者，必定偏重於二乘聖人所修證之解脫道，必定因此而昧略二乘聖人所不能修、不能知之大乘菩薩修證之佛菩提道，此乃必然之結果。

有何證據而作是說？有經文為證，《雜阿含經》卷二十七．第七二七經明載：【如是我聞　一時，佛在力士聚落人間遊行，於拘夷那竭城希連河中間，住於聚落側，告尊者阿難，令四重襞疊，敷世尊鬱多羅僧：「我今背疾，欲小臥息。」尊者阿難即受教敕，四重襞疊，敷鬱多羅僧已，白佛言：「世尊！已四重襞疊、敷鬱多羅僧，唯世尊知時。」爾時世尊厚襞僧伽梨枕頭，右脅而臥；足足相累，繫念明相；正念正智，作起覺想，告尊者阿難：「汝說七覺分。」時尊者阿難即白佛言：「世尊！所謂念覺分，世尊自覺成等正覺；說依遠離、依無欲、依滅，向於捨。擇法、精進、喜、猗、定、捨覺分，世尊自覺成等正覺；說依遠離、依無欲、依滅、向於捨。」】阿難宣說其餘六覺分時亦如是說。

此經中既說精進修習七覺支者，即得親證無上正等正覺──成佛，可見七覺分之修行是函蓋二乘解脫智、般若總相智、別相智及一切種智的，方能依七覺分之修行而成佛道：一**切種智具足圓滿**、**四智圓明**。然而四阿含諸經中的七覺分修習，未嘗言及親證如來藏之方法，唯言如來藏之名；亦未嘗言及如來藏所含藏之一切種子，未嘗教導佛子修學一切種智之方法，又如何可能成就一切種智？一切種智既未能熏習、修學、親證、具足，又如何能成就究竟佛道而得四智圓明？然而卻又明言七覺支之行門可以成就究竟佛道，是故四阿含諸經中，必然本有部分經典是大乘經典，故說修學之者即得成就無上正等正覺。然由二乘聖人結集時，因爲他們對於所聞般若、唯識種智之深妙正理，無法理解；由此緣故即無勝解，則於所聞之佛菩提智內涵，不能成就**念心所**，則無法憶念受持，當知結集之後所成就者，必定單以解脫道而言爲成佛之道也！今此阿含經典明文所載言句即是明證。若不爾者，則諸俱解脫又得三明六通之大阿羅漢等人，既已修學七覺支而證解脫道之極果，豈不都已究竟成佛了？然而卻無一人敢在 佛滅度後自稱成佛、紹繼佛位以弘佛法！也無一人能如 彌勒菩薩一樣被授記爲當來下生之佛，更何況是當時成就佛果？

二**者**，上座部中固然有極少數大乘菩薩僧，然而多屬聲聞聖人與凡夫；彼等既依 佛語而得入於聲聞法中，而聲聞乘中之凡夫，每多不信 佛之境界異於聲聞羅漢；彼等凡夫聲聞人心中猶有大我慢故，每認爲二乘羅漢智慧同於世尊，是故於 佛宣說法華之時，猶自不信 佛之實相般若境界，何況能信 佛所說之大乘種智妙法？是故不信而公然退席、數有五千者，可以徵之爲眞。

亦如今時台灣地區南傳佛法之多數信受及隨學者，崇尚原始而只具雛型之二乘聲聞阿含部諸經，是故甫聞大乘法之般若正義已，便成爲聞所未聞的生疏佛法，因此心生煩惱而私下破斥之，何肯信受而嘗試理解及修學之？今時聰慧而又資訊發達時之學人如是，古時彼諸聲聞種性之凡夫僧與不迴心之聖僧亦然，何肯信受　佛所宣說之大乘法義？由不信或未證大乘深妙法義故，當知不願、亦無能力結集大乘經典也！故於　佛所專說大乘勝妙之法義，當知皆無可能結集成大乘經，要待其後諸多眞悟菩薩情商不得而親聞大迦葉等聖僧結集完成之後，極不滿意而當場表示將另外結集，然後方才開始結集也，這就是傳說中的大乘經典結集。

三**者**，聲聞人雖聞大乘法，然因尚未證悟如來藏故，聞之不能解義，故其所聞　世尊親口宣說之大乘經，若由聲聞僧眾結集之，結果必成聲聞法解脫道之經典，聲聞人必以二乘解脫道法理而解釋大乘法義故，必以自身所理解之二乘解脫道精神而結集故。即如今時之印順、星雲、聖嚴、證嚴、傳道……等人，同以二乘**緣起性空**之不究竟理而解說大乘般若空之究竟理，絕無二致。然而聲聞聖僧結集二乘菩提之解脫道經典時，其中必定有諸大乘法義之身影微存焉，必定可於其中覓得許多大乘法之蛛絲馬跡；此因聲聞解脫道之法義不得稍離大乘般若正法而獨存故，若離大乘如來藏般若正義，則二乘解脫道之證境必定會墮於斷滅見中故；是故聲聞聖僧結集二乘菩提四阿含經典時，不能不留存　世尊所說大乘法義中之第八識名相法句，以免聲聞解脫道陷於斷滅見中。由四阿含諸經中都有如是不得不保存之大乘法義蛛絲馬跡仍存故，平實今日得據四阿含諸經爲證而成立是說：**世尊確曾宣說大乘法理，第二、三轉法輪諸經所說大乘法理方是眞正的成佛之道**。今於書中處處舉說證據，令台海兩岸乃至南洋諸多崇尚南傳佛法之聲聞心態僧眾，悉皆不能反駁，唯能心裡信受而於口中猶作強辯，以維護面子、名聞與利養。

四者，二乘聖人設使有心，欲結集 佛所宣說大乘法義之經典，然因自身聞之尚不能解義，以無勝解故，則其**念心所**不可能成就，又何能記憶而後結集之？是故二乘聖人雖亦曾在般若期、方廣期聽聞大乘經典，縱欲結集，終不可得。而且第一次結集時之僧團，以大迦葉等二乘聲聞僧爲主；大乘法中之出家菩薩，在僧團中唯是少數，而在家菩薩們本非佛教僧團中之上座、長老，何能率領僧團結集彼等多數僧眾所不能理解、不願結集之大乘經典？是故欲求聲聞羅漢爲主之出家僧團，結集彼等聞而不解、不能記憶受持之大乘法義經典者，斷無可能；是故要待菩薩們與聲聞聖僧溝通而不可得之後，方由大乘行者中人數不多之出家菩薩眾，會合人數眾多之在家菩薩眾，別行倡議醞釀，在後來共同誦出、鑑定而結集之。如是大乘法義之經典結集，必然產生如是曲折，必然產生如是時間上之延宕，乃是因爲佛教向來以出家僧團爲主故，出家僧團多數是聲聞僧而少菩薩僧故，是故大乘經典之結集及出現於人間，必然後於四阿含諸經之結集，乃是有智之人都可以理解者。

猶如今時平實之深義著作，絕無可能先於諸方質疑之前寫出，或與諸方大師著作同時寫造出來；若非眼見諸多率領當代佛教之出家大師處處說法錯誤，而又無根誹謗余之正法者，絕無可能預先寫作種種顯示大乘深妙法義之書籍，亦將不可能作種種破邪顯正之事，深妙之法義辨正書籍即無可能出版；是故平實辨正深妙法義諸書之出版，必定後於諸方大師之錯誤書籍，不可能同時或先出，要待大師們嚴重誤導眾生而又不肯改正惡行之後，方始爲之：逮至彼諸出家大法師皆以聲聞法而解釋大乘般若空已，逮至彼諸出家大師悉皆錯解聲聞菩提已，逮至諸大法師抵制三乘菩提根本如來藏妙法之嚴重破壞佛教惡行出現已，然後始作闡釋聲聞菩提正法之行，然後始作破斥邪說以顯正法之行。猶如弘法十餘年後之今時，方才不得不寫作《阿含正義》一書，證明唯識學部分內容本已隱說於四阿含中的事實。

今時如是，古時亦必如是：要待希望聲聞僧結集大乘法而不可得之後，方有大乘法中諸出家、在家菩薩會合結集之；由是緣故，大乘經之所以後於四阿含諸經而出現於世間者，乃是勢所必然者；然不可因結集出現之時較晚，便言當年 世尊未於宣演阿含之後，繼之以般若、方廣等開示也！何妨 世尊分爲三教弘演，弟子四眾於佛滅後始漸次結集之？若不能然於此者，則四阿含諸經亦將可被援引同一邏輯，誣謗爲 佛滅後之聲聞僧眾「創造」結集者，則亦可謂四阿含諸經非是 佛所親說者；彼理如是，此理亦當如是故。

大乘法之菩薩僧，向來皆以在家菩薩爲多數，出家菩薩極少；十方世界之人間悉皆如是，天界更無出家菩薩而唯有在家菩薩住持大乘佛法。此謂大乘佛教遍於十方世界人間與天界，非獨人間方有大乘佛教勝法流行弘演；然而十方世界之佛教，皆唯在人間時方有出家僧，諸佛所制人間之佛教則皆同以出家僧爲住持佛教之代表，在家菩薩多是佐助之身分。然於十方世界之天界及純一清淨之淨土世界佛教中，則皆無出家菩薩僧也！一切色界天眾生都無家庭繫屬，從無所謂出家或在家可言，而欲界第四天雖有佛法弘傳中，卻也沒有出家菩薩，是故唯有人間方有出家菩薩僧，則人間之大乘佛法在 佛入滅後數百年間，仍當以出家菩薩僧作爲大乘佛教之代表，大乘法後弘於聲聞法故，聲勢尚小故。

不論是在大乘法與小乘法中，人間佛教之住持代表，既然都以出家僧爲主要，則一切人間大乘法之在家菩薩眾，當須先行尊重上座部中出家聖僧，故而長時以待，不以自意而結集之。然而久待之後終不可得，終究被聲聞聖僧將大乘經典結集成解脫道的小乘經典，於是方始邀集在家、出家四眾菩薩而結集之；是故大乘經典後出於四阿含諸經者，乃是可以理解者，亦是勢所必然者，亦是上座部聲聞僧不樂於公開證明者，他們絕對不會將大乘經典的結集記入聲聞律中；故大乘法義之事實存在與弘傳，以及大乘經典之結集，其實都與部派佛教之演變無關。部派佛教之演變者，都只是在事相上及未悟凡夫之弘法表相上顯示之，而且都屬於聲聞人的弘法內容，都與大乘法義之實質無關，世尊本來已傳之法義仍然在大乘眞悟者中繼續弘傳著，只是不被取作考證之資料。

而且根據部派佛教留下的說法資料觀察，部派佛教所弘傳的法義，大部分都已違背　佛之解脫道聖教，現在仍可查稽；所以部派佛教的佛法弘傳演變，其實只是未悟凡夫間的錯誤法義流傳與演變，與經教中的正法無關；經教中的正確佛法仍然不曾改變的繼續弘傳著，雖然一直都是如絲如縷，但卻至今仍然不絕，仍有正覺同修會傳承不斷。吾人不但能舉示此一事實，並且能進一步舉證說明：四阿含諸經中本已有大乘法義隱說於其中，並將在這一套書中舉證出來；故說正法弘傳的史實並不等於部派佛教的弘法歷史，正法弘傳的歷史其實與部派佛教錯悟諸師弘傳之法義前後演變無關。部派佛教法義有許多是未悟般若、未悟解脫道之凡夫所說者，但必定會被當時的眞悟般若、眞悟解脫道者所說正法影響，導致錯悟者前後代的說法必然會有所演變；就如今時一般弘法者所說法義，已經多少被平實所說 世尊正法所改變而多少有所回歸了，當然是會有所演變的，此理殊無二致。然而平實始從出道所弘正理，至今仍然沒有演變，仍然是一貫的如來藏妙義。

五者，聲聞僧中之凡夫本屬多數人，到第二次的七百結集時，已經是絕大多數爲凡夫僧了。聲聞法中的凡夫僧，多數人既不信佛菩提道，不信 佛地之智慧境界不可思議，只信 世尊所說之解脫道而又誤會之；佛世時，他們尚且不肯聽聞 佛所宣說的《法華經》等佛菩提道，何況能結集而流傳之？何況能爲大眾而宣說之？宜其反對大乘法。是故經部師等聲聞法出家僧團，會與大眾部等菩薩僧團在法義弘傳上對立，乃是可以理解者，也是勢所必然者。

然而如是對立的現象，只是表相，看來似有二部對立之意，其實不然：唯是上座部聲聞僧團向大眾部等菩薩僧團對立，大眾部等僧團諸菩薩僧，則不與上座部諸聲聞僧對立也。何故如是說？謂上座部等雖曾親聞 世尊宣說大乘法義諸經，然而多數人聞之不解，是故將 佛第二、三轉法輪本屬大乘法之經旨，結集成小乘解脫道之阿含諸經中典籍，如同《央掘魔羅經》四卷本以外之另二譯本事例無異：極爲簡略而不涉及大乘妙義。如是結集者，本非忠實於 佛意之結集；而後來大乘經典之結集者，則是忠於 佛意之結集，能受當時及今世後世一切證悟菩薩，乃至證得道種智之初地至等覺地菩薩檢驗之，而當時及其後數百年間之阿羅漢們亦不能斥爲僞經；由此證明大乘經典之眞實無僞，卻是一切大阿羅漢所不能稍加理解者，何況能評論之？

如是，二乘聲聞僧自身之法義未能具足完備，而與大眾部等菩薩僧諍辯者，方是諍論者；大乘諸菩薩僧自身之法義眞實無僞，圓滿具足，又已實際證解二乘菩提，爲欲利樂有情故，出世指正聲聞僧對大乘法義之誤解與偏頗者，則非是諍論者，乃是護持眞正佛教者，亦是護持二乘聲聞僧法義，令不墮入斷滅見中；故菩薩僧之說法，乃是指導他人改正法義錯誤者，乃是顯示佛法之眞正本質者，乃是爲令佛法回復原來具足三乘圓滿之妙義故，當知不是諍論。是故大乘經典之結集，指正聲聞人法義之嚴重不足處，絕非諍論之舉，乃是指正、提攜與護持之舉；然而諸聲聞僧必有許多人不能相信、不肯接受，彼等若出而辯解，則有諍論之現象。

猶如今時印順及諸方大師之否定如來藏或誤會如來藏，悉皆同以意識心作爲修證之標的，迥異於平實；平實見彼等諸人同皆誤導眾生，便先隱其名而諫之，以冀彼等之修正，庶免誤導眾生之罪；如是待之數年，而彼等大法師悉皆不肯改之，並且私下不斷抵制與誹謗，平實冀望不得，然後乃出世救之：**指名道姓而明言彼等之謬，亦救廣被誤導之多數眾生**。平實如是所行，本非諍論之舉，以法義正眞故，眞是護持佛教正法故，亦是救護彼諸誤會佛法之大師故，是則顯非諍論之言。然而印順之隨從者及星雲、證嚴……等人，則不能忍之，每以錯誤之見解，縱令隨學者於網站及私下大肆否定平實，以種種不如理作意之見解，以言語在私下強言狡辯；如是不如理作意之言，方是諍論。然平實所說法義正眞無訛，皆非彼等所能置辯；若所說正眞者，即非諍論。

是故，法義正眞者，所作種種破邪顯正之說，皆是不與人諍論之說，只是據實而言罷了！只有法義錯誤而強行辯解者所言，方是與人諍論者。是故諸聲聞僧方是與人諍論者，大乘諸菩薩僧則非是與人諍論者。由是緣故，印順、傳道……等人都不應言「大乘諸菩薩僧與諸聲聞僧諍論」，應言「諸聲聞僧對大乘諸菩薩僧諍論」。法義正眞者所說法，都非是諍論之言故；法義錯誤者強行狡辯之言，方是諍論之言故。猶如外道之與　佛諍：佛雖廣為破斥外道邪謬，令諸外道不悅，是故招來外道與　佛諍論；然　佛實不與外道諍也，由所說法理正眞故，亦欲藉摧邪顯正以救外道得證解脫故。

六者，解脫道乃是世俗諦，專在世俗法之蘊、處、界上觀行其虛妄，而蘊處界都是現成可觀之世俗法，因其易於修證故，聲聞聖僧必然成為佛教中之多數；但法界實相之如來藏心反之，非屬蘊處界世俗法，是蘊處界之根源，故是實相法界，極難親證，故證悟之菩薩永遠都是僧團中之少數人；特別是在出家僧團中，證悟之菩薩更是極少數人；是故初始結集經典時，由於大乘實相般若之法義深妙、難解難證，已經證悟之出家與在家菩薩僧乃是極少數，數量遠不及聲聞聖僧，是故第一次結集時難免皆以聲聞人所共信受之二乘解脫道為主，則大眾皆無諍論，皆無異議，易於結集；是故初次結集的五百結集時，皆唯是小乘解脫道之經義，乃是勢所必然者；菩薩僧亦共同修證二乘法之解脫道故，非不修學故，亦且皆能眞實證解聲聞解脫道中之大乘密意故。

是故，初次結集四阿含諸經時，其中雖有許多經典本是大乘法之教義，然因聲聞人聞　佛說已，不解其中大乘法之眞義，唯能理解其中之解脫道正義，是故由聲聞人初次結集所得之大乘經典，亦必成爲二乘法解脫道之經典，而將其中之大乘法義加以省略不錄，是亦勢所必然者，菩薩們當然不滿意結集成果，自然會當場表示要另外結集。是故，四阿含諸經中，本有許多是大乘法義之經典，大乘法義則因廣被省略而隱晦不明；然而其中卻隱藏極多大乘法義之總相，非是二乘聲聞聖人所能棄捨者。若必捨之，則二乘聲聞聖僧所證之解脫道，即墮斷滅見中，故諸二乘聖人結集時，不能不將　佛所曾說大乘法之部分義理加以攝入，藉此等大乘法之眞實義理，護持二乘聖者所弘傳、所修證之解脫道，護持所結集之四阿含二乘菩提正理，令常見及斷見外道都不能破壞之。平實如是說法，乃是事實，今猶可於四阿含諸經中檢校，將會舉證於這一套書中，都是歷歷可證之事實故。

七者，既然人間之佛教是以出家僧眾爲主，出家僧眾既然是以上座部等出家聖僧爲代表，而上座部等僧眾則多屬聲聞僧，而少菩薩僧；大乘僧眾則都是菩薩僧，而菩薩僧中之在家人，其數遠多於出家人。然而佛教在人間之表相住持者必是出家僧寶，大眾部之出家菩薩僧乃是少數，遠不及聲聞僧之上座部僧，是故當時佛教自當以出家僧極多之上座部爲首，非以出家菩薩僧較寡之大乘菩薩爲代表；是故當時佛教僧團之聲聞僧數必然極眾，出家菩薩僧數必然極寡，這都緣於大乘妙法本即難修難證之故。

在家賢位菩薩及聖位菩薩僧，復遵 佛語：一向自處於護持僧團之外護地位，雖是證量較爲高深之人，然皆依 佛所命，唯居陪襯護持之地位，非是代表人間佛教住持正法之地位者，則上座部聲聞僧結集經典時，此等菩薩必然難以主張結集方向，導致初次結集偏於小乘所修之解脫道法義，聲聞僧不願、亦無力結集大乘菩薩僧所修證之佛菩提道法義，此是可以逆料者；是故第一次結集之四阿含諸經，皆是以上座部之聲聞僧爲主，因此將 世尊在般若期、方廣期所說之部分大乘經結集成《增一阿含、雜阿含》等二乘解脫道之經典，亦是可以逆料者。

逮至大乘法之修學親證者，見聲聞聖僧所結集之內容偏在解脫道而無成佛之道，乃陳述其親從　佛聞之大乘法義妙理，欲求聲聞聖僧加以結集之；然而結集過程中長時溝通終不可得，久候而不能獲得認同之後，方始自行將親從　佛聞之大乘法義，別行結集成經而弘傳之，亦是可以理解之事。是故《央掘魔羅經》雖由　佛說，然而經由不同之部派結集而成者便有三經，其中二部成為小乘法，經中所說者為解脫道之極果；由大乘菩薩所結集者，即成大乘法義之經，所說者為佛教之極果佛果。雖同屬一經，然而聞者根器有異，所集成之經義便致有異。小乘、大乘諸經之結集，莫不如是，增一部及雜阿含部諸經即由此故，在第一次結集完成時，已被結集為二乘解脫道的經典，仍歸類在四阿含中。是故大乘出家、在家菩薩，要因商議結集　佛說大乘法義諸經而不被大迦葉等人接受，方於隨後另行結集；不得以其是否為最先結集者而楷定其是否眞為　佛說，要在法義之正眞與勝妙，是否符契　佛意為準，要以是否妙符三乘菩提證量之正義為準，不問結集之先後。

即如一**切世間樂見離車童子**，待諸大阿羅漢皆不樂護持　世尊正法於最後時世，方始向　佛承諾護持最後時世三乘妙法。亦如今時余之造此書，以疏阿含諸經中所蘊藏、所隱說之大乘法義者，其理殊無二致：久候諸方出家、在家大師造如是書而不可得，然後方始造之。絕不可能先行造立以候，平實從來不以阿含解脫道作爲弘法主軸故。然大眾不應因此而謂：「如是義理，他人豈不能造耶？須待爾平實之始造？惟因阿含諸經所說者，本非大乘法，本是二乘菩提之解脫道，並無大乘法之佛菩提法義隱於其中，是故汝平實居士所造是書者，乃是後出之書；後出之書則大有問題！故汝平實居士之造此義，後於諸方大師，爲是妄論。」然而推究書中所陳述之法義，比對三乘諸經義理，平實所說者其實正是　佛之本懷，反而顯示如是事實：先出書之印順、星雲、證嚴……等人所說諸法，大有問題！是故，以先出、後出之表相，作爲經典眞僞之證明者，有大過焉！眞實從事於佛法修學之人，當以經中法義眞僞爲主而作辨正，勿以先出、後出之事相而採信之！

亦如印順、昭慧……等未解　佛陀本懷之人，追隨藏密及日本一分否定第七、八識之佛學研究者，妄以己意而造諸書以說阿含義理，妄謂阿含諸經中不曾說第七、八識；如是錯誤之言論，流傳誤導於中國佛教界者，至今已歷百年；後來依之而廣傳的印順、昭慧等人所說，亦是先於平實而出之言、之書，但皆非阿含之正理，先出又有何用？惟平實久候出家大師出而宣示阿含諸經中隱說之正理，然不可得，方乃出而造作種種法義辨正之書，以阿含諸經所隱說之眞義而證實之：「釋迦世尊確曾在四阿含諸經中隱說大乘法義，非不曾說；佛世尊確曾在四阿含中宣說第七、八識心，非未曾說。唯是彼諸上座部……等二乘聲聞聖人與凡夫僧都不能知之，是故未能結集之，是故要待後時大乘菩薩僧別行結集般若諸經，別行結集唯識系一切種智方廣諸經，方令佛教經典如實顯示釋迦世尊本懷，而成爲三乘經典。」雖是後出之書、之法義，又何妨法義之正眞？今時乃至後世，亦將無人可以推翻平實所言如是事實；唯除四阿含諸經已經湮滅不存，故不能舉證之。

然而今時乃至後世無智之人，聞平實如是語已，讀平實如是著作已，仍將不能解義，仍將以如是語而責平實：「古來諸方大師皆不曾言四阿含中有說七、八識，皆不曾言四阿含中曾說大乘法，汝平實居士之《阿含正義》一書乃是後出者，不可爲憑，當以先出之古時諸方聲聞法中大師所造諸論爲主。」如是等人，悉皆不解 佛世尊於四阿含所說之意旨也，唯能以先出後出之事相而分辨之，不能從四阿含諸經中之法義而分辨之，則是無智之人也。

八者，根據長阿含部《佛泥洹經》的明文記載，四阿含諸經是在大迦葉等人的第一次五百結集時，即已具足了；既然第一次結集時就具足四阿含部之經典，而且阿含部有雜藏與律藏，三藏已經都具足了，顯然第二、三次的經典結集，並非結集阿含部的經典，所以不能說第二、三次的經典結集都是四阿含諸經，因此也不能據此而主張說，大乘經典是部派佛教以後的佛弟子長期創造結集出來的。而且，在聲聞僧大迦葉尊者結集完成四阿含時，菩薩們已經當場提出異議說：「**吾等亦欲結集。**」顯然是異議後不久就開始結集的，應該是在第二次七百結集之前就結集完成的，因爲第二次的七百結集，已是 佛陀入滅一百一十年後的事了，而且只是結集二乘出家眾的聲聞戒律而已，不曾作法義的結集。由此證實大乘經典是在提出異議說要另行結集以後不久，就被結集出來了，可以證明大乘經典眞是佛說，不是部派佛教以後才發展出來的，不是由聲聞部的**後人長期體驗創造編集的**；聲聞人是永遠不知道大乘法義的，連般若總相智都不懂，怎能結集出一切種智的唯識經典？只有菩薩才可能結集大乘經典。所以，印順主張**四阿含諸經不是在第一次結集時就全部結集完成的**，他這個說法是公然違背長阿含部經典明文記載事實的妄說。而且解脫道只是聲聞眾的修法，菩薩眾不單以解脫道作爲修行之標的，而是以佛部的行門爲主要標的，由此亦可證明四阿含只是聲聞部、緣覺部所修的解脫道，必然不函蓋佛部的菩薩道，當然在四阿含之後必定會有第二、三轉法輪諸經的結集。

亦有阿含部經文證實聲聞眾只修解脫道而已，不曾實修佛菩提道：【比丘當作是觀：若**聲聞之人**厭患於眼，厭患於色，厭患眼識；若緣眼生苦樂，亦復厭患。亦厭患於耳，厭於聲，厭於耳識；若依耳識生苦樂者，亦復厭患。鼻、舌、身、意、法亦復厭患，若依意生苦樂者亦復厭患；已厭患，便解脫；已解脫，便得解脫之智：生死已盡，梵行已立，所作已辦；更不復受有，如實知之。】（《增壹阿含經》卷十四）這些解脫道法門並不含攝佛部的菩薩道所修法界實相法門，卻是**聲聞之人**唯一必修之法；如是正見，遍在四阿含諸經中處處可尋，而都不細說佛部的菩薩道法界實相般若智慧法門，由此可知解脫道之四大部阿含諸經，即使是聲聞人所曾聽聞的大乘經典，也都被結集成聲聞法解脫道法義，則菩薩另行結集的般若與方廣等大乘經典，當然是 世尊第二、第三轉法輪說法的內涵。若菩薩們所修般若與方廣等經典都不是 世尊在世時親口所說，那麼 世尊說的佛菩提道大乘法義又何在？是否只說於天界而吝說於人間？或是世尊化緣未滿而先取滅度？難道不懂般若與種智的聲聞聖人及後人，單憑對於佛的永恆懷念就能創造出二乘聖人所不懂的般若與種智經典？印順……等人頗能為佛教界及佛學學術界說明其理由否？

九者，台灣與大陸地區之出家法師，每有說是言者：「**四阿含諸經，方是眞實不二之佛法；大乘佛法若離四阿含諸經，則不能成就；是故大乘法中諸經之法義，都必須依止四阿含經典，以之作為根據，方能成立，所以四阿含諸經勝妙於大乘經典。**」然而如是說法者，乃是違於事實與正理之言也！

此謂四阿含諸經所說者，唯是二乘菩提之解脫道，唯是**出離觀**而已，並未說到大乘法的**安隱觀**，只談到大乘安隱觀的名相而已，並未明說、顯說法界萬法體性之實相，亦未曾述說無餘涅槃本際之內涵，亦未曾述說諸阿羅漢修證解脫果成就後，應如何進修方能成就佛地功德之理；亦未曾述說大阿羅漢應進修何種法門及內涵，方能成佛；而大乘安隱觀之名相， 佛已在長阿含之中提示過而未曾宣講，所以四阿含只是二乘法義而已，不能函蓋大乘法義之**安隱觀**。要待後時大乘四眾菩薩結集所成方廣唯識諸經中，方始說之。如是結集大乘經典而具足宣說成佛之道以後，方得完成四阿含中 佛所曾言之**安隱觀**，方得圓滿佛道之弘化。 世尊出世，必定要圓成佛道之弘化以後，方有可能在人間示現無餘涅槃；如今現見　世尊已經取滅度，必是已經圓成全部佛法之弘化者，當知第二、三轉法輪諸經方是大乘佛法，四阿含中並未細說大乘佛法故。

然而現見四阿含諸經中所說者，唯是**出離觀**等法，尚未說及大乘法之**安隱觀**而只見到**安隱觀**之名相，則已顯示四阿含諸經中所說者，側重於二乘菩提解脫道，唯能出離三界中之分段生死；未曾言及成佛之**安隱**道，未能令人依之修證而成就佛道，故說四阿含諸經中未說大乘妙法**安隱觀**也！既如是，則大乘**安隱觀**妙理，必須別由大乘般若及方廣唯識經典加以廣說，則必定會有第二、三轉法輪之經典宣演；由是正理，故說大乘法中之般若經典眞是佛說，第二轉法輪諸經中已曾說及法界實相般若之總相智與別相智故，第三轉法輪方廣唯識經中亦已宣說成佛所依憑之一切種智故，而大乘法的般若中道與一切種智名相，都已在四阿含中提到過。由是正理，說大乘法方廣唯識系經典眞是佛說，經中已曾說及法界實相般若之**一切種智**故；亦唯有一切種智之進修與證驗具足，方能令人成就究竟佛道故，已顯示成佛後之**安隱**境界故。如是正理，今者四阿含諸經俱在，猶可檢校而證實之，非是平實空口徒言所能片語遮天也！

四阿含諸經所說解脫道**出離觀**正理，若離大乘法義之支持，則將被常見外道所破壞；若離大乘諸經所言之第八識如來藏妙理，若離大乘經所述**如來藏眞實存在**、**眞實可證**之事實，則二乘四阿含解脫道之無餘涅槃證境，必將墮於斷滅見中，成爲斷見外道法。如是之說乃是事實，平實已舉證於《眞實如來藏》一書中；於《楞伽經詳解》十輯中，亦已多所舉證。是故，初期佛教應包括二轉、三轉法輪之大乘經在內，同是佛說故；而根本經典四阿含諸經，其實是依靠大乘如來藏妙法方得建立、方能成就，絕不能離於大乘經典所說之眞義。

事實上，二乘菩提解脫道，乃是以大乘經典如來藏妙義爲其所依靠，方能免於常見外道之破壞與抵制，方能免於斷見外道之合流。由是緣故，說「四阿含諸經，實以大乘諸經**安隱觀**妙理爲依靠、爲根本，方能存在與弘傳。否則，二乘解脫道妙理將被斷見外道混淆，或被常見外道所破，二乘解脫道**出離觀**所言之出離三界生死之涅槃法義，亦將不得成立。」是故，彼諸崇尚南傳佛法之法師及印順等人所言「大乘法依四阿含諸經方得成立」者，乃是妄說、顚倒之說，非是如理作意之說也！

今者平實將四阿含諸經中隱說之大乘唯識法義，於此書中明顯解釋而披露之，則可證知四阿含諸經所說者，其實有部分經典本是宣說大乘法義之經，唯是上座部等二乘聖人所不能理解，是故無力結集、亦不願結集，是故於結集時，便將其中二乘法義部分結集成經，對於自己所不知、不解、不證故不能憶持之大乘法義，便略而不載；唯將其中不能不舉，以免二乘解脫道墮於斷見之極小部分大乘法義名相，略作舉述，以支持二乘解脫道法義，藉此而令二乘聖人所證無餘涅槃，不墮於斷滅見之窘境中。是故上座部中佔了多數的聲聞種性者，絕對不可能結集所曾親聞之大乘法義成爲大乘經典；對於其後不久由菩薩們結集成的大乘經典，也不可能加以承認，更不會記載其結集人物與時地；如是心行，乃是一切證悟菩薩都能理解者。

由上所述正義，可徵大乘經典確爲 佛說，非是後人之杜撰者；若言是後人杜撰，則有大過：一**者**，現見大乘諸經遠勝於四阿含諸經故，若言大乘諸經爲後人所撰者，則已顯示後人智慧更勝於 佛，則有大過。二**者**，四阿含諸經未曾宣說成佛之道，唯在大乘方廣唯識諸經中方始具足說之；若言大乘經非 佛所說，則 佛應於後三、五百年重新示現於人間，進而宣說大乘經法之後，方可取滅度。三**者**，四阿含諸經中固已隱含大乘法義，然皆未曾解說，唯有名相，非如二乘菩提解脫道必有詳細之解說；四阿含中唯有細說世俗諦之**出離觀**，並末略說或細說勝義諦之**安隱觀**故。然而四阿含中　世尊早已宣說佛法有二觀：兼有**出離觀**與**安隱觀**。**安隱觀**則唯於大乘經中方說，四阿含經中唯說其名相，未曾說其內涵，唯有宣說**出離觀**之詳細內涵。如是則已顯示一項事實：四阿含諸經中未曾具足宣說佛法，尚有極大部分佛法，要待後時大乘諸經中方始宣說。

是故佛子四眾不應以先出、後出，來判斷諸經之眞僞，當以先出、後出諸經所說法義有無相悖？當以先結集、後結集之三乘諸經何者爲最究竟？何者爲最了義？何者爲具足圓滿？作爲判斷之原則。更何況印順……等國內外的所有佛學、佛教研究者，都無絲毫證據可以證明大乘經典是在佛滅後數百年，才由聲聞法的部派佛教後人創造編集的。而且，部派佛教屬於聲聞法，他們都不曾證得本識如來藏，如何能創造及編集勝妙的大乘經典？若聲聞法的部派佛教後人，不知不證本識而有此能力，印順在今天資訊更多的有利情況下，更應有此能力，卻都讀不懂，遑論創造？故其所說都是痴人說夢。

如今平實所見前後三轉法輪諸經所說者，唯是三乘菩提之差別，唯是淺深廣狹之差別，絕無前後矛盾之處；然而大乘諸經遠遠勝妙於四阿含諸經；亦須具足前後三轉法輪經典，方能具足圓滿成佛之道，方能圓滿具足一切佛法。由是緣故，平實造此《阿含正義》，以四阿含經典佛語，示三乘菩提眞正義理；並舉《長阿含經》 世尊所說應有**三轉法輪**之金言聖教，以示 世尊**三會說法**之正眞，以示三轉法輪諸經同是 佛口親說者；如是證明大乘諸經本是 世尊金口所說，非是後人之長期創造而結集者。但是續藏收錄之經，以及西藏密教中絕大多數經典及所有續典，都非 世尊金口所說，都與 世尊三轉法輪諸經中之聖教多所牴觸故，並且都與解脫道及佛菩提道背道而馳故。

所以者何？顯見大乘般若及唯識種智諸經所說者，非四阿含諸經所可企及故；亦顯見續藏諸經所說遠不及第三轉法輪諸經故，亦多屬於僞訛之經故，亦多墮於事相及意識心中故；至於密續則屬密宗祖師所創造的僞經、僞論，不値一顧。亦見後世眞悟三乘菩提之弟子聖眾，多已親證解脫果之極果，乃至多人已成爲三明六通之大阿羅漢，而皆未曾有人敢自言已成佛道故。復次，後世弘傳大乘經典法義之菩薩，所說諸法勝妙於四阿含所說，彼諸聲聞法中諸大阿羅漢聞之悉皆茫然而不能解義，然而此諸菩薩卻皆謙稱智慧遠不及 佛；若言後出之大乘方廣諸經係後時之菩薩眾所創造者，則應彼諸菩薩智慧皆勝於 佛，然終無一眞悟之菩薩曾自稱成佛，並皆同樣歸命於 佛，並皆謙稱距 佛猶遙。

由是緣故，說大乘經典非是後世菩薩所創造者，唯是待彼上座部聲聞僧結集不成，方自行結集而弘傳之故。所以唯識增上慧學的本源，其實是第三轉法輪的方廣唯識經典，四阿含諸經縱曾說過唯識學上之名相，終究只是偶說名相而不加以略說、細說，是故唯識增上慧學之本源不是四阿含及阿含部之雜藏經典。

由是緣故，修證南傳佛法之小乘解脫道行者，不論在家或出家，皆莫與人間之大乘四眾菩薩僧諍論，大乘四眾菩薩僧所說者皆無諍論之意故，所說皆正眞故；是故修證南傳佛法解脫道者，應當如實探求大乘般若法義之眞意，莫再以解脫道而解釋成佛之道，更勿猶如印順一般以錯會之解脫道來解釋及取代成佛之道，解脫道唯是二乘法義故，唯能令人出離三界分段生死苦故，不能成就究竟佛道故，不能成就佛菩提之證量故；依之修證而不修大乘諸經所宣佛菩提道者，必將永與成佛法道絕緣故。

復次，凡我佛門法師與居士，萬勿身任惡知識之職；惡知識者，不斷我見而有憍慢心故，不離見取見而堅執己見，以鬥諍之心，非議及誹謗眞善知識正教妙法，死墮惡道；身爲弘法之師而竟如是身任惡知識之職，何利於己？又何利於人？有阿含部經中 佛語聖教爲證：【世尊告曰：「**猶如，婆羅門！月末之**

月，晝夜周旋但有其損，未有其盈；彼以減損，或復有時而月不現，無有見者。此亦如是，婆羅門！若惡知識經歷晝夜，漸無有信，無有戒，無有聞，無有施，無有智慧；彼以無有信、戒、聞、施、智慧，是時彼惡知識身壞命終，入地獄中。是故婆羅門！我今說是惡知識者，猶如月末之月。」】（《增一阿含經》卷第八）

云何名爲惡知識？謂自身未斷我見，而又不肯依從已斷我見之善知識正法，仍繼續反對之者，皆名惡知識也！皆因我見及見取見未斷，出生憍慢結使故也！譬如增一阿含所言：【阿那律曰：「**吾者是神識也，我者是形體之具也；於中起識，生吾、我者，是名爲憍慢結也。**」】（《增一阿含經》卷第七）意謂我見未斷之弘法者，難免**吾**、**我之執**而生憍慢結使，故意起心造作謗法、謗人惡業；有智之人弘法時當念此聖僧開示而顧念自慮，庶免未來無量世之後報難以承受而又不得不受。

復次，欲令佛門四眾對於 世尊弘揚佛教之過程，能有較爲全面之概念，故本書於第一章中探討唯識學本源之後，隨即在第二章選輯《長阿含經》全文，舉證 世尊自說**阿含是初轉法輪**之聖教，證實大乘般若及方廣唯識經都是第二、第三轉法輪時 佛口親說者；次則舉示識蘊眞實內容之觀行要義，期使讀者眞斷我見與三縛結；三於書中舉示十因緣與十二因緣間之關聯，以助讀者實證因緣觀；四於第十一章選輯《遊行經》所載 佛陀入滅史實於後，然後以第十二章雜說，辨正藏密應成派中觀師印順、星雲、證嚴……等人對四阿含之扭曲，顯示四阿含解脫道之原貌，盼對佛門四眾皆有助益；五於書中特別舉說及詳解三果之取證實質，令讀者詳讀以後可以確實印證自己是否已證三果及四果，可以避免大妄語業，或以之自我印證三果、四果的取證；末則繼之以第十三章，特別略論印順《唯識學探源》書中錯誤之鉅大者，期能消弭印順不實考證之流毒，庶能救護南傳佛法學人迴入正理中，得以一世取證解脫果；亦欲令大乘及二乘法義同皆普爲宣流，欲令廣大學人與諸大法師，悉皆了知如是正理，悉皆回歸眞正成佛之道。以如是多種緣故，利用今日起之片片段段空閑時刻，陸續寫作《阿含正義》，期以前後五年而竟其功，用以廣利今時後世行人。即以如是開筆因緣，造如是序，以明此書緣起。

佛子　**平實**　謹序

公元二〇〇二年霜降日　於喧囂居

第六輯：

第三節　本際、實際（第十章）

本際又名實際，即是無餘涅槃的實際。若沒有本際的存在，十八界、五陰滅盡後的無餘涅槃中，一切自我都已不存在了，離念靈知心與處處作主的意根也都滅失了，就會成爲斷滅境界；但是 佛在阿含中說涅槃**真實**，**常住不變**，是不住於三界六塵法、也不變異自性而又絕對寂靜沒有六塵，所以無餘涅槃中顯然有一個常住的本際存在，這個本際有時又名爲實際；否則，涅槃就不該說不生也不滅，也不該說是眞實。這個本際、實際是確實可以親證的，一切眞悟的菩薩們，始從三賢位中的第七住位，末至妙覺位的最後身菩薩，都是已經親證無餘涅槃中的實際者。而這個實際其實就是無餘涅槃的所依，涅槃是依這個實際來施設的，所以涅槃唯名，並無實體；無餘涅槃是純依實際—本識入胎識—不再出生蘊處界的情況而施設的，本質仍然是入胎識—如來藏—獨住的無境界境界而名言施設的，所以涅槃並無實法，所以涅槃實際就是入胎識如來藏。

在阿含部諸經中，曾說過本際、實際，有經典爲證：【如是我聞　一時佛住舍衛國祇樹給孤獨園。爾時世尊告諸比丘：「何所有故？何所起？何所繫著？何所見我？令眾生無明所蓋、愛繫我首，長道驅馳、生死輪迴、生死流轉、不去**本際**？」諸比丘白佛言：「世尊是法根、法眼、法依，善哉！世尊！唯願哀愍，廣說其義。諸比丘聞已，當受奉行。」佛告比丘：「諦聽！善思！當為汝說。諸比丘！色有故，色事起，色繫著，色見我，令眾生無明所蓋，愛繫其首，長道驅馳，生死輪迴、生死流轉，受、想、行、識亦復如是。諸比丘！色為常耶？為非常耶？」答曰：「無常，世尊！」復問：「若無常者，是苦耶？」答曰：「是苦，世尊！」「如是，比丘！若無常者是苦；是苦有故，是事起、繫著、見我，令眾生無明所蓋，愛繫其頭，長道驅馳，生死輪迴、生死流轉；受、想、行、識亦復如是。是故，諸比丘！諸所有色，若過去、若未來、若現在，若內、若外，若麤、若細，若好、若醜，若遠、若近，彼一切**非我**、**非異我**、**不相在**，是名正慧。受、想、行、識，亦復如是。如是，見、聞、覺、識，求得隨憶、隨覺、隨觀：彼一切非我、非異我、不相在，是名正慧。若有見言：『有我、有世間、有此世，**常**、**恒**、**不變易法**。』彼一切**非我**、**非異我**、**不相在**，是名正慧。若復有見：『非此我、非此我所，非當來我、非當來我所，彼一切非我、非異我、不相在。』是名正慧。若多聞聖弟子於此六見處，觀察非我、非我所，如是觀者，於佛所狐疑斷；於法、於僧狐疑斷，是名比丘：多聞聖弟子不復堪任作身、口、意業趣三惡道。正使放逸聖弟子，決定向三菩提，七有天、人往來，作苦邊。」佛說此經已，諸比丘聞佛所說，歡喜奉行。】（《雜阿含經》卷六第 133 經）

語譯如下：【如是我聞　有一段時間，佛陀是住在舍衛國祇樹給孤獨園中。當時世尊告訴諸比丘說：「是什麼事情存在的緣故？什麼事情而引起？被什麼事情繫縛而執著？從什麼事情看見蘊處界確實有自我常住？使得眾生被無明所遮蓋、寶愛繫縛於自我，把自我作為最深重的執著，所以導致眾生一直在無邊無際的生死道路中辛苦的奔走驅馳、不斷的生死輪迴、生死流轉而不能去到**本際**呢？」諸比丘向佛稟白說：「世尊是佛法的根本、是佛法的正眼、是佛法的依止，善哉！世尊！唯願您哀愍我們，廣說其中的義理。諸比丘們聽聞以後，應當信受奉行的。」佛陀告訴比丘說：「詳細的聽著！要善於憶持與思惟！我將為你們解說。諸比丘！由色陰存在的緣故，色陰相應的種種事情現起了，所以眾生就被色陰繫縛而執著色陰，於色陰中看作是眞實我，使得眾生被無明所遮蓋，寶愛色陰而繫縛於色陰，一切都以色陰的存在作為最重要的事情，如此而使得眾生在無邊無際的生死長途中奔走驅馳，就這樣子生死輪迴、生死流轉而沒有止盡。在色陰上面是如此，在受、想、行、識等四陰上面也是像這樣子，都沒有差別的加以寶愛與執著。諸位比丘們！色陰是常住不壞的嗎？或者不是常住不壞的呢？」眾比丘們回答說：「是無常的，世尊！」佛陀又問：「若色陰是無常的，色陰是不是苦呢？」回答說：「色陰是苦，世尊，世尊！」

「就像是這樣子，比丘們！如果無常的法就是苦；這個苦的色陰存在的緣故，由這個色陰的種種事情而生起、而繫縛與執著、而錯誤的看作是眞實常住的不壞我，使得眾生被無明所遮蓋，寶愛色陰而被色陰繫縛著，並且認爲色陰的存在是最爲重要的事情，由此緣故而在無邊生死的漫長道路上奔走驅馳不停，這樣子繼續生死輪迴、生死流轉。在色陰上如是，在受、想、行、識等四種自我上面也是像這樣子。由這個緣故，諸位比丘們！三界六道中的所有色陰，或如過去世的色陰、或如未來世的色陰、或如現在世的色陰，或是內色陰、或是外色陰，或是粗糙的人間色陰、或是微細的天界色陰，或是美好的色陰、或是醜陋的色陰，或是久遠以前的色陰、或是前幾世的色陰，那些色陰一切都不是眞實我、也都不異於眞實我、而且是與眞實我不相在的，這樣現前觀察就是有了正確的智慧。色陰如此，受、想、行、識四陰也都是這樣子。就像是這樣子，五陰中的見、聞、覺、識（識即是了知）等四法（見聞覺知四法是五陰的我所），如實觀察而確實求得五陰及見、聞、覺、識四法的正確意涵與內容，沒有誤會了，然後隨著所觀察的意涵與內容而憶持不忘、隨所憶持而覺知其內涵、隨所觀察而了知其無常、無我的本質：五陰及見聞覺識等法全部都不是眞實我、也不異於眞實我、也與眞實我不相在，這樣的正確了知及觀察就是眞正的智慧。如果有人看見五陰及見聞覺知諸法時這樣子說：『五陰及見聞覺知是眞實我、由五陰及見聞覺知而有世間、因此而有這一世的自我，所以五陰及見聞覺知是常住不壞的、是永恒的、是不變易法。』其實五陰及見聞覺知等一切法都不是眞實我、也都不異於眞實我、也與眞我不相在，這就是正確的智慧。如果還有一種人生起這種見解：『**不是這個五陰為真我、也不是這個見聞覺知為真的我所，五陰不是未來的真我、見聞覺知不是常住的未來我所，那些全部都不是真我、不是異於真我、也與真我不相在。**』**這就是真正的智慧**。如果多聞的聖弟子們，能在這六種見處上面，觀察五陰與見聞覺知都不是眞我、不是眞實不壞的我所，像這樣子現前觀察的人，他心中對於佛的狐疑就斷除了；對於佛法、對於僧寶的狐疑也就都斷除了，這就是說，比丘們：多聞的聖弟子到這個地步時，已經不再堪任去造作不好的身、口、意業而趣向三惡道了。這個聖弟子就算是此後很放逸的生活著，也一定會趣向眞正的聲聞菩提，最多也只是歷經**七次三界有的天界與人間的往來受生**，仍然可以藉著這個現觀而作爲窮盡諸苦的邊際。」佛說完這部經以後，諸比丘們聽聞佛陀所說法義，歡喜的信受奉行。】

由這一部經典中的說法，證實確有生死的本際，佛說之爲**我**；這個**我**與五陰同時並存而**不相在**。眾生都是因爲無明所籠罩，誤將生滅性的五陰錯認爲眞實、常住的自我，總是將五陰中的某一法或許多法，誤認爲是常、是恆、是不變異法，所以就無法斷我見、斷我執，不能去到本際故不能遠離生死。眾生都是由於本際入胎識而有生死的，所以本際入胎識就是生死的根本。生死的本際，意思是說生死之所由來，是從何處生起的？是依什麼而有生？又是依什麼而有死？答案是：**依入胎識如來藏而有生，也依入胎識如來藏而有死，若能到達入胎識獨住的境界，也就無生、亦無死了**！眾生之所以會有五陰，都是因爲無明的緣故，而生死解脫的無明，正是對於五陰的無常空不能了知，也是因爲對於五陰的我所——見聞覺知——的依他起性、無常性、無眞我性，不能正確的了知，所以執著爲常住不壞我，譬如有人將五陰的我所——離念靈知——見聞覺知性，錯認爲常住不壞法，這就是關於五陰的無明；被這個無明所遮障的緣故，就無法斷除我見，因此更無法斷除我執，所以就流轉生死而無窮盡了！所以無明也可以方便說爲生死的根源，因此有時也方便說無明就是苦的本際。

然而追究無明的所在，它是依虛空而有的呢？或是它自己可以獨自存在呢？或是應當依於常住心而存在的呢？若有智慧加以探究的話，當然會知道一定是依常住心而存在的；若不是依心而存在的，那麼將會出現極多的過失，所以不可能離開常住心而有無明的存在。既然如此，推究到最後，無明與苦的本際當然就是常住心入胎識了！所以說，生死的本際其實也就是一切苦的本際，也就是本識入胎識。當學佛人把五陰的無明，以及五陰我所的見聞覺知的無明滅除了，即使是最懈怠的初果人，此後並不精進的修斷我執，他在未來世中，歷經七次的人間與天界往返受生以後，也可以藉這一世對於我見的斷除（斷除**五陰及我所常住的邪見**）的功德，最後成爲阿羅漢而滅盡我執，取證無餘涅槃——只留下他的本際入胎識獨住；這時已無五陰，也沒有六塵，也沒有五陰的內我所——見聞覺知性——繼續存在，只剩下入胎識獨住而被稱爲無餘涅槃的本際。由這個眞實理，就知道苦的本際、涅槃的本際，都是眾生各自都有的入胎識如來藏，這就是四阿含諸經中所說的**生死之本際**的眞義。

又如經云：【「復有餘甚深微妙大法光明，使賢聖弟子眞實平等讚歎如來。何等是？或有沙門、婆羅門於本劫本見，謂**無因而出、有此世間**（世間是指五陰）。彼盡入二見中，於本劫本見**無因**而出、有此世間；於此二見中，齊是不過。彼沙門、婆羅門因何事，於本劫本見謂無因而有，於此二見中齊是不過？或有眾生無想無知（無想天的境界），若彼眾生起想，則便命終、來生世間；漸漸長大，剃除鬚髮，服三法衣出家修道，入定意三昧；以三昧心，識本所生；彼作是語：『我本無今有，忽然有。此世間本無今有，此實餘虛。』是爲初見。諸沙門、婆羅門因此於本劫**本際**，謂無因有；於二見中，齊是不過。」】（《長阿含經》卷十四）

語譯如下：【「還有別的甚深微妙的大法光明，使得賢聖弟子們因此而眞實平等的讚歎如來。什麼是甚深微妙的大法光明呢？或者有沙門、婆羅門在這一大劫的光陰中（因爲他們看不見過去劫的事情）本於他們自己所見的往世諸事，主張說**不需有根本因，只需有藉緣就可以出生五陰，出生後就有了這個五陰世間**。他們全部都攝入在這二種邪見之中，都是於本劫本見中，認爲五陰世間都是**無因**唯緣出生、無因唯緣而可以有五陰世間；所有外道修行者都是墜入這二種看法中，沒有人能超越這二種邪見。那些出家修行、在家修行的人們，是因爲什麼原因，看到本劫的最早時期而生起了他們本有的見解，說眾生的五陰都是無因唯緣而有的，而墮入這二種見解之中，都無法超越這二種邪見？譬如有的眾生住在無想亦無知的無想天中，如果他有一天壽盡而生起了覺知性，就隨即命終而從無想天上來出生在人間；後來他漸漸長大，剃除髮、鬚，穿起長短不等的三類法衣而出家修道，有一天進入定意三昧中；以三昧心而覺知到他自己本來所住的無想天中，後來才出生在人間，不能再往前看見比上一世更早以前的世世受生等種種事；他就這樣子說：『我是本無今有，是忽然而有的。這個五陰世間是本無的，是今天才存在的，只有這個才是事實，其餘所有人的說法都是虛妄說。』這就是依於本劫本見而說的第一種看法。所有的出家修行人、在家修行人，由於這個錯誤觀察的緣故，對於本劫中的自己生死的**本際**，就說是無因唯緣而有；那些外道們在這二種錯誤見解之中，最多只能了知到這個地

步，不能超過這個見解。」】

這段佛語破斥本劫本見中的第一種外道見解，您應該會覺得有點兒耳熟或眼熟。當然！您被平實提示了一下就可能想起來了：這是印順法師的藏密黃教外道應成派（具緣派）中觀見！除非您還沒有讀過印順法師的著作，或是略讀而尚未詳細理解他的理路，才會不知道。印順派的一切法師、居士們所宗本的藏密黃教應成派中觀的外道見，一向都認爲：**一切有情，都是單憑種種助緣就可以出生、就可以存在的；譬如單憑父精母血、四大、山河大地等物質及無明種子，就可以出生人類或其他有情的五陰了，不需第八識常住心持無明種、業種來出生有情們的五陰；也不需要常住心執持及流注四大種子，七識心種子就可以自行存在及運作。**但是他們的說法有許多過失，僅舉其中的大過失來說：

一者：善惡業、無明及成就身根的種子，意根及六識心的種子，都不是可以自己單獨存在不滅的，一定要由常住的眞心來執持，才能存在而且轉移到後世去；若沒有一個眞心（本際）常住不滅來持種去到後世，則這一世所造一切善、惡業種，都將無所依止而滅失不存，而來世也將不會有色身及七識心的生起及存在；因爲意識只有一世而不能持種存在，所以一定要有一個常住心持種才能使往世的善惡業種及我見等無明、七識心種子，都跟著常住眞心往生投胎而來到這一世。所以，印順派等凡夫大師與居士們，宗本於藏密外道黃教宗喀巴的六識論，否定了七、八識以後，這個持種的道理是不能成立的。當他們否定了常住心，就必須面對這些問題：**往世的所有善、惡業……等種子，要怎麼轉移來到此世的五陰之中呢？來到此世的五陰以後，又是由誰來持種的呢？**

二者：印順派等人若說是由意識心來持種及實現業種，那麼意識心應該是常住而不會有時斷滅的，才能具有這個持種的功能。若是有時會斷滅的心，當祂斷滅時，所持的一切善惡業種子……等，就將全部散失而不存在了，又如何能持種而繼續生活及造業與受報呢？然而意識心不論是**粗、細、極細心**，都是現前可見會有時斷滅的心；當祂有時斷滅時，那些種子豈不都將散失了？

三者：若說是由意識覺知心來持種，而又主張意識心是不生滅的，所以一定可以持種不壞。但是卻將嚴重違背聖教，也嚴重違背現實生活中可以證驗的常識與醫學常理；因爲意識是有生、有滅的法，所以佛說「**意根、法塵相觸爲緣出生了意識**」。假使印順派的大師與居士們辯稱：「**意識粗心夜夜都會斷滅，但意識細心是常住而不滅的，所以能持種不壞。**」但是 佛陀在四阿含中明明開示說：「**諸所有意識，一切皆意、法為緣生。**」而法界中的最細意識心，無過於非想非非想定中的不返觀自己存在的覺知心，但是祂仍然是生滅法，所以意識的細心、極細心也是不能持種的心。

四者：假使意識真的可以持種，那麼意識就可以自行決定捨棄惡業種子、無明種子，那麼世間所有人都將會是善人，並且也不可能至今還會有三惡道有情繼續存在、受苦，也將人人都已成為聖人而沒有凡夫繼續存在人間了！然而事實上現見卻不是如此，所以意識心是無法持種來往三世的。

五者：若意識是常住不滅的，那麼意識將可以來往三世，一切人就都不應該會有隔陰之迷了！那就應該剛一出生時就會講話，也會懂得人間的種種事務了！只要二、三歲能好好的走動時，就可以直接為眾生做事，或是去各種職場上班了；因為這一世的意識覺知心既是從上一世投胎來到此世的，一切事務當然都已了知而不需重新再學習了！絕大多數的學校也都可以關門了！

六者：阿含部的經文中，茶帝比丘妄說意識心可以往生去後世，就被 佛陀喚來責備了，不允許比丘再如此妄說聲聞解脫道的法義。印順派宗本的藏密外道法的應成派中觀見，卻是公然違背四阿含聖教，公開主張意識心可以來往三世而成爲實現因果的主體識，成爲常住的心體；這是公然違背教證的，所說當然不可信。

其餘的種種過失，衍生出來以後將會舉之不盡，細思即知，這裡就不再列舉了！您若詳細的一一加以思惟，就知道平實說話是極中肯的，沒有絲毫冤枉印順派的大師與居士們！所以，阿含部經典中，佛陀爲我們略說人間確實有熏習的事情，其實已經隱說了**眞心入胎識**持種的事實眞相了！而二乘法中並不以修證入胎識作爲主要理論與行門，只是以修斷我見與我執爲主要的理論與行門，所以只要知道有一個入胎識本際眞的存在就可以了！知道這個本際的存在，就可以了知解脫道的終極境界是滅盡五陰十八界而不再有自我的存在，但不是斷滅；由此而無疑慮的確實斷除我執，捨壽後能眞的滅除自己而使入胎識成爲無餘涅槃時仍然有入胎識——本際——獨存而不滅失，所以涅槃是眞實而不是斷滅；由此而無疑慮的確實斷除我執，捨壽後能眞的滅除自己而使入胎識本際獨住於無餘涅槃中，不再有未來世的受生，也就永無生死苦了！這樣知道及確信有本識常住而成爲無餘涅槃的本際就夠了！由此阿含的經句所說，證實本際、實際——入胎識如來藏——是確實存在不虛的。至於親證入胎識的部分，在平實所著的七輯公案拈提中，已經在理證上面很清楚的爲您顯示了，想要瞭解的話，可以直接閱讀公案拈提等書，在這裡就不再重複說明了！

假使您覺得還有疑慮：「聲聞佛法的阿含部經典中，眞的有處處說到這個**本際**識嗎？」我們可以再舉出其他的經句來證明：【如是我聞　一時佛住舍衛國祇樹給孤獨園。爾時世尊告諸比丘：「於何所是事有故何所起？何所繫著？何所見我？諸比丘！令彼眾生無明所蓋，愛繫其首，長道驅馳，生死輪迴、生死流轉，不知**本際**？」諸比丘白佛：「世尊是法根、法眼、法依。善哉！世尊！唯願哀愍，廣說其義；諸比丘聞已，當受奉行。」】（《雜阿含經》卷六第 136 經）

又如《雜阿含經》卷二十六第 657 經所載：【如是我聞　一時佛住舍衛國祇樹給孤獨園。爾時世尊告諸比丘：「有五根，何等爲五？信根、精進根、念根、定根、慧根。若聖弟子成就信根者，作如是學聖弟子，無始生死無明所著、愛所繫眾生，長夜生死往來流馳，不知**本際**；有因故有生死，因永盡者則無生死無明大闇聚障礙，**誰般涅槃**？唯苦滅、苦息、清涼、沒。如信根，如是，精進根、念根、定根、慧根，亦如是說。此五根，慧爲首，慧所攝持；譬如堂閣，棟爲首，棟所攝持。」佛說此經已，諸比丘聞佛所說，歡喜奉行。】如是言及**本際**者，於《雜阿含經》卷三十三、卷三十四……等，共計達三十四次之多，所以說聲聞佛法四阿含諸經中，除了數處經文中明說名色萬法是由意根及意識以外的另一個入胎識來出生的，其餘諸經中也是處處宣說有本際、實際的，並非偶爾才說的。今將這一段經文**語譯**如下：

【如是我聞　有一段時間，佛陀住在舍衛國祇樹給孤獨園中。當時世尊告訴諸比丘說：「有五根，什麼是五根呢？就是信根、精進根、念根、定根、慧根。**如果聖弟子已經成就信根時，像這樣子修學的聖弟子，無始以來被生死無明所繫縛執著、被我愛所繫縛的眾生們，在無明的漫漫長夜中不斷的生死往來流轉奔馳，都不知道自己的本際；有無明為因的緣故，所以才會有生死，因若永盡而不存在時，就沒有生死無明大闇聚的障礙了**（五陰、十八界全都滅盡了），**那時又是誰能進入無餘涅槃中**呢？其實就只是生死苦斷滅、種種痛苦息滅了、清涼而無熱惱、自己滅失了。如同信根修行而具足信力一樣，就像是這樣子，**精進根、念根、定根、慧根，也像這樣子說明。這五根之中，其實是以慧根最為首要，這五根也是由慧根所攝持的；就好像是堂閣，以直立的大木柱為首要，由它所攝持。**」佛說完此經以後，諸比丘聞佛所說，歡喜奉行。】

這裡已經很清楚的說明了一個事實：當我執斷除後，捨報時滅盡五陰、十八界的自己全部，已經完全無我亦無人了，那時就是無餘涅槃了！那時既已滅盡自己，自己已經不存在了，還能有誰入住無餘涅槃中呢？所以 佛陀反問比丘們說：「**誰般涅槃？**」眞正的般涅槃，只是滅掉五陰、十八界的自己全部，沒有絲毫蘊處界的自己可以繼續存在，所以涅槃仍是入胎識獨住的境界，入無餘涅槃時是滅掉自己而沒有自我可以進入無餘涅槃中的；所以入涅槃的眞義是把自己全部滅掉，而本識入胎識是本來就沒有生死的，祂是本來就涅槃的。可憐的是，今時不論是南傳或北傳佛法的大師與居士們，都是想要以識陰中的意識覺知心來入住無餘涅槃中，都是嚴重誤會聲聞佛法解脫道的凡夫邪見。海峽兩岸的許多大師們，甚至於被部分人尊奉爲導師的印順法師，被藏密外道尊奉爲至尊的宗喀巴，也都是一樣墜入如此邪見中，眞可憐憫！

由這段經文中的開示，證明本際是確實存在的。聖教中如是證明無誤了，在理證上也是一樣可以證明無誤的；這個萬法實際、涅槃本際的入胎識是確實存在的，也是確實可以親證的。今有正覺同修會中的三百餘人親證了！這些人已經從各種不同的層面與方式，投入護持方廣正法、種智正法的行列中了！未來亦將會有信受如來藏正法的佛弟子，繼續親證本際入胎識而爲眾生現身說法，證明本際識如來藏的眞實存在與確實可證。

不但在以上所舉的中阿含、雜阿含諸經中如是說，亦如《中阿含經》卷十〈習相應品〉之《何義經》第一、《本際經》第十、《長阿含經》卷十四第三分《梵動經》第二等，也都同樣有這種說法，在在處處說**有本際存在不滅**，也開示說：**眾生修行解脫道而滅盡自己以後，所應到達的處所就是這個生死眾苦的本際**。只要能到達這個入胎識本際，就不會再誤認識陰自身或識陰六識的自性爲眞我了，也不會再對「蘊處界全部滅除以後是否墜入斷滅空中」有所疑慮了，所以入胎識如來藏（本際）護持了阿含解脫道，使阿含道不會墜入斷滅見、斷滅空中，阿含解脫道的一切法義，其實都是以這個本際爲依、爲護、爲法、爲本的。

否定本識後的一切法空說、意識細心常住說、滅相不滅說、緣起性空說，都絕對不是眞實佛法，因爲**只有在**現象法的蘊處界上面才能講得通，從來不能涉及實相法界的；而且，只講解蘊處界等一切法空的說法，也不是圓滿具足阿含道的，必須兼說無餘涅槃中有本際常住不滅，才能圓滿具足阿含道的法義。在四阿含諸經中，　佛陀所說的阿含解脫道，其實都是依入胎識——本際——來說蘊處界滅盡而成爲無餘涅槃的，都是依入胎識——本際——的獨存及常住不滅，來說明蘊處界我執的滅盡而成爲阿羅漢、而成爲無餘涅槃的。若是離開了入胎識——本際——而說蘊處界滅盡的解脫道，就同於斷見外道一般無二了！所以印順派的大師與學人們，宗本於藏密外道黃教的應成派中觀邪見，否定了第八識入胎識這個本際以後，就不得不再另行發明意識**細心常住說**，發明**滅相不滅的眞如說**，來預防斷滅見的質疑與實質；但這卻是漏洞百出的**創見**，近幾年來被平實與正覺同修會的證悟同修們廣破以後，一直都無法加以回應解套，只能空口說些場面話來自我卸責，所以如今已經成爲高層級佛教界中，常被談論的法義笑譚了。

如前第七章第三節中舉示經典中 佛所開示：解脫是**如**、是**實**、**不虛**。佛又說解脫、涅槃是清涼、寂滅、眞實、常住不變，故解脫、涅槃絕對不只是斷滅空、緣起性空，是故親證蘊處界一切法空之後，捨壽時把自己滅盡無餘，雖然不再有五陰十八界的任何自己存在了！但卻眞實仍有**斷界**、**無欲界**、**滅界**、**解脫界**等實相存在，絕對不會墮於斷滅境界中。這不但是前面各章節中所舉示的阿含部經文可以作證，還有別的阿含部經文一樣可以證明：

【尊者阿難復問上座：「修習於止，多修習已，當何所成？修習於觀，多修習已，當何所成？」上座答言：「尊者阿難！修習於止，終成於觀。修習觀已，亦成於止。謂聖弟子止、觀俱修，得諸**解脫界**。」阿難復問上座：「云何諸解脫界？」上座答言：「尊者阿難！若**斷界**、**無欲界**、**滅界**，是名諸解脫界。」尊者阿難復問上座：「云何斷界？乃至滅界？」上座答言：「尊者阿難！斷一切行，是名**斷界**。斷除愛欲，是**無欲界**。一切行滅，是名**滅界**。」】（《雜阿含經》卷十七第464經）

關於斷界、無欲界、滅界、解脫界，前面已經說過了，這裡不再重複解說。但由這段經文中可以證實：解脫是有**界**的——是有功能性的——是可以因此而使人出離三界生死苦的。這也證明解脫不是斷滅境界，所以解脫後的涅槃本際是確實存在的。又譬如 佛在阿含道中曾經說有**諸法的本母**，是說有一個法是本來自己已在的，不是生滅法，而祂是諸法的本母；若能正見諸法的本母——能生諸法而且本來就在的不曾有生的法——就知道「滅盡五陰、十八界自己全部以後的無餘涅槃不是斷滅空」，就能確實斷盡我執，這正是一切佛弟子的畢竟歸趣；也證明解脫道的修行，最後成就的無餘涅槃並不是印順所說成為「滅相」的斷滅空本質，也不是印順所說的**性空唯名**虛相法的唯有名相的「般若」，而是確有解脫實質的，不是「性空唯名」的**唯有名相**的**解說施設**而已（**性空唯**

名的意思是：其性本空而唯有「名」之法相）。

有經文爲證，佛說：【「白衣！**是法本來**，最上最大，最極高勝。如是正見**諸法本母**，是即增上、畢竟歸趣。復次白衣！若人於我安住正信，是人即得堅固增長根本，出生不壞淨信。何以故？謂若沙門、若婆羅門、若天魔梵，三界一切悉是我子，皆同一法而無差別；正法口生，同一法種；從法所化，是眞法子。白衣！或有問言：『汝等一切各各父母種姓族氏，何故棄捨，返作是言〈我等皆是沙門釋子〉？』白衣當知，法爾如是；是法本來最上最大，最極高勝。如是正見**諸法本母**，是即增上，畢竟歸趣。」】（《白衣金幢二婆羅門緣起經》卷上）

語譯如下：【「白衣！**這個法是本來就存在的**，也是至上而最偉大，最極高勝的。像這樣子正確的親見**諸法根本**、**諸法之母**，這就是增上修學、而且是最究竟的歸趣。復次，白衣！如果有人在我及我所說法之中，能夠安住而且正確的信受，這個人就可以堅固的增長善法的根本，出生了不可斷壞的清淨信力。是什麼緣故而這樣說呢？這是說，如果有出家修行人、或者在家修行人、或是諸天、天魔、梵天修行人，三界中的一切有情都是我的法子，都是同一法而沒有差別；都是從正法之口中出生的，都是同一法的種子所出生的；都是由正法所化度的，都是眞實的法子。白衣！如果有人這樣子問：『你們一切人都各有父母、種姓、族氏，是什麼緣故而棄捨了，反而說出這樣的話：〔我們全都是出家修行人釋迦牟尼的法子〕？』白衣！你應當知道，諸法本來就像是這樣的；這個法是本來就存在的，是最上最大，最極高勝的。像這樣的正確看見了**諸法的根本、諸法之母**，這就是增上的修學，也是最究竟的歸趣。」】

這是因爲白衣與金幢二位婆羅門修行者，都是從他們原來師父所施設的「婆羅門都是梵天王所生」的理論上，來號稱自己婆羅門種姓的尊貴，也都是從蘊處界上面來說自己種姓的尊貴；但是 佛陀卻不以蘊處界的種姓是否尊貴，來作爲弘揚佛法的號召；也不以自己三十二大人相的尊貴，作爲諸國王應對 佛陀示敬的根據；而諸國國王也不是因爲 佛有三十二大人相，所以前來尊敬及歸依於 佛陀，而是依**諸法本母**的親證及種種智慧與種種不共法，來尊敬及歸依 佛陀的。所以**諸法的本母**是一切學佛人——特別是修學禪宗般若禪及唯識種智的學佛人——最重要的修證標的。這個**諸法本母**當然就是出生蘊處界及萬法的入胎識，因爲諸法都是從祂而出生、而有、而存在、而運作、而暫住、而變異、而滅失的，否則就不能稱之爲諸法的本母了！

涅槃確實有眞實法界，並不是印順所主張的一切法空的斷滅空：【「復次，白衣！彼刹帝利，修身語意諸善業已，而起正見；於四念處安住正心，如理修習七覺支已，自能證悟彼涅槃界。而婆羅門、毘舍首陀及彼沙門諸類亦然，修身語意諸善業已，而起正見，於四念處安住正心，如理修習七覺支已，自能證悟彼涅槃界。」】（《白衣金幢二婆羅門緣起經》卷下）

佛陀的意思是說，佛法是平等的，不因爲身分的不同而有所不同：佛門的法師、居士們修學佛法，如理作意的思惟與觀行以後，可以依四念處而觀行蘊處界的無常空，證悟涅槃「界」；外道們也是一樣，不因爲是外道就無法證得涅槃界，除非他們沒有依照 佛陀教授的正理與行門來修。當外道們修學大乘佛法而且如理作意的思惟與觀行以後，他們將會如同佛弟子一樣的證得涅槃界，了知無餘涅槃中的本際；當他們親證了以後，就有能力觀察沙門、婆羅門、天、魔、梵都是從各自的諸法本母中出生的，那個諸法本母應該要稱之爲自性佛，那時他們就有能力了知自己以前所歸命的沙門、婆羅門、天主、天魔、大梵天都不是證悟者，都只是三界中的未悟凡夫罷了！從此以後就絕對不會再歸依那些沙門、婆羅門、天主、天魔、大梵天（婆羅門尊稱爲祖父）等原來的師父或天神了！也不會再歸依他們所傳授的天道、外道涅槃……等世俗法了！從此以後，他們都應當自稱是沙門釋迦牟尼的法子了！

假使有人自稱證悟**諸法本母**以後，卻仍然在推崇原來所歸依的外道天神、大梵天王、老母娘……等，那麼他們一定仍然是誤會佛法的人，一定是還沒有親證諸法本母——涅槃本際——的凡夫，因為他們的所「悟」一定同於外道天神、大梵天王、老母娘所「悟」的覺知心，都同樣落在識陰中，才會繼續認同心外求法（於眞心以外而求正法）的外道天神、大梵天王、老母娘而歸依之。涅槃本際的修證，是否如理作意的觀行，一定會導致所悟的大乘法義內容是否正確或偏差；對涅槃本際實存已有信受，亦能正確的認知，一定會導致解脫道的斷我見、斷我執能夠成功；若是認知不正確，乃至不信受而否定了以後，一定會像藏密外道黃教應成派中觀的印順、達賴一樣，另行新創意識細心、極細心常住的妄說，或如宗喀巴公然違背 佛的聖教而主張意識的粗心（樂空雙運中的極粗意識覺知心）是常住法、是諸法的本源，都無法斷除我見，何況是斷除我執？

一切眞悟的佛弟子們，也可以從外道們自稱證悟以後是否繼續擁護外道天神、梵王、老母娘等事相，來了知他們所謂的開悟是否如實了！由此一經的說法，也可以證實 佛陀宣講大乘經時，二乘聖人也是一一參與其會的，所以也結集出「諸法本母」的實相心名相來；這樣子就能支持二乘解脫道的無餘涅槃，永遠都不會墜入斷見外道的同一處境中了！

這個**本際**、**諸法本母**，佛陀在四阿含中有時也會密意說爲**常住不變**的，有經文爲證：【「有五因緣，心生憂苦。云何爲五？婬欲纏者，因婬欲纏故心生憂苦。如是，瞋恚、睡眠、掉悔、疑惑纏者，因疑惑纏故心生憂苦，是謂五因緣心生憂苦。有五因緣，心滅憂苦，云何爲五？若婬欲纏者，因婬欲纏故心生憂苦。除婬欲纏已，憂苦便滅；因婬欲纏，心生憂苦：於現法中而得究竟，**無煩無熱、常住不變**，是聖所知、聖所見。如是，瞋恚、睡眠、掉悔、若疑惑纏者，因疑惑纏故心生憂苦：除疑惑纏已，憂苦便滅。因疑惑纏，心生憂苦；於現法中而得究竟，**無煩無熱**、**常住不變**，是聖所知、聖所見，是謂五因緣，心滅憂苦。復次，更有現法而得究竟，**無煩無熱**、**常住不變**，是聖所知、聖所見；云何更有現法而得究竟，無煩無熱、常住不變，是聖所知、聖所見？謂八支聖道，正見乃至正定，是爲八，是謂更有現法而得究竟，無煩無熱、常住不變，是聖所知、聖所見。」佛說如是，彼諸比丘聞佛所說，歡喜奉行。】（《中阿含經》

卷四第 19 經《尼乾經》）

依八正道而針對五蓋來修行的人，斷了我見與我執以後，應該是**無煩無熱、常住不變**的；若是依意識覺知心來看，是絕對無法永遠無煩無熱的，是無法永遠都常住不變的；因爲意識在人間現起及運作中，常常會偶爾有煩熱，也是一直都在轉變爲越來越清淨，或是在轉變爲越來越染污的，不是永遠不變的；並且意識心是夜夜眠熟時一定會暫時斷滅的，不是常住法，當然不符合阿含解脫道中**常住**的正理。所以，阿含解脫道的修行，雖然不必親證本際——入胎識如來藏——但是卻必須依止本際法理爲中心，來滅盡蘊處界的自我執著，來滅盡蘊處界自我全部而實證無餘涅槃的。由此可知本際、實際、常住不變的重要性了！若無這個諸法本母的本際，阿含解脫道就會成爲斷滅空，就不得不像印順一樣再加以新創而建立**滅相不滅說**，或是同時另創新說：**意識常住不滅**。但是這樣一來，就不是眞實的佛法而成爲想像的佛法了！想像的法當然不可以說是佛法，因爲眞正的佛法都是可知也是可證的，絕非想像的。

印順由於年輕時完全信受藏密外道的黃教應成派中觀的六識論邪見，因此而對四阿含諸經所載的聲聞佛法產生了嚴重誤會，產生了邪見，不能如實理解四阿含解脫道的正理，就自作聰明的認爲：四阿含諸經的說法是有過失的。由於這種邪見，所以才會認爲：佛陀入滅數百年以後的佛弟子，新創大乘佛法的般若諸經、方廣與唯識諸經，所知、所見高於聲聞佛法的四阿含諸經。意思是：佛陀入滅以後，佛弟子們的佛法日益增上及演化而超過 佛陀了，所以才會寫出 佛陀講不出來的、更深妙的般若諸經、唯識諸經，更勝妙於 佛陀所說的法義。這就是他在私心中的想法，只是都以暗示的手法寫在書中，不像慧廣一般明目張膽的寫出來；所以印順對四阿含諸經其實並不是很認同的，才會另外創造**根本佛法**的說法：直接從佛口親聞的法義才是眞正的佛法。意思是說，後人從經典中所理解的佛法已不是眞正的佛法。但他卻又說：依照 佛陀的教誨而親證佛法後，從他的口中說出來的法義也是佛法。前後自相違背。

然而，無餘涅槃中的實際，是可以親證的，只是很難親證罷了！並非印順書中常常暗示的「不可知、不可證的」。這個涅槃的本際是離見聞覺知的，是不與六塵相應的，是不覺知六塵的；而識陰中的意識心一旦現行時，一定會與六塵相觸、相應，因爲祂是以六塵爲緣而現行的，也是剎那剎那之中都必須依止六塵才能存在及運作的，而祂所了知的對象也都是六塵中的一切法；不論古今的哪一位大善知識，都沒有人能在沒有六塵的境界中使意識出生及存在的，所以意識覺知心是無法進入無餘涅槃中的，因爲無餘涅槃中是沒有六塵存在的，也是沒有六識、六根存在的。而實證解脫的聖者，對於涅槃本際的存在，一定會有正確的認知及信受，否則是無法親證解脫果的。

在涅槃本際中是離六塵的，當然其中不可能有意識心存在，當然是離見聞覺知而絕對寂靜的。這不是平實個人的創見，不是平實的發明；平實從來不像印順一樣的大膽，敢自行發明新創佛法，而是一向都絕對遵循聲聞佛法四阿含諸經中的聖教。所以平實以上的說法，不但是依自身親證而說，當然也必須符合四阿含中的聖教，有阿含部經文爲證：【「阿難！諸比丘於此法中如實正觀，無漏、心解脫，阿難！此比丘當名爲慧解脫。如是解脫比丘，如來終亦知，如來不終亦知，如來終不終亦知，如來非終非不終亦知。何以故？阿難！齊是爲語，齊是爲應，齊是爲限，齊是爲演說，齊是爲智觀，齊是爲眾生。如是盡知已，無漏心解脫比丘不知、不見，如是知見。」】（《長阿含經》卷十《大緣方便經》）

這已經很清楚的開示正理了：當佛弟子專修解脫道時，於斷除我見以後而遠離欲界法的貪愛以後，發起初禪了，成就三果的心解脫證境；這時再進一步修除有漏、無明漏，就成爲慧解脫的四果人了！這時他一定要確認：進入無餘涅槃時，蘊處界所攝的一切自我全都滅盡了，卻不是斷滅空，而是仍然有本際獨存不滅的。以此智慧而能了知：如來入涅槃時蘊處界確實已經終了，如來入涅槃時不是終了一切法而斷滅，仍有本際存在不滅而常住；如來入涅槃時雖然示現蘊處界都已終了，但是卻可以另外化現於十方三界中繼續利樂有情，所以「如來終不終亦知」；如來入涅槃時，此地的蘊處界滅盡了卻可以繼續在他方世界中受生示現，所以「如來非終非不終亦知」。慧解脫的阿羅漢們，對此都是有正確認知的，絕對不會像印順一般，誤以爲如來入涅槃後是斷滅空，成爲**滅相**的**空無**了！他正因爲這個邪見，而主張說：**大乘經中如來常住的思想，只是後人對佛陀永恆的懷念罷了**！意思是說，**如來其實已經斷滅而不存在了**！這就是他在《妙雲集》等書中，以種種方便暗示的手法，向當代大師與學人們一再灌輸的思想，但是卻與聖教及平實所觸證的事實大相違背。

此外，再由二乘聖人所造的論文中，也可以證明無餘涅槃中是確實有一個本識常在而不是斷滅空，這樣也可以證明無餘涅槃中確實有一個實際、本際存在著，所以才能成立聲聞佛法中「涅槃常住、涅槃眞實、不是斷滅空」的說法。

譬如舍利子尊者如是說有內、外識：【「云何內識？若識受，是名內識。云何外識？若識**不受**，是名外識。」】

語譯如下：【「如何是內識呢？假使有一個識是對六塵境界能領受的，這個識名爲內識。如何是**外識**呢？假使有一個識**對六塵境界是不領受的**，這個識名爲外識。」】（《舍利弗阿毘曇論》卷一）由這一段舍利弗尊者的阿毗曇論中的說法，可以知道他是曾經參與 佛說大乘唯識經典法會的，只是當時不知道外識在何處而已；但是阿羅漢們對外識與內識，並不用阿賴耶識及意識來區分，而只是同樣的說爲識。

以此緣故，在二乘菩提的阿含道中，在他們所結集的四阿含諸經中，把第六識與第八識都用一個「識」字來說，而將第七識意根單說爲「意」字，或者說爲根而不說爲識；這是他們所結集的四阿含諸經中的慣例，不論是在哪一部阿含經典中，一向都如是說，也是至今仍可從四阿含諸經中證實的事實。若依證悟菩薩們的現量親證境界來說，只有不領受六塵境界的識，才能接觸外六塵；由於能接觸外六塵，所以說祂是外識；這其實就是菩薩們所證的第八識如來藏——阿含部經中說的入胎識——部派佛教聲聞聖人所說的本識、有分識、愛阿賴耶等識，祂藉意根起作意及五色根爲工具，能接觸外六塵，才能藉外六塵來變現出內六塵，這正是 佛在聲聞佛法中所說的外六入及內六入的正理；當外識入胎識變生出內六塵而有了內六入以後，再由一向安住於勝義根裡面的內識（識陰等六識覺知心）來領受內六塵的境界，然後作出種種有漏性的心行來；所以說，能見聞覺知六塵境界的識陰六識就名之爲內識，都只住在勝義根中領受內六塵而不能領受外六塵的緣故。由舍利弗尊者此一論文，從六識法界來檢驗，已可證明阿含道中所說的內識，是指識陰中的眼識乃至意識等六識。

假使有人這樣子認爲：「**舍利弗尊者所說的外識，應該是指第七識意根，不是你蕭平實說的第八識。**」那將會產生過失。 佛陀曾說過內識、外識，但 佛陀說的內識與外識，與舍利弗尊者的說法是相同的，只是從不同的面向來解說罷了。譬如 佛陀所說的外識也是要藉因緣才能在三界中示現的，但意思並不是說這個外識入胎識也是因緣所生法，反而是說這個外識是名色的根本，是出生名色與一切法的諸法本母。而舍利弗尊者所說的外識，則從是否領受六塵來區分，所說的外識體性，卻是與 佛陀所說的外識入胎識的體性完全相同，所以他這一段論文中說的外識，只能稱爲本識入胎識，不許說爲內識意根。這是因爲舍利弗尊者說的外識是對六塵「不受」的，是沒有六塵境界受的；可是意根明明是有受的，祂即使是在悶絕位、眠熟位等意識斷滅位中，意根也還是有極少分法塵受的，並不是都沒有受；所以眠熟很久而使得身體的下方受到體重壓迫，身體不舒服時，意根就會喚起少分意識來分別，知道是身體不舒服時，就會翻身；但是眠熟位中意識其實是不存在的，是暫時斷滅了的，卻有意根繼續在領受極少分觸覺上的法塵；由此而證明意根不是全然無受的心，也由此而證明舍利弗所說不受六塵的外識，一定是指第八識如來藏，正是本識入胎識，才有可能完全不受內相分六塵的觸覺，不是像意根還有法塵的少分領受存在著，所以不可以說舍利弗講的外識是意根。

也許有南傳佛法的學人，或者崇尚藏密外道宗喀巴應成派中觀邪見的印順派法師與學人，對二乘聖人如此明顯的這個說法，仍然不能信受，依舊堅定的認為：「**這只是蕭平實個人依自己的想法曲解而作的解釋，作不得準。**」那麼我們不妨再舉示二乘聖人舍利子尊者的說法來證明這個事實，舍利子尊者在《阿毘達磨集異門足論》卷十一中的說法是和舍利弗尊者的說法一樣的：

【「若內、若外者，云何**內識**？」答：「**若識在此相續，已得不失，是名內識。**」「云何**外識**？」答：「**若識在此相續，或本未得，或得已失，若他相續，**

是名**外識**。」

「若粗、若細者，云何施設粗識、細識？」答：「觀待施設粗識、細識。」「復如何等？」答：「若觀待無尋唯伺識（無覺有觀位的意識心），則有尋有伺識（初禪位的意識心）名粗；若觀待有尋有伺識，則無尋唯伺識名細；若觀待無尋無伺識（二、三、四禪等至位中的意識心），則無尋唯伺識名粗；若觀待無尋唯伺識，則無尋無伺識名細。若觀待色界識，則欲界識名粗；若觀待欲界識，則色界識名細；若觀待無色界識，則色界識名粗；若觀待色界識，則無色界識名細。若觀待**不繫識**（不被三界繫縛的識—入胎識、如來藏），則無色界識名粗；若觀待無色界識，則**不繫識**名細。如是施設粗識、細識，如是名爲若粗若細。」

「若劣、若勝者，云何施設劣識、勝識？」答：「觀待施設劣識、勝識。」「復如何等？」答：「若觀待有覆無記識（意根），則不善識（意識）名劣；若觀待不善識，則有覆無記識名勝。若觀待無覆無記識（入胎識），則有覆無記識名劣；若觀待有覆無記識，則無覆無記識名勝。若觀待有漏善識，則無覆無記識名劣；若觀待無覆無記識，則有漏善識名勝。若觀待無漏善識，則有漏善識名劣；若觀待有漏善識，則無漏善識名勝。若觀待色界識，則欲界識名劣；若觀待欲界識，則色界識名勝。若觀待無色界識，則色界識名劣；若觀待色界識，則無色界識名劣；若觀待無色界識，則**不繫識**名勝。若觀待**不繫識**，則無色界識名劣；若觀待無色界識，則**不繫識**名勝。如是施設劣識勝識，如是名爲若劣若勝。」】

語譯如下：【「若是施設內識、若是施設外識者，什麼是**內識**？」答：「如果有一個識在人間相續存在，已經得到這個識以後，一生中都不會失去，這個就名爲**內識**。」「什麼是**外識**呢？」答：「如果有一個識在人間相續存在，這識或者是本來不曾證得，或是證得以後又因爲中途死亡而失去了，或者是捨壽後在別的地方相續存在，這個就是**外識**。」

「或是粗心、或是細心的說法，是依什麼道理而施設粗識與細識的？」答：「這是由於互相觀待的緣故而施設粗識與細識。」「這又是怎麼說的呢？」答：「若是觀待初禪位以後的無覺有觀意識，則初禪位中的有覺有觀意識就稱爲粗識；若是觀待有覺有觀的初禪位意識，則無覺有觀位的意識名爲細心；若是觀待無覺無觀位的意識，則無覺有觀位的意識名爲粗心；若是觀待無覺有觀位的意識，則無覺無觀位的意識名爲細心。若是觀待色界天中的意識，則欲界中的意識名爲粗心；若是觀待於欲界識，則色界天中的意識名爲細心；若是觀待於無色界的意識，則色界中的意識名爲粗心；若是觀待於色界的意識，則無色界的意識名爲細心。若是觀待於**不被三界繫縛的入胎識**，則無色界的意識名爲粗心；若觀待於無色界的意識，則**不被三界繫縛的入胎識**名爲細心。就像是這樣子來施設粗識與細識，這就是我所說的『或是粗心、或是細心』。」

「或是劣識、或是勝識的說法，又是如何來施設劣識與勝識的？」答：「這也是由於互相觀待而施設劣識與勝識。」「那又是如何觀待而施設的？」答：「若是觀待於**有覆無記性的意根**時，則會造作惡業的不善心位意識名爲下劣心；若是觀待於不善位的意識心時，則有覆無記性的意根名爲殊勝心。若是觀待**無覆無記性的入胎識**時，則有覆無記性的意根就名爲下劣心；若是觀待有覆無記性的意根時，則無覆無記性的入胎識名爲殊勝心。若是觀待有漏位的行善意識心時，則無覆無記性的入胎識名爲下劣心；若是觀待無覆無記性的入胎識時，則**有漏位的行善意識**名爲殊勝心。若是觀待無漏位的行善意識時，則有漏位的行善意識名爲下劣心；若是觀待有漏位的行善意識名爲殊勝心。若是觀待色界的意識時，則欲界中的意識名爲下劣心；若是觀待欲界意識時，則色界中的意識名爲殊勝心。若是觀待無色界的意識時，則色界的意識名為下劣心；若是觀待色界的意識時，則無色界中的意識名為殊勝心。若是觀待不被三界法繫縛的入胎識時，則無色界的意識名為下劣心；若是觀待無色界中的意識時，則**不繫識入胎識**名為殊勝心。就像是這樣子來施設劣識與勝識，這就是你所問的若劣若勝的心識。」】

由舍利子所造的這段論文中，可以看得出來與四阿含諸經中對識字的用法有小小的不同：他所說的識，是包括第六識意識、第七識意根、第八識入胎識的。四阿含諸經中對第七識都只說是意，或說為根，都不說為識；而舍利子尊者對入胎識如來藏的某些說法講錯了，與阿含聖教中的隱說並不符合。但他的說法有許多部分與實證入胎識的菩薩所現觀的境界大約相符，也與第三轉法輪的唯識系諸經中的　佛說大約相符；但是他對本識——外識——入胎識的瞭解，仍然是很粗淺的，可能是造論時隨從　佛陀聽聞而未親證，或是親證不久而使現觀尚未深入的緣故，才會有論文中不很如理而很容易使人誤會的說法。

本識如來藏——外識——是本自存在的法，不是由五蘊來得到祂的；但是從證悟以後才能現觀祂的存在及運作，而說是本來未得，後來得到祂，也是可以說得通的；只是他這樣的說法，很容易使未悟的人誤會，只能以猜測的方式來試圖瞭解他的說法。外識如來藏是出生五蘊的實際心，若說有人得到了祂，就會有違背法界眞相的過失存在，因爲一切人，不論已悟、未悟，都是活著的一生中本來就擁有祂，不可能失去祂，所以說爲得到祂或失去祂，都是有過失的，所以只能說是一種方便說。事實上，應該說是由祂出生了五蘊，由祂來得到五蘊；當祂得到五蘊以後，卻因爲祂從來都無所執著，反而被五蘊把祂執著爲我所；所以他說的「**或本未得，或得已失**」，是不很正確的說法。

假使五蘊是本來存在的法，而五蘊出生或存在的初期，尚未有入胎識住在五蘊身中，後來終於獲得入胎識來住入五蘊中了，才可以說這個外識是「**本未得**」；假使在將來死後五蘊仍繼續存在，而入胎識壞滅或是離去了，才可以說這個入胎識是「**得已失**」。如今舍利子尊者說這個入胎識可以是「本未得」，又說可以是「得已失」，顯然他並沒有轉依入胎識，而是純粹站在阿羅漢五蘊的立場來說這個入胎識的。而他把入胎識說爲不繫識是正確的，事實上也只有入胎識才能不被三界法所繫縛，才能獨住於三界外，才能不領受因果種子所生的苦樂受，但是又可以直接觸受外六塵，所以被稱爲外識。

從菩薩實證入胎識的立場來看待入胎識與自己的關係，則是入胎識從來本自存在，而五蘊自己是只有這一世才有的（依二乘聖者不知、不證意根的立場來說），所以阿羅漢們應該學習菩薩們從入胎識的立場來說五蘊：「入胎識能出生五蘊的自己，**若五蘊在此相續，或本未得，或得已失。**」若本未得，是說死後入胎識初入胎而尚未執取受精卵時；或得已失，是說入胎識在正死位中漸漸失去五蘊；在這些時期中，入胎識都仍然繼續存在，而此世五蘊卻已經失去了，或是下一世的五蘊尚未獲得。這是說，菩薩從實證入胎識的立場來看五蘊自己與入胎識時，五蘊是客，而入胎識是主；但是舍利子尊者第一段文中的意思，顯然仍是以阿羅漢的五蘊為主、以入胎識為客來說的。這已經很清楚的顯示一件事實：**他曾經聽聞 佛陀開示，說有一個能出生五蘊十八界的入胎識存在，能直接觸外塵境，名為外識；而內識——識陰六識——只能接觸內六塵境而只有內六入，所以六塵是含攝在各人的五陰十八界中的內六入所攝。**

他信受了 佛說的聖教，就知道入無餘涅槃以後，入胎識是仍然存在不滅的，所以無餘涅槃不是斷滅境界，是常住法；雖然他已經實證蘊處界無我，但是他造論時顯然並沒有證得入胎識，所以尚無法轉依入胎識為眞我，所以他仍然是以阿羅漢的五蘊我為主人來說入胎識的，仍然是把入胎識當作是客位來看待的；但因爲信受佛語而說入胎識「**若他相續**」，意謂入胎識在有情死後，將會受生而繼續在他處相續不斷；他的說法中，只有這一句是正確的，其餘的「**或本未得，或得已失**」二句，都是有過失的。這已顯示他並未轉依入胎識；未能轉依入胎識的原因，當然是因爲造論當時尚未實證的緣故。

若是眞悟的菩薩，親證入胎識以後，轉依成功了就會反主爲客，就不會像他這樣說，而將會改爲這樣的說法：「**意識等六識，若在此相續，或本未得，或得已失，不於他方相續，然入胎識永存不失。**」這才是已經有般若實相智慧以後，反主爲客的正說；是將時時作主分別的意根與意識主人轉變觀念而看待自己爲客體，是轉變觀念而將從來都不作主、不分別的似乎是客人的入胎識看待爲主體。但舍利子顯然並沒有如同菩薩一般反客爲主、反主爲客，證明他當時尚未證得入胎識，所以他只是現觀蘊處界無我，實證無我空、無常空的二乘聖者，仍然不是菩薩僧，除非他在造論以後另有因緣而實證入胎識了。

由此段舍利子尊者所造的論文中看得出來，他在平常時節，顯然是把入胎識（外識）與意識（內識）都用同一個**識**字來稱呼的，只有被人詢及內、外識時，才把「**識**」字分別爲內、外二個識的；只有在被人詢及勝、劣識時，才把入胎識稱呼爲不繫識，而意根則是仍然被他稱呼爲「意」，很少被稱呼爲識，一直都是把意看待爲六根中的一根；除非有人詢及意根與其他識的比較時，才會被他稱呼爲識——有覆無記**識**。

由以上的舍利子的論文中，證明內識是意識等六識，但是隨後的粗細識、勝劣識等二段論文中，卻已很清楚的說明他的**識**字其實是包含三個識的：**入胎識**——無覆無記識，**意根**——有覆無記識，**意識**——不善識及有漏善識、無漏善識——有覆有記識。於此，先從他的第二段論文所說的粗、細識，來證明平實的說法，舍梨子尊者如是說：【「若粗、若細者，云何施設粗識、細識？」答：「觀待施設粗識、細識。」「復如何等？」答：「若觀待無尋唯伺識，則有尋有伺識名粗；若觀待有尋有伺識，則無尋唯伺識名細；若觀待無尋無伺識，則無尋唯伺識名粗；若觀待無尋唯伺識，則無尋無伺識名細。若觀待色界識，則欲界識名粗；若觀待欲界識，則色界識名細；若觀待無色界識，則色界識名粗；若觀待色界識，則無色界識名細。若觀待**不繫識**，則無色界識名粗；若觀待無色界識，則**不繫識**名細。如是施設粗識、細識，如是名爲若粗若細。」】

這意思是說：【「如你所說的或名粗識、或名細識的說法，你是如何施設粗識與細識的？」答：「從二法互相觀待的立場來施設粗識、細識（細心）。」「這又是怎麼說的呢？」答：「若是觀待於無尋唯伺識（若是觀待於無覺有觀定境中的意識）時，則有尋有伺識（有覺有觀的初禪定境意識）名爲粗識；若觀待初禪中的有尋有伺意識時，則初禪後的未到地定無尋唯伺識名爲細識。若是觀待二禪定境中的無尋無伺意識，則初禪後的未到地定中無覺有觀位的意識名爲粗識；若是觀待初禪後的未到地定中的無覺有觀位的意識，則二禪等至位中的無覺無觀的意識名爲細識。若是觀待色界意識時，則欲界意識名爲粗識；若是觀待欲界意識時，則色界意識名爲細識。若是觀待無色界意識時，則色界意識名爲粗識；若是觀待色界意識時，則無色界意識名爲細識（細心）。若是觀待**不繫識**（入胎識）時，則無色界意識名爲粗識；若是觀待無色界意識時，則**不繫識**（入胎識）名爲細識（細心）。如是施設粗識、細識，如是名爲若粗、若細。」

佛滅一百年後聲聞部派佛教的意識細心說，可能是從這一類二乘聖者的論文中引申出來，而被後代應成派中觀見者取來引用。但是他們的衍申及引用，卻是斷章取義式、曲解式的引用，並非如理作意的引用。因爲，從二乘聖者所說的粗識（粗心）與細識（細心）的說法看來，並不是每一個識都單獨只有粗心或細心的定位，而是從各自與他心互相對待的觀待立場上來說的；當某一境界中的識，面對上一層次境界中的識時，祂就成爲粗心；若是面對下一層次的識時，祂就成爲細心。所以粗心或細心，不是絕對的，不是像印順一樣單指本識如來藏或意識而說的，而是從上、下位的互相觀待中來定義的。但是藏密外道的應成派中觀師，譬如印順、昭慧……等人，則是一致的將細心定義爲第八阿賴耶識——不繫識——獨有的名稱；然後再把他們錯誤定義的這個細心，**編派**爲從意識覺知心中再**細分**出來的細心，但這卻是斷章取義式的細心說。

他們這個說法有許多錯誤，既是悖理也是違教的；平實以往在諸書中已舉例辨正過很多了，這裡就不再重複贅說。但是從舍利子尊者這一段論文中的說法，已經很明確的證實「藏密外道黃教的印順法師應成派中觀不承認七、八識」的說法，是與專修解脫道的二乘聖者所說完全違背的；在這一段論文中，舍利子尊者已經很清楚的指稱有一個不被三界生死所繫縛的識了，他稱之爲不繫識；這個不繫識，是可以在死後的他方相續不斷的，不像是意識心死後在中陰身入胎時，就永遠斷滅而不能去到來世與他處了！所以，除了涅槃本際的入胎識以外，就不可能再有別的識可以被稱爲外識、不繫識了！

這也是因為：意識與意根，都是在離開三界生死而入無餘涅槃時，都必須自我滅除；而不繫識卻與這二個必須自我滅除的意根及意識，同時同處存在於三界中，所以能被拿來比較粗細與勝劣，由此就證明二乘聖者是知道有意根第七識存在的，也知道有不繫識——入胎識——第八識存在的。只是藏密外道黃教的印順派等人都不知道這個事實，所以才偏頗的主張說：阿含解脫道中說識只有六，沒有第七與第八。但事實上二乘聖人在結集四阿含時，其實是知道共有八個識並存的，他們對於「識共有八」顯然是有共識的，只是他們不知道第八識在何處而已。

接著再從舍利子尊者的第三段論文所說勝識、劣識，來證明平實「外識是本識入胎識」的說法，舍梨子尊者如是說：【「若觀待有覆無記識，則不善識名劣；若觀待不善識，則有覆無記識名勝；若觀待無覆無記識，則有覆無記識名劣；若觀待有覆無記識，則**無覆無記識**名勝。若觀待有漏善識，則**無覆無記識**名劣；若觀待無覆無記識，則有漏善識名勝；若觀待無漏善識，則有漏善識名劣；若觀待有漏善識，則無漏善識名勝。若觀待色界識，則欲界識名劣；若觀待欲界識，則色界識名勝；若觀待無色界識，則色界識名劣；若觀待色界識，則無色界識名勝。若觀待**不繫識**，則無色界識名劣；若觀待無色界識，則**不繫識**名勝。如是施設劣識勝識，如是名爲若劣若勝。」】

這意思是說：【「若是從意根（有覆無記識）的立場來看待造作惡業的意識（不善識）時，這個意識是劣識；若是從造作惡業的意識（不善識）來看待意根（有覆無記識）時，意根是勝識。若是從入胎識（無覆無記識）來看待意根時，則意根（有覆無記識）名爲劣識；若是從意根（有覆無記識）來看待入胎識時，則是入胎識（無覆無記識）爲勝識。若是從造善業而未斷我見、我執的意識（有漏善識）來看待入胎識時，則入胎識（無覆無記識）由於不會造作善業，所以成爲劣識；若是從入胎識（無覆無記識）來看待修善的意識時，則造作善業的意識（有漏善識）名爲勝識；但是若從造作善業而沒有執著的阿羅漢意識（無漏善識）來看待俗人的善業意識時，則造作善業的俗人意識（有漏善識）是劣識；若是從世俗人造作善業的意識（有漏善識）來看待聖者的意識時，則阿羅漢們的意識（無漏善識）名爲勝識。若是從色界中的意識（色界識）來看待欲界中的意識時，則欲界中的意識（欲界識）名爲劣識；如果從欲界中的意識（欲界識）來看待色界的意識時，則色界的意識（色界識）名爲勝識；若是從無色界的意識（無色界識）

來看待色界意識時，則色界意識（色界識）名為劣識；若是從色界意識（色界識）來看待無色界意識時，則無色界的意識（無色界識）名為勝識。若是由不被三界繫縛的入胎識（**不繫識**）來看待無色界意識時，則無色界意識（無色界識）名為劣識；若是從無色界意識（無色界識）來看待入胎識時，則入胎識（**不繫識**）名為勝識。就像是這樣來施設劣識與勝識，這樣就是說，每一個識都由於所觀待的對象不同，因此都各有勝劣性而都可名為勝識、劣識。」】

由以上舍利子尊者的說法中，可以證實：二乘聖者在解脫道的修學過程中，一定已經確信 佛陀所說的入胎識即是無餘涅槃中的本際，所以確定入涅槃以後絕對不是斷滅境界，由此緣故而安心的斷除我見與我執，捨壽後一定可以滅除自己而入無餘涅槃。由舍利子尊者這一段論文中的說法，也可以確定一件事實：多數的二乘聖人在第三轉法輪時期，必定曾經多次或少次參與大乘法會、聽聞過大乘法義，知道有一個不被三界生死繫縛的第八識，將會獨存於無餘涅槃中，舍利子尊者在這一段論文中把祂稱為**不繫識**或**無覆無記識**。這也可以證明：南傳佛法的阿含經典中會說有愛阿賴耶、樂阿賴耶、欣阿賴耶、喜阿賴耶，部派佛教會有細心的本識、有分識、不可說我、窮生死蘊，一定有其原因，絕對不是阿羅漢們無因編造出來的，因為他們都聽過　佛陀宣講大乘經典。

但是，他們造二乘論時並沒有親證第八識——入胎識——不繫識，所以就只好依他們所聽得懂的大乘經典中，能與解脫道相應的部分義理，依他們的意識思惟所能了知的大乘法中的聞慧與思慧，結集出來而成為雜阿含、增一阿含，用來護持聲聞法的解脫道，不會墜入斷見外道法中。當第一次結集的五百結集四阿含諸經被這樣結集出來以後，以雜阿含及增一阿含諸經，用來代表大乘經典的法義，所有證悟的菩薩們聽聞了，當然不可能滿意，勢必會當場立即提出主張：「吾等亦欲結集。」所以四阿含結集完了，一定會有後來不被聲聞人記入聲聞律典的菩薩們隨後的法藏結集——七葉窟外的千人結集；這當然是般若系、唯識系的大乘經典出世的時間，是菩薩們對聲聞人結集雜阿含、增一阿含來取代大乘經典以後不久就展開的法藏結集。這個隨後不久就展開的千人窟外結集的成果，會使得聲聞凡夫們覺得不太有面子，也是勢所難免的，當然不會特地加以文字記錄及說明。

第四節　異熟與熏習

異熟者，謂異時而熟、異地而熟、異身而熟，謂因緣果報也！欲說異熟與熏習的關係之前，應該先來解釋無明的意思，才容易瞭解異熟與熏習的眞義：【「云何無明？謂於前際無知，於後際無知，於前後際無知；於內無知，於外無知，於內外無知；於業無知，於異熟無知，於業異熟無知；於佛無知，於法無知，於僧無知；……」】（雜阿含部《緣起經》）

換句話說，無明就是無知；對諸法無所知，就是無明；對於妄心、眞心的了知不足，以致沒有實相智慧光明生起，不能照了諸法的虛妄，就是聲聞法中聖人相應的無明。譬如對出生前的往世究竟是眞實的，或只是人爲的施設？此世死後有沒有未來世？來世的說法是否眞實有？或只是人爲的想像與施設？對於前後際三世貫串而從來不曾間斷的心是否眞實有？對於五蘊內法的狀況與內容，對於外法是否能被自己所領受，對於自己是否有一個能聯通內外的法，對於善惡業、無漏業將會造成的果報，對於佛的修證內容，對於佛法解脫道及佛菩提道的內容，對於聲聞僧、菩薩僧的智慧境界……等，都無所知時，即是廣義的無明。

由於無明的緣故，就會有種種熏習；由種種熏習故，才會有異熟果報，有經文爲證：【「伽彌尼！謂此十善業道，白有白報，自然昇上，必至善處。伽彌尼！猶去村不遠有深水淵，於彼有人以酥油瓶投水而破，滓瓦沈下，酥油浮上；如是，伽彌尼！彼男女等，精進勤修而行妙法，成十善業道；離殺、斷殺、不與取、邪婬、妄言乃至離邪見、斷邪見，得正見。彼命終時，謂身粗色四大之種從父母生，衣食長養，坐臥按摩、澡浴強忍，是破壞法，是滅盡法、離散之法；彼命終後，或烏鳥啄、或虎狼食、或燒或埋，盡爲粉塵；彼心、意、識常爲信所熏，爲精進、多聞、布施、智慧所熏，彼因此、緣此，自然昇上，生於善處。伽彌尼！彼殺生者，離殺、斷殺；園觀之道、昇進之道、善處之道。伽彌尼！不與取、邪婬、妄言乃至邪見者，離邪見，得正見，園觀之道、昇進之道、善處之道。伽彌尼！復有園觀之道、昇進之道、善處之道，伽彌尼！云何復有園觀之道、昇進之道、善處之道？謂八支聖道，正見乃至正定，是爲八。伽彌尼！是謂復有園觀之道、昇進之道、善處之道。」佛說如是，伽彌尼及諸比丘聞佛所說，歡喜奉行。】（《中阿含卷三、伽彌尼經》）

這段經文的意思是說，熏習惡法則墜入惡道中，猶如已破的酥油瓶沈入池水中；熏習善法則上生於天界中，乃至證得解脫果報，猶如破瓶中的酥油上生到池水上層來。這就是不同的熏習所導致的異熟果報，所以四阿含的解脫道修學，仍然不許離開熏習的道理，因此就不許說熏習與異熟的道理是聲聞佛法的四阿含諸經中所沒有說過的。假使有人這麼說，且不說他違背了經教的事實，在理證上面與常識上面，也將會有許多過失的。

由解脫道出世間法的熏習，由正確之涅槃法義熏習，可以證得無餘涅槃；這也是熏習，卻不是異熟果報，因爲已無來世的世間法善惡果報了，有經爲證：

【我聞如是 一時佛遊舍衛國，在勝林給孤獨園。爾時世尊告諸比丘：「涅槃有習，非無習。」「何謂涅槃習？」答曰：「解脫爲習。解脫亦有習，非無習。」「何謂解脫習？」答曰：「無欲爲習。無欲亦有習，非無習。」「何謂無欲習？」答曰：「厭爲習。厭亦有習，非無習。」「何謂厭習？」答曰：「見如實、知如眞爲習。見如實、知如眞亦有習，非無習。」「何謂見如實、知如眞習？」答曰：「定爲習。定亦有習，非無習。」「何謂定習？」答曰：「樂爲習。樂亦有習，非無習。」「何謂樂習？」答曰：「止爲習。止亦有習，非無習。」「何謂止習？」答曰：「喜爲習。喜亦有習，非無習。」「何謂喜習？」答曰：「歡悅爲習。歡悅亦有習，非無習。」「何謂歡悅習？」答曰：「不悔爲習。不悔亦有習，非無習。」「何謂不悔習？」答曰：「護戒爲習。護戒亦有習，非無習。」「何謂護戒習？」答曰：「護諸根爲習。護諸根亦有習，非無習。」「何謂護諸根習？」答曰：「正念、正智爲習。正念、正智亦有習，非無習。」「何謂正念、正智習？」答曰：「正思惟爲習。正思惟亦有習，非無習。」「何謂正思惟習？」答曰：「信爲習。信亦有習，非無習。」「何謂信習？」答曰：「苦爲習。苦亦有習，非無習。」「何謂苦習？」答曰：「老死爲習。老死亦有習，非無習。」「何謂老死習？」答曰：「生爲習。生亦有習，非無習。」「何謂生習？」答曰：「有爲習。有亦有習，非無習。」「何謂有習？」答曰：「受爲習。受亦有習，非無習。」「何謂受習？」答曰：「愛爲習。愛亦有習，非無習。」「何謂愛習？」答曰：「覺爲習。覺亦有習，非無習。」「何謂覺習？」答曰：「更樂爲習。更樂亦有習，非無習。」「何謂更樂習？」答曰：「六處爲習。六處亦有習，非無習。」「何謂六處習？」答曰：「名色爲習。名色亦有習，非無習。」「何謂名色習？」答曰：「識爲習。識亦有習，非無習。」「何謂識習？」答曰：「行爲習。行亦有習，非無習。」「何謂行習？」答曰：「無明爲習。」

「是爲緣無明—行，緣行—識，緣識—名色，緣名色—六處，緣六處—更樂，緣更樂—覺，緣覺—愛，緣愛—受，緣受—有，緣有—生，緣生—老死，緣老死—苦；習苦，便有信；習信，便有正思惟；習正思惟，便有正念正智；習正念正智，便有護諸根、護戒、不悔、歡悅、喜、止、樂、定、見如實、知如眞、厭、無欲、解脫。習解脫，便得涅槃。」佛說如是，彼諸比丘聞佛所說，歡喜奉行。」】《中阿含經》卷十《涅槃經》

這就是說，一切世間流轉法中都有熏習，導致流轉而有後世的異熟果報：或者再度生而爲人，但已是異陰、異處、異時成熟而受果報了！或者生而爲天人、天主，也是異陰、異處、異時受果報！或者下墜而出生於三惡道中，也一樣是異陰、異處、異時而受果報！由於都是異陰、異處、異時成熟而受善惡業所致的果報，所以就稱爲異熟果。世間一切熏習而造作的事與業，都會在異時、異處、異陰而成熟領受異熟果報；但在出世間法的熏習中，卻不一定會受異熟果報，譬如熏習出世間法而成爲四果人，捨壽而入無餘涅槃，沒有世間法中的果報；或如三果人中，有少分人是捨壽而在中陰界進入無餘涅槃，成爲中般涅槃，也是熏習出世間法而沒有未來世的世間法果報。只有三果人中的大部分及初果、二果人，才會繼續有可愛的未來世異熟果報。由此可見熏習及受果，是阿含解脫道中不可排除的唯識學正理；但卻都只是略說而已，不曾細說其中的道理，也不曾細說本識如來藏中種子變異的原理。

種子又名爲界，又名功能差別，亦是能生之義。種子會由於熏習的緣故而增長興盛，有經文爲證：【如是我聞　一時佛住舍衛國、祇樹給孤獨園。爾時世尊告諸比丘，廣說如上。差別者，即說偈言：常會、故常生，相離、生則斷；如人執小木，而入於巨海；人木則俱沒，懈怠俱亦然。當離於懈怠，卑劣之精進；賢聖不懈怠，安住於遠離；慇懃精進禪，超度生死流。膠漆得其素，火得風熾然；珂乳則同色，眾生與界俱；相似共和合，增長亦復然。】（《雜阿含經》卷十六，第 446 經）說的也是同樣的道理。

一切善惡法熏習的結果，都會產生功能；熏習完成時，種子便成就了！也就是說，熏習完成時，護法或謗法的功能就具備了！這就是種子的成就、界的成就。若有謗法的事相或邪法理論的熏習，一定會導致本識如來藏中之謗法種子增長，便如提婆達多之增長誹謗法界德的惡習，譬如《雜阿含經》卷十六云：

【如是我聞 一時佛住王舍城迦蘭陀竹園。爾時世尊告諸比丘：「**眾生常與界俱，與界和合。云何與界俱？謂眾生不善心時與不善界俱，善心時與善界俱，鄙心時與鄙界俱，勝心時與勝界俱。**」時尊者憍陳如與眾多比丘於近處經行，一切皆是上座多聞大德，出家已久、**具修**梵行；復有尊者大迦葉與眾多比丘於近處經行，一切**皆是**少欲知足、頭陀苦行，不畜遺餘；尊者舍利弗與眾多比丘於近處經行，一切**皆是**大智辯才；時尊者大目揵連與眾多比丘於近處經行，一切**皆是**神通大力；時阿那律陀與眾多比丘於近處經行，一切**皆是**天眼明徹；時尊者二十億耳與眾多比丘於近處經行，一切**皆是**勇猛精進、專勤修行者；時尊者陀驃與眾多比丘於近處經行，一切**皆是**能爲大眾修供具者；時尊者優波離與眾多比丘於近處經行，一切**皆是**通達律行；時尊者富樓那與眾多比丘於近處經行，**皆是**辯才善說法者；時尊者迦旃延與眾多比丘於近處經行，一切**皆能**分別諸經、善說法相；時尊者阿難與眾多比丘於近處經行，一切**皆是**多聞總持；時尊者羅睺羅與眾多比丘於近處經行，一切**皆是**善持律行；時提婆達多與眾多比丘於近處經行，一切**皆是習眾惡行**；是名比丘常與**界**俱，與**界**和合。「**是故，諸比丘！當善分別種種諸界。**」佛說是經時，諸比丘聞佛所說，歡喜奉行。】

且看經文中所說的提婆達多，他與眾多熏習種種惡行的僧眾同在一處，臭味相投，都是習眾惡行的惡人，這就是跟隨提婆達多熏習惡法的結果。但是眾多阿羅漢們難道都沒有熏習所成的界（種子）存在嗎？答案是：他們都已成爲阿羅漢了，可是仍然有種種熏習所成的界（種子）存在，所以專修神通的阿羅漢與同類比丘們就同在一處，專修多聞與梵行的阿羅漢與同類比丘們也同在一處，專修少欲知足、頭陀苦行的阿羅漢與同類比丘們同在一處，專修天眼的阿羅漢與同類比丘們同在一處，專修精進勇猛行的阿羅漢與同類比丘們同在一處，專修清淨戒律的阿羅漢與同類比丘們同在一處，專修辯才說法的阿羅漢與同類比丘們同在一處，專修諸經法相的阿羅漢與同類比丘們同在一處，乃至專修多聞總持的阿難尊者也與相同心性的眾比丘們同在一處，這都是由於熏習而導致行爲的現行時，各有的不同現象。所以熏習是一直都在人間或三界中常常出現的法界事實與現象，所以法界德是一直存在的。不可說是只有在大乘方廣的唯識系經典中才有的說法。這種熏習所導致的界（種子）功能差別，也是聲聞人修道過程中所應注意及改正的地方，並不是只有菩薩道的修行者才需要注意的。

假使不想落入惡法之中，就應當遠離惡知識，才能遠離惡邪知見與惡口、惡行的惡業熏習，就不會繼續與本質是謗法者的弘法者常在一處；不再熏習錯誤的知見，就可以遠離淺見者、邪見者謗法、謗賢聖而仍然自以爲是在護法的種種惡行：【「不正念、不正智亦有習，非無習。」「何謂不正念、不正智習？」答曰：「不正思惟爲習。不正思惟亦有習，非無習。」「何謂不正思惟習？」答曰：「不信爲習。不信亦有習，非無習。」「何謂不信習？」答曰：「聞惡法爲習。聞惡法亦有習，非無習。」「何謂聞惡法習？」答曰：「**親近惡知識**爲習。**親近惡知識**亦有習，非無習。」「何謂親近惡知識習？」答曰：「惡人爲習。是爲具惡人已，便具親近惡知識。具**親近惡知識**已，便具**聞惡法**。具聞惡法已，便具生不信。具生不信已，便具不正思惟。具不正思惟已，便具不正念、不正智。具不正念、不正智已，便具不護諸根。具不護諸根已，便具三惡行。具三惡行已，便具五蓋。具五蓋已，便具無明。具無明已，便具有愛。如是，此有愛展轉具成。」】（《中阿含經》卷十《本際經》）

法界的功德力用，熏習與本際的關係，由此《本際經》的經名及經文的佛語開示中，充分顯現出來了！這一段經文，是所有修習解脫道的南傳佛法學人與大師們都應詳細思惟及遵守的。但是詳細思惟遵守就可以改正錯誤熏習了嗎？也不盡然！這是因爲正法與邪法的分際，了義法與表相法的分際，是尚未證悟二乘菩提、尚未證悟大乘菩提的凡夫大師與學人們，都難以鑑別的，因爲都還在凡夫位中的緣故。凡夫往往誤以爲破法之時是正在護法，往往將菩薩破邪顯正的護法正行看作是在破法；又往往把救護眾生脫離邪見的菩薩，錯認爲破壞正法的妖魔，平實不正是這樣子被某些迷信凡夫大師的藏密學人，在網站上誣謗爲十大外道之一嗎？而那些貼文、貼榜誣指平實爲外道、邪魔的大師與學人們，卻又都無法在法義上證明平實是邪魔、外道，反而被正覺會中諸同修們舉證事實，證明他們都是常見外道見；也被平實證明爲邪魔妖法，譬如藏密外道的種種邪見。

由此事實可知，親近惡知識而不知道他是惡知識，只看弘法者的身分表相就信受而不懷疑他的法義與行門有沒有錯誤、有沒有違背 佛陀的聖教，一味的迷信到底，就不免對正法橫加破壞而又自以爲是在大力護持正法呢！這都是由於親近惡知識所致。但惡知識的辨別，一向都是學人們無力做到的事，這也是無可奈何的事，只能歸咎到各人的往世熏習與此世法緣了！

若能依止眞善知識而熏習正法的人，不論是解脫道或是佛菩提道，將會是易得實證的；但是依止眞善知識以後，心中若是常存自私的想法，唯求己利，就不免會再因私心而遠離眞善知識，當然便會自己遮障道業了，有經文為證：

【我聞如是　一時佛遊摩竭陀國，在闍鬥村莽奈林窟。爾時尊者彌醯為奉侍者，於是尊者彌醯過夜平旦，著衣持鉢入闍鬥村而行乞食。乞食已竟，往至金鞞河邊，見地平正，名好奈林；金鞞河水極妙可樂，清泉徐流，冷暖和適；見已歡喜，便作是念：「此地平正，名好奈林；金鞞河水極妙可樂，清泉徐流，冷暖和適。若族姓子欲學斷者，當於此處。我亦有所斷，寧可在此靜處學斷耶？」於是彌醯食訖，中後舉衣鉢已，澡洗手足，以尼師檀著於肩上，往詣佛所；稽首禮足，卻住一面，白曰：「世尊！我今平旦著衣持鉢，入闍鬥村而行乞食。乞食已竟，往至金鞞河邊，見地平正，名好奈林；金鞞河水極妙可樂，清泉徐流，冷暖和適。我見喜已，便作是念：『此地平正，名好奈林；金鞞河水極妙可樂，清泉徐流，冷暖和適。若族姓子欲學斷者，當於此處。我亦有所斷，寧可在此靜處學斷耶！』世尊！我今欲往至彼奈林靜處學斷。」爾時世尊告曰：「彌醯！汝今知不？我獨無人，無有侍者。汝可小住，須比丘來為吾侍者，汝便可去，至彼奈林靜處而學。」尊者彌醯乃至再三白曰：「世尊！我今欲往至彼奈林靜處學斷。」世尊亦復再三告曰：「彌醯！汝今知不？我獨無人，無有侍者。汝可小住，須比丘來爲吾侍者，汝便可去，至彼奈林靜處而學。」彌醯復白曰：「世尊無爲無作，亦無所觀。世尊！我有爲有作而有所觀。世尊！我至彼奈林靜處學斷。」世尊告曰：「彌醯！汝欲求斷者，我復何言？彌醯！汝去，隨意所欲。」於是尊者彌醯聞佛所說，善受善持而善誦習；即禮佛足，繞三匝而去。詣彼奈林，入林中已，至一樹下敷尼師檀，結加趺坐。尊者彌醯住奈林中，便生三惡不善之念：欲念、恚念及與害念。彼由此故，便念世尊。於是彌醯則於晡時從燕坐起，往詣佛所，稽首禮足，却住一面。白曰：「世尊！我至奈林，於靜處坐，便生三惡不善之念：欲念、恚念及與害念。我由此故便念世尊。」世尊告曰：「彌醯！心解脫未熟，欲令熟者，有五習法。云何爲五？彌醯！比丘者，自善知識，與善知識俱、善知識共和合。彌醯！心解脫未熟，欲令熟者，是謂第一習法。復次，彌醯！比丘者，修習禁戒，守護從解脫；又復善攝威儀禮節，見纖芥罪，常懷畏怖，受持學戒；彌醯！心解脫未熟，欲令熟者，是謂第二習法。復次，彌醯！比丘者，謂所可說聖有義，令心柔軟，使心無蓋，謂說戒、說定、說慧、說解脫、說解脫知見、說漸損、說不樂聚會、說少欲、說知足、說斷、說無欲、說滅、說燕坐、說緣起；得如是比沙門所說，具得，易、不難得；彌醯！心解脫未熟，欲令熟者，是謂第三習法。復次，彌醯！比丘者，常行精進，斷惡不善，修諸善法，恒自起意，專一堅固爲諸善本，不捨方便；彌醯！心解脫未熟，欲令熟者，是謂第四習法。復次，彌醯！比丘者，修行智慧，觀興衰法；得如是智，聖慧明達，分別曉了，以正盡苦；彌醯！心解脫未熟，欲令熟者，是謂第五習法。彼有此五習法已，復修四法，云何爲四？修惡露，令斷欲；修慈，令斷恚；修息出息入，令斷亂念；修無常想，令斷我慢；彌醯！若比丘自善知識，與善知識俱，善知識共和合，當知必修習禁戒，守護從解脫。又復善攝威儀禮節，見纖芥罪，常懷畏怖，受持學戒；彌醯！若比丘自善知識，與善知識俱、善知識共和合，當知必得所可說聖有義，令心柔軟，使心無蓋，謂說戒、說定、說慧、說解脫、說解脫知見、說漸損、說不樂聚會、說少欲、說知足、說斷、說無欲、說滅、說燕坐、說緣起；得如是比沙門所說，具得，易、不難得。彌醯！若比丘，自善知識，與善知識俱、善知識共和合，當知必行精進斷惡不善，修諸善法，恒自起意專一堅固，爲諸善本不捨方便。彌醯！若比丘，自善知識，與善知識俱、善知識共和合，當知必行智慧，觀興衰法；得如此智，聖慧明達，分別曉了，以正盡苦。彌醯！若比丘，自善知識，與善知識俱，善知識共和合，當知必修惡露，令斷欲；修慈，令斷恚；修息出息入，令斷亂念；修無常想，令斷我慢；彌醯！若比丘得無常想者，必得無我想。彌醯！若比丘得無我想者，便於現法斷一切我慢，得息、滅盡、無為、涅槃。」佛說如是，尊者彌醯及諸比丘聞佛所說，歡喜奉行。】（《中阿含經》卷十《彌醯經》）

這意思是說：道業未成之前，都必須依止善知識（此處是指眞善知識，不是假名善知識），否則往往退失道業；若依於私心而遠離善知識，當然也會是同樣的情形。然而彌醯比丘雖然自私，堅持棄捨當時已經年老的 佛陀而不顧；後來卻有自知之明，懂得檢點，知道不該棄捨善知識而只顧自己的道業，所以又回歸無人奉侍的 佛陀身邊，一面奉侍、一面進修道業，才能獲得 佛陀的指點。然而古今總有一輩人都無自知之明，自己悟不得，要藉善知識的指導與提攜才能悟入，卻在悟後自覺智慧遠勝於善知識而出生了過慢乃至增上慢；殊不知善知識既能自己悟入，不需他人之助，而自己必須仰賴善知識的多方幫助才能悟入，根器及智慧本已相距甚遠，縱使悟後進修眞有增益，也絕對無法超勝於自悟的善知識；可是五濁惡世的學佛人，總是不缺這種具有過慢的人；歷代都會有這種自大的人，不肯服膺幫助自己的善知識，每每頭上安頭、另創新佛法，與聖教相違背，也與理證相違背；卻又無智自我檢點，都不免鬧笑話。正法時世如此，末法時世更是如此，當然未來之世也將不乏其人。

由上面這一段 佛陀與侍者之間的歷史故事，證明了依止眞善知識的重要性！特別是在佛菩提道中，一定應有追隨依止的善知識；莫說三賢位菩薩，乃至諸地菩薩也都有各自應該依止的大善知識：上地的菩薩們及諸佛。諸地菩薩都不可能再生起慢與過慢之心，更不會有增上慢；修行果證越高的地上菩薩，越不會有慢，心中越是恭信上地菩薩；縱使相距只有一地之隔時也是如此，更何況三賢位菩薩而應當有慢？更何況未斷我見的凡夫而可以有慢？然而現見諸多凡夫法師與居士，往往自稱三果、四果、五地、十地；乃至藏密外道中所有自任爲法王的喇嘛與一般喇嘛們，都仍未斷我見而往往自稱即身成佛，而且是自稱成就報身佛果，都是果盜見者，不脫未證言證的增上慢凡夫。然而這些人都無自知之明，而他們的信徒們更無擇法覺分，不能簡別眞假，所以眞善知識苦口婆心、言之諄諄，而他們總是聞之藐藐、嗤之以鼻；連稍加聽聞都不願意，因此而自障己道，乃至隨同惡知識造作謗法、破法之惡行，而仍然以爲是護法及精進修道的大善行。哀哉！末法時世愚癡之人，極難救度，其奈之何？

然而這些現象都只能怪罪於惡知識，不能怪責於隨學而造破法惡業者，因爲隨學者都是沒有正法抉擇分的學人，在被惡知識誤導的情形下，當惡知識告訴他們不可閱讀眞善知識的書籍時，就只能迷信而拒讀了！因此就終生失去證悟二乘菩提乃至大乘菩提的機會了！但是，事實眞相則是所有的惡知識心中都有恐懼：**徒眾們讀了正法書中所說的妙理而發起抉擇分以後，一定會有能力來檢驗自己的法義錯誤所在。**未來勢必捨棄惡知識而回歸正法坦途，他們將會因此而失去名聞、利養與眷屬。這時他們的作法就是禁止徒眾們閱讀，他們最常見的作法是，告訴徒眾們：「**某某人是邪魔外道，他的書有毒，讀了一定會中毒，千萬別去閱讀。**」於是迷信而無智的人就完全信受而不肯稍微試讀一下，於是正法之毒就無法殺死他們的我見病菌了！此世就註定要唐捐修行之功、護法之功，並且還有可能成就護持破法者的破法大共業！誤以爲是善心、善行而成就了破壞正法的大惡業，難道不是人間最大的冤枉嗎？盼望您不是那些愚癡人中的一位！那麼您這一世證悟二乘菩提而斷我見、斷三縛結，實證初果也就指日可待了！乃至進一步也許有因緣進入正覺同修會中，可以實證阿羅漢們無法證得的無餘涅槃中的本際——入胎識如來藏，正式成爲菩薩僧中的一員。

二乘聖人只是修斷我見與我執，捨壽後能將自己滅盡而成爲無餘涅槃就夠了！他們都不必親證入胎識如來藏，不必親證無餘涅槃中的實際，但是他們心中必須確信：**滅盡蘊處界所攝的一切自我以後，並不是斷滅空，而是仍然有無餘涅槃中的本際實存不滅——仍有入胎識如來藏離見聞覺知而獨存不滅——因此無餘涅槃是常、是清涼而無熱惱、是寂靜、是滅度、是眞實。**因此就能毫無恐懼的**滅**盡自己而成爲無餘涅槃，**度**到永離生死的彼岸，永遠不再受生於三界中，解脫三界生死苦，所以名爲**滅度**而不名爲**生度**。這是二乘人在凡夫位中修證解脫道時必須建立的正確觀念，否則就會使我慢——因自我的存在而有喜樂之情——繼續存在而無法滅盡自己，永遠無法取證無餘涅槃，就會繼續在三界中受生；所以，無餘涅槃中是常、是眞實……等正見，是二乘法中極重要的正見。若無這個正見，必將難免走上印順所走的歧路，也必將在未斷我見的情況下，自以爲已斷我見、已斷我執；乃至如同印順一般，一生極力否定正法、正見，成就破壞正法的大惡業。

若無入胎識如來藏，則熏習與異熟的道理皆將不能成就，則世人行善及修行，皆將唐捐其功，行善一世死後，不得生天及解脫、成佛；造惡者亦將悉無惡報，則世間應無三惡道中諸多有情類；一切有情在世時所造的善、惡業種子，悉將於死後散壞，不能持去來世，則一切有情之異熟果報皆將不能成就，如是則使種子熏習與異熟果皆不可能成就，佛說意識心不能去到來世故。

然而現見三惡道有情仍存，雖不樂於三惡道之苦報身，卻不得不多世繼續受生於三惡道中，顯見熏習所得因果種子確實存在而且一直都在不斷報償著，顯見確實有一常住的心體在執持一切善惡業種子，從來都不簡別苦樂受而如實的履踐因果律，故有三惡道有情不得不繼續受生於苦報身中。既然因果律是確實存在的，而意識不能去到後世，意根也無力執持一切種子，當然是一定有另一個入胎而住的如來藏本識存在著，才能安住於母胎中。在推理上如此確定了，在實證上，則是古今都有菩薩們現前親證這個入胎識，而能現前觀察入胎識獨住時的無餘涅槃中絕對寂靜的境界。

證悟後進修已久的菩薩們，都能現觀這個入胎識的存在，也能現觀一切有情的生活造業，其實都是生活在自己的入胎識之內，不曾面對外境，故說外境實無、心識實有。既然從來都只生活在入胎識所生的內相分之中，則眾生所造的一切善惡業種子，又怎會遺失或失漏呢？所以一切的業行與熏習，自然都會保存在入胎識如來藏中，根本就不需要有鬼神或上帝來記錄，也根本瞞不了自己與因果律；所以菩薩依此現觀而畏懼造因，因爲已經了知一切大小的善、惡業因種子，從來都不遺失，未來必將會有助緣成熟而受報的一天；而這些業因與後時的緣起果報的實現，是諸地菩薩們從來都不曾懷疑過的。諸地菩薩從來都不懷疑的原因，正是因爲這個現觀而生起的：**一切有情過、未、現三世所造、所熏修的一切行爲，都是在入胎識如來藏中造作及熏修的，不曾接觸過外境，不曾出離於入胎識以外，所以一切善惡業的種子、善法熏習所得的無漏法種子，都會由於造作及熏習而毫無遺失的保存在自心本識中**。由這個現觀而使得菩薩們深信因果、絕無絲毫懷疑之心，所以畏因而不造惡業、私心之業。

正因爲一切有情都有各自的入胎識如來藏，使得解脫道或佛菩提道的熏習而成就種子以後，眾生的心性也就各異；而異熟果報也會由入胎識如實的報應於眾生自己身上，往世所修的正法、邪法的種子也會在此世流注出來，這將使往世常熏習藏密外道雙身法的人，無量世以後脫離三惡道而生在人間之時，將會繼續好樂藏密外道的雙身法；也會使往世常熏習藏密外道黃教宗喀巴「識唯有六」邪見的人，會在此世繼續好樂及支持宗喀巴否定第七、八識的邪見；也使得往世常熏習如來藏正法的人，此世繼續好樂《八識規矩頌》……等正法而加以實證，又促發往世所得的增上慧學及解脫道智慧，如同正覺同修會中現今的許多親證者一般。這都是由於有一個無餘涅槃本際的入胎識存在，能夠受熏而持種，所以使得一切善惡業種及無明種、智慧種都收存不滅，才能使菩薩們在未離胎昧的情況下，世世進修而漸漸進入三地滿心位；也因此而能使四地以上菩薩，世世進修而完成三大阿僧祇劫的佛菩提道；也因爲有這個入胎識的存在，才能使鈍根的初果人，可以在未離胎昧的情況下，歷經七次的人天往返長遠時間而成爲阿羅漢，終於在未來許多世佛法滅盡以後，仍然能在人間取證無餘涅槃。

若無入胎識如來藏的存在，若無這個人人都有的第八識存在，則聲聞人是無法取證無餘涅槃的，大乘菩薩們也將無法成就佛菩提道而成佛，世俗凡夫等三界有情也將無法修善而成就善報，也將無法因爲造惡業而淪墜於三惡道中，故知必有入胎識——涅槃本際——本識的常住而執持一切種子，才能轉至未來世中流注種子而領受異熟果。在理證上與現象界的現觀上，證實確有入胎識的存在；在阿含部的經文聖教中，也已處處證明有入胎識如來藏的存在，並不是只有我正覺同修會的菩薩們才能以理證來證實有入胎識如來藏。今者再舉阿含部的教典來證明，作為這一節的總結：

舍利弗尊者說：【「世尊說法又有上者，謂**識入胎**。入胎者，一謂亂入胎，亂住、亂出；二者不亂入，亂住、亂出；三者不亂入、不亂住，而亂出；四者不亂入、不亂住、不亂出。彼不亂入、不亂住、不亂出者，入胎之上；此法無上，智慧無餘，神通無餘。諸世間沙門、婆羅門，無能與如來等者，況欲出其上？」】（《長阿含經》卷十二）

語譯如下：【「世尊所說的法還有更上於剛才我說的，這個**無上法**是說**識的入胎**。識入胎的內容，第一種是說亂心入胎、亂心住胎、亂心出胎；第二種是說不亂心入胎，但是亂心住胎、亂心出胎；第三種是說不亂心入胎、不亂心住胎，可是卻亂心出胎；第四種是說不亂心入胎、不亂心住胎、不亂心出胎。那個第四種正智正知入胎、正智正知住胎、正智正知出胎的人，是四種入胎中的最上法。世尊所說的四種入、住、出胎的法是至高無上的，這種人的智慧是沒有遺餘的，所有的神通他也是沒有不證的。所有一切世間的出家與在家修行人，都沒有一個人能與如來相等的，何況是想要超出在如來之上？」】

但是，舍利弗講出這些法來稱讚 世尊，其實不是正確的讚歎，因爲這種境界相(正智正知的入住出胎)其實是三地滿心菩薩就可以做得到的了！而世尊的證境卻不止於此，舍利弗尊者對此卻是無所了知的。三地滿心菩薩爲何就能做得到第四種境界呢？因爲他們已經有四禪八定、四無量心、五神通了，最重要的是他們在這些境界中同時擁有無生法忍，有了三昧樂意生身及五分法身的分證，所以在住胎階段中，是可以繼續以意生身而正智正知的，也可以繼續現起意生身來度化天界有情的，根本就沒有住胎位的胎昧可說；住胎位時如此，出胎位時也是如此，都無亂心可說。三地滿心時如此，以上諸地就更能如此了！所以這並不是至高無上的入、住、出胎的境界。還有更高的境界，是唯有佛地才能做得到的，也是想要在五濁惡世中度化自信不足的人類所應擁有的不可想像境界：正智正知入胎、正智正知住胎，在母胎中仍然繼續廣化天界眾生，但卻特地在出胎之後，忘失一切、形同凡夫人類一般，從一無所知的情況下，對一切外道法都隨學隨證而示現六年苦行，然後放棄苦行而自行參究、成就佛果。這是聲聞人所無法想像的至高無上法，這都是要依無生法忍深妙智慧具足，獲得一切種智以後才能做得到的，而舍利弗尊者對此是無所知的。

但是，經由舍利弗尊者這一段話，就已證實必定有第八識入胎識的存在；否則，入胎後的初期，五色根都尚未生成，識陰尚無法出生，仍無絲毫的覺知功能，又如何能有意識心的存在與了知？怎能說是由意識覺知心住胎的？六識論的印順派法師與居士們，多年來一直在迴避這個他們無法回答的問題；他們多年來一向都只是顧左右而言他，何嘗能知住胎時是由哪一個識住胎而生長出五色根及覺知心意識的？凡是落入六識論中的人，都無可避免的會產生這個問題，也都絕對無法面對這個問題的。但其實阿含中早已說過有這個本際識（入胎識）的存在了，　佛陀也已經明說名與色等五陰十八界法，都是從這個入胎識出生，都是以這個入胎識作爲所依止的根本心；若對前面各章節中舉證的經文能信受而不懷疑，那麼印順派的法師與居士們，爲什麼都仍視而不見、不肯相信呢？難道他們不是佛教徒嗎？爲何對四阿含諸經中明說的本識實存聖教，都不肯信受？他們是考慮到什麼？所以繼續視而不見、讀而不信的呢？您應該能由這個事實來思惟而了知他們心中是怎麼想的吧！

所以，由於有這個入胎識本識的存在，才能使三世因果成立而符合現象界因果報應昭昭不爽的事實，才能使解脫道中的聲聞人不再恐懼墜入斷滅境界中，能夠確實的斷除我見與我執；也才能使阿羅漢們入無餘涅槃時不墜入斷滅境界中，也使菩薩們由於親證祂而發起實相般若智慧乃至無生法忍；也才能使您修學佛法、行菩薩道的結果，在三大阿僧祇劫以後功不唐捐而成佛道。由此可見這個入胎識的重要了！

而這個入胎識，在四阿含諸經中常常被 佛陀稱爲本際，大多時候則是只稱爲識。您若想要確實理解這個識字，可得要有很好的智慧才行！您若想要擁有通達三乘菩提的智慧，可就得要細讀這一套《阿含正義》，然後再投入大乘法中求證這個入胎識如來藏的所在，然後繼續悟後起修的過程；若能確實的實踐，有一天，您也可以像諸地菩薩們一樣的有智慧；那麼這一套書中所說的法義，那時對您來說，就不是很深的了！而異熟果報與熏習的道理，您就可以實證而且現觀的了！那時您已經是深信因果而有深心的人了！迴向菩薩道中尋求實證大乘法的事，對您就應該不是難事了！

第五節　涅槃實際乃是無間等法

五陰、六入、十二處、十八界等諸法，皆是**有間等法**，有爲、無常；滅盡這些有間等法以後，只剩下無餘涅槃的本際時，才能說是完全的**無間等法**；在未滅盡陰、處、界、入以前，都是有間等與無間等二法和合的。但是由於二乘聖人滅除陰、處、界、入全部以後，還有一個無間等的入胎識本識獨存，就由這個緣故而說二乘解脫果也是**無間等果**，也是眞實解脫而不是斷滅空；若入涅槃以後是斷滅空，則實證無餘涅槃以後就沒有解脫可說了！一定是還有一個常住不滅的法──本識離六塵見聞覺知而獨存──才能說是解脫、是眞實、是寂靜、是清涼、是不生滅，否則就與斷滅後的空無一樣了！

正由於 佛陀在四阿含諸經中多處說到：二乘聖人所證的無餘涅槃是無間等法，是眞實、滅、寂靜、清涼、常住不變，所以說二乘聖人入涅槃以後，仍有實際、本際獨存而不是斷滅空。由這個緣故，一切教導阿含解脫道的法師與居士們，都不應排斥第八識而僅以生滅法的蘊處界來解說緣起性空法，否則就會成爲：**蘊處界可以無因唯緣而生起，可以無因唯緣而壞滅，阿羅漢們壞滅蘊**

處界而入無餘涅槃以後成爲斷滅空。就違背有因有緣世間集、有因有緣世間滅的解脫道正理了。一定要以無間等法的入胎識常住不壞爲前提，才能說有蘊處界的緣起性空；否則蘊處界的緣起性空就會成爲無因唯緣而生、而滅的法了！那就與**無因論外道**、**自然論外道**、**緣起論外道**的說法相同了！所以，一定是有一個無間等的常住不變識的存在，才有可能使無餘涅槃成爲無間等法，而不是斷滅空。有何根據而說無餘涅槃是無間等法？有經文爲證：

【如是我聞　一時佛住王舍城迦蘭陀竹園。爾時尊者舍利弗共摩訶拘絺羅在耆闍崛山，摩訶拘絺羅晡時從禪起，詣舍利弗所，共相問訊、相娛悅已，卻坐一面。時摩訶拘絺羅語舍利弗：「欲有所問，仁者寧有閑暇見答以不？」舍利弗言：「仁者且問，知者當答。」時摩訶拘絺羅問舍利弗言：「若比丘未得無間等法，欲求**無間等法**；云何方便求？思惟何等法？」舍利弗言：「若比丘未得無間等法，欲求**無間等法**，精勤思惟：五受陰爲病、爲癰、爲刺、爲殺、無常、苦、空、非我，所以者何？是所應處故。若比丘於此五受陰精勤思惟，得須陀洹果證。」又問舍利弗：「得須陀洹果證已，欲得斯陀含果證者，當思惟何等法？」舍利弗言：「拘絺羅！已得須陀洹果證已，欲得斯陀含果證者，亦當精勤思惟：此五受陰法爲病、爲癰、爲刺、爲殺、無常、苦、空、非我，所以者何？是所應處故。若比丘於此五受陰精勤思惟，得斯陀含果證。」摩訶拘絺羅又問舍利弗言：「得斯陀含果證已，欲得阿那含果證者，當思惟何等法？」舍利弗言：「拘絺羅！得斯陀含果證已，欲得阿那含果證者，當復精勤思惟：此五受陰法爲病、爲癰、爲刺、爲殺、無常、苦、空、非我，所以者何？是所應處故。若比丘於此五受陰精勤思惟，得阿那含果證已，欲得阿羅漢果證者，當復精勤思惟：此五受陰法爲病、爲癰、爲刺、爲殺、無常、苦、空、非我，所以者何？是所應處故。若比丘於此五受陰法精勤思惟，得阿羅漢果證。」摩訶拘絺羅又問舍利弗：「得阿羅漢果證已，復思惟何等法？」舍利弗言：「摩訶拘絺羅！阿羅漢亦復思惟：此五受陰法爲病、爲癰、爲刺、爲殺、無常、苦、空、非我，所以者何？爲得未得故、證未證故、見法樂住故。」時二正士各聞所說，歡喜而去。】（《雜阿含經》卷十第 259 經）

由此經文的說明，證實涅槃絕對不是應成派中觀邪見所說的**一切法空**斷滅法，也不是印順所說的**滅相不滅**的斷滅妄想眞如法，乃是無間等之妙法。爲何說是無間等的法呢？這是由於阿羅漢很重視涅槃的無間等，也知道涅槃不是斷滅空的緣故。因爲他們都聽 佛陀說過：無餘涅槃之中有一個本際常住不滅，涅槃寂靜。所以阿羅漢們都不許有人說「無餘涅槃只是蘊處界滅盡後的斷滅空」，以此顯示佛教聖人所證的無餘涅槃大異於斷見外道所說。但無餘涅槃爲何是無間等的法？阿羅漢們都只是聽聞 佛陀宣說而未實證，都是只能滅除蘊處界所攝的一切自我，而滅盡自我以後的本際入胎識究竟何在？他們生前是不知道的、未親證的，入涅槃後也是不知道的。

但是大乘菩薩們，始從三賢位的第七住位起，就能現觀無餘涅槃的實際了！當他們親證如來藏以後，現觀如來藏入胎識的寂靜自性、不生滅自性時，只要設想蘊處界的一切自我滅盡時，只剩下入胎識獨存的境界時，就已了知無餘涅槃中的無境界境界了！當然不必再度由 佛陀爲他們證明無餘涅槃中是無間等法而非斷滅法，因爲他們都已能現觀而實證了！所以，二乘聖人是由聽聞佛陀宣講四阿含諸經時的**教證**，了知無餘涅槃境界是無間等法；但是菩薩們卻是由 佛陀教導而親證入胎識如來藏以後，能自行現觀無餘涅槃的境界不是斷滅境界，不是「滅相」的空無斷滅境界，而是由**理證**來了知入胎識獨存的無餘涅槃境界。

但菩薩們證悟後，已經現觀入胎識是本來就已不生不滅而常住於涅槃中的，既然涅槃是依入胎識的獨住境界而施設的，而入胎識又是從來不曾有生而且永遠都無法滅除的法，那麼祂獨住時的無餘涅槃境界，當然是無間等法了！所以，涅槃的實證，絕對不是印順妄想所說的蘊處界滅相而無入胎識獨存。而滅相是相對於蘊處界的存在未滅來施設的，滅相是相對法，是相對於蘊處界未滅時而說未來滅盡後的斷滅空；這個相對待施設的滅相，在阿羅漢滅盡蘊處界以後，當然就跟著他的蘊處界而滅失不在了，所以，印順的**滅相不滅**說法，只是妄想施設建立罷了！

【如是我聞　一時佛住王舍城迦蘭陀竹園。爾時尊者羅睺羅往詣佛所，頭面禮足，却住一面，白佛言：「世尊！云何知、云何見我此識身及外境界一切相，能令無有『**我**、**我所**見、**我慢使**』繫著？」佛告羅睺羅：「善哉！善哉！能問如來『云何知、云何見我此識身及外境界一切相，令無有**我**、**我所**見、**我慢使**繫著耶？』」羅睺羅白佛言：「如是！世尊。」佛告羅睺羅：「善哉！諦聽！諦聽！善思念之，當為汝說。羅睺羅！當觀若所有諸色，若過去、若未來、若現在，若內若外、若粗若細、若好若醜、若遠若近，彼一切悉皆**非我**、**不異我**、

不相在，如是平等慧正觀。如是，受想行識，若過去、若未來、若現在，若內若外、若粗若細、若好若醜、若遠若近，彼一切**非我**、**不異我**、**不相在**，如是平等慧如實觀。如是，羅睺羅！比丘如是知、如是見。如是知、如是見者，於此識身及外境界一切相，無有『我、我所見、我慢使』繫著。羅睺羅！比丘若如是於此識身及外境界一切相，無有『我、我所見、我慢使』繫著者，比丘是名斷愛欲，轉去諸結，**正無間等**，**究竟苦邊**。」時羅睺羅聞佛所說，歡喜奉行。】

（《雜阿含經》卷一第 23 經）

苦的邊際究竟是什麼？爲什麼有苦？初推一切苦的所由，都是從五陰來的；然而五陰又是何因、何緣而出生的？是由入胎識爲根本因，再由入胎識所持的七識心相應的無明種子爲緣因，再以父母精血、四大所成的受精卵爲緣因，才會入胎而具足人間的五陰，所以就有五陰的出生；有生則必有老、病、憂、悲、苦惱及死亡，這就是一切有情痛苦的邊際。一切痛苦推到此處以後，知道滅盡五陰以後就不會再有苦了！而五陰是由入胎識出生的，入胎識卻是藉著父母助緣入胎來出生五陰，才會有五陰所生的苦，所以入胎識就是一切有情痛苦的邊際；而這個眾生苦的邊際識，祂卻是一直都離六塵見聞覺知的，從來與苦不相應的，所以祂既是一切苦的邊際，也是**無間等法**，因爲祂從來不生所以不滅，從來不生所以從無始劫以來就不曾一剎那間斷過，正是無間等法。當蘊處界一切我都滅盡了以後，剩下祂永遠都不間斷的獨存時，涅槃當然是無間等法了！

佛陀在這一段經文中說**涅槃是無間等法**時，也同時說：「三世、遠近、內外、美醜、粗細的色陰都是無常、苦、空，而不是眞我——非我，但卻是『不異我』而與眞我『不相在』的。」乃至說：「三世、遠近、內外、美醜、**粗細**的識陰（以意識爲主）都是無常、苦、空，而不是眞我——非我，但卻是『不異我』而與眞我『不相在』的。」這不但說明一切粗意識、細意識、極細意識都是虛妄而無我的，也已經顯示有一個眞我是與意識同時存在的了！這個眞我入胎識之所以被 佛陀說爲「我」，是因爲相對於蘊處界我的無常、必壞、虛妄的無我性，所以說此本識爲我、眞我，所以才會開示說五陰「**非我**、**不異我**、**不相在**」。意思也是在說明：意識不是眞我、但不異於眞我，卻與眞我同時同處而不是混合爲一個法。

當您現前觀察五陰的一切都是虛妄，而且無所遺漏的現觀五陰的全部內容時，您將會發現：不論是粗意識、細意識、極細意識，都是緣生法，都是有生之法，也都會間斷；不必等到死後才斷滅，而是夜夜眠熟時就可以發覺都會暫時斷滅的心，當然不是無間等法。若是誤以意識心獨住（事實上不可能獨住，必須有意根與法塵同時存在）的境界作爲涅槃的實證，那麼他所證的涅槃當然是外道誤會後所說的涅槃了！因爲那不是無間等法，而是有間等法；那他對別人宣稱已經親證的涅槃，當然也都將是虛妄的，他已經成爲未證謂證的大妄語者了！因爲他並沒有滅盡五陰的全部，他其實是仍然把五陰中的識陰——特別是把意識——繼續錯認爲獨立於識陰之外的常住法，其實仍然是落在識陰中，仍是未斷我見的人；因爲意識心是有間等法而不是無間等法，無間等法的入胎識則是與意識同時同處而不相在的。

想親證解脫果而不再輪迴三界中的人，必須詳細觀察五陰的全部內容，不可以把某一部分的識陰排除在識陰之外，而當作是涅槃中的本際；否則就會成爲有間等法而不是親證無間等法了！這個有間等與無間等的道理，您一定得要知道；對於五陰的全部內容也一定得要知道，不可有所遺漏，才不會誤將五陰中的某一部分錯認爲五陰外的常住不生滅法，才能眞的斷除我見而轉進二、

三、四果的修證階段中。當您沒有遺漏五陰的全部內容而詳細的現觀識陰的虛妄——特別是現觀種種不同境界中的意識心虛妄時——確實了知識陰的種種變相境界時，您就一定可以親斷我見及三縛結，以四阿含諸經的法義而自己印證已得初果無誤。當您繼續進修而斷盡我執與我所執時，了知將來滅盡蘊處界一切法以後，仍有入胎識本際常住不滅，那麼您就可以在死亡時間到來時安心的入滅了，您一定可以確定自己死時能進入無餘涅槃中。這就是「我生已盡、不受後有」的自知、自作證，不由他證。

自從有人類歷史以來，一般修行人總是落入**常見**中，但往往會有一部分人墜入**斷見**中；這是自古以來就一直存在著的事實，都是不能親證**無間等法**的，都是落入**有間等法**中的。一直到我佛 世尊釋迦牟尼出現在人間以後，這個狀況才有了改變。佛世之時，諸大外道也一樣都不離常見與斷見；當時有一位外道出家人名爲仙尼，具有世間智慧，當他觀察到當代諸大外道修行者，不能對各自座下弟子死後記說往生何處，而 佛陀能對諸弟子記說往生之處，並且是一切具有天眼通的人所能親見而證實的；以此觀察之故，知道 佛陀的法義必有特勝之處，絕非諸大外道之所能及。但是也有部分弟子死後未被 佛陀記說往生之處，而諸外道已得天眼通的人，卻都無法觀察出他們來世的往生處；仙尼外道因此而生疑惑，所以前來請問 佛陀。

這位仙尼外道雖然很有世間智慧，不被諸大外道所迷惑，他的世間法智慧，遠超諸大外道，但是仍然不離我見、常見；直到見 佛以後，才被 佛陀說法所度，當場獲得法眼淨而斷除我見；再徵求 佛陀同意而在佛門中出家，進一步觀行以後終於成爲阿羅漢。所以，在 佛陀出世以前，此世間的所有修行人雖然往往自稱已證涅槃、已得阿羅漢果，其實都是不離常見與斷見的，都是不離我見的；在這種情況下， 佛陀當然必須先說解脫道，使大眾都能斷除我見、常見、斷見；在斷除我見等惡見以後，才有可能引入大乘法中來證五蘊之根源——入胎識；依這樣的次第來修證，才不會誤以爲入胎識如來藏等於常見我，所以在五濁惡世中成佛而弘法的始弘期，一定要先說阿含道，令得斷除我見，這也是有經文爲證的：

【「仙尼！當知有三種師。何等爲三？有一師，見現在世眞實是我，如所知說，而無能知命終後事，是名第一師出於世間。復次，仙尼！有一師，見現在世眞實是我，命終之後亦見是我，如所知說。復次，先尼！有一師，不見現在世眞實是我，亦復不見命終之後眞實是我。仙尼！其第一師見現在世眞實是我，如所知說者，名曰**斷見**。彼第二師，見今世、後世眞實是我，如所知說者，則是**常見**。彼第三師，不見現在世眞實是我，命終之後亦不見我，是則如來、應、等正覺說，現法愛斷、離欲、滅盡、涅槃。」仙尼白佛言：「世尊！我聞世尊所說，遂更增疑。」佛告仙尼：「正應增疑，所以者何？此甚深處，難見、難知，應須甚深照，微妙至到，聰慧所了。凡眾生類，未能辯知；所以者何？眾生長夜異見、異忍、異求、異欲故。」仙尼白佛言：「世尊！我於世尊所，心得淨信。唯願世尊爲我說法，令我即於此座，慧眼清淨。」佛告仙尼：「今當爲汝隨所樂說。」佛告仙尼：「色是常耶？爲無常耶？」答言：「無常。」世尊復問：「仙尼！若無常者，是苦耶？」答言：「是苦。」世尊復問仙尼：「若無常、苦，是變易法，多聞聖弟子寧於中見我、異我、相在不？」答言：「不也！世尊！受、想、行、識亦復如是。」復問：「云何仙尼！色是如來耶？」答言：「不也！世尊！」「受、想、行、識是如來耶？」答言：「不也！世尊！」復問：「仙尼！異色有如來耶？異受、想、行、識有如來耶？」答言：「不也！世尊！」復問：「仙尼！色中有如來耶？受、想、行、識中有如來耶？」答言：

「不也！世尊！」復問：「仙尼！如來中有色耶？如來中有受、想、行、識耶？」答言：「不也！世尊！」復問：「仙尼！非色、非受想行識有如來耶？」答言：「不也！世尊！」佛告仙尼：「我諸弟子聞我所說，不悉解義而起慢無間等。非無間等故，慢則不斷；慢不斷故，捨此陰已，與陰相續生。是故，仙尼！我則記說：『是諸弟子身壞命終，生彼彼處』。所以者何？以彼有餘慢故。仙尼！我諸弟子於我所說，能解義者，彼於諸慢，得無間等；得無間等故，諸慢則斷；諸慢斷故，身壞命終更不相續。仙尼！如是弟子，我不說彼捨此陰已，生彼彼處。所以者何？無因緣可記說故。欲令我記說者，當記說彼『斷諸愛欲，永離有結，正意解脱，究竟苦邊。』我從昔來及今現在常說慢過、慢集、慢生、慢起，若於慢無間等觀，眾苦不生。」佛說此法時，仙尼出家遠塵離垢，得法眼淨。爾時仙尼出家，見法得法，斷諸疑惑；不由他知，不由他度；於正法中，心得無畏。從座起，合掌白佛言：「世尊！我得於正法中出家修梵行不？」佛告仙尼：「汝於正法得出家、受具足戒，得比丘分。」爾時仙尼得出家已，獨一靜處修不放逸，住如是思惟：所以族姓子剃除鬚髮，正信非家，出家學道，修行梵行。見法自知得證：我生已盡，梵行已立，所作已作，自知不受後有，

以後，卻反而更增加了疑惑。」佛陀告訴仙尼說：「你正是應該增加了疑惑，爲什麼這樣說呢？這個法義甚深之處，難以觀見、難以了知，應該也必須非常深入的觀照，而且要很詳細而觀察到極微細奧妙之處，沒有遺漏的一一觀察到；這個解脫道的妙法，是聰明睿智的人所能了知的；凡夫眾生一類人，都不能辯論與了知。爲何我這麼說呢？這是因爲眾生們總是在漫漫無盡的生死無明中，對眞正解脫的內容產生了不同見解、不同安忍、不同尋求、不同欲求的緣故。」仙尼稟白佛陀說：「世尊！我已經在世尊您這裡，心中得到了清淨信。唯願世尊爲我說法，使我就在這個座位上（在離開這個座位之前），就能發起慧眼而使智慧得以清淨。」佛陀告訴仙尼說：「如今應當爲你解說所樂修學的法義。」佛陀告訴仙尼：「色陰是常住不壞的呢？還是無常的呢？」仙尼答覆說：「是無常的。」世尊又問：「仙尼！如果是無常，是不是苦呢？」答覆說：「是苦。」世尊又再問仙尼：「如果是無常、是苦，就是變易不定的法，多聞的聖弟子們難道會在色陰中認爲是眞實我、或認爲色陰異於眞實我、或認爲色陰與眞實我是混合在一起而相在嗎？」仙尼答覆說：「不是這樣的！世尊！受、想、行、識也和色陰一樣無常、無我，五陰都不是眞實我，但又與眞我不異，也並不是相在的。」世尊又問：「你怎麼看法呢？仙尼！色陰就是如來嗎？」答覆說：「色陰不是如來！世尊！」「那麼受、想、行、識就是如來嗎？」答覆說：「受想行識也不是如來！世尊！」又問：「但是，仙尼！離開色陰可以找得到如來嗎？離開受、想、行、識，能有如來存在嗎？」答覆說：「不是這樣的！世尊！」佛又問：「仙尼！色陰中是否有某一部分是如來嗎？受、想、行、識中的某一部分是如來嗎？」答覆說：「不是這樣的！世尊！」復問：「仙尼！如來裡面有色陰嗎？如來裡面有受、想、行、識嗎？」答覆說：「不是這樣的！世尊！」佛又問：「仙尼！若沒有色陰、沒有受想行識，能有如來示現出來嗎？」答言：「不是這樣的！世尊！」佛陀告訴仙尼：「我有許多弟子聽聞我所說的這些法，不能完全理解其中的妙義，所以生起了**我慢**（註）而相續不斷。由於他們所理解的眞我並不是無間等法的緣故，所以導致**我慢**不能斷除；**我慢**不能斷除的緣故，捨棄了這個五陰以後，就和另一個五陰相續出生了。由於這個緣故，仙尼！我就會記說：『這一些弟子們身壞命終以後，出生到那個地方或另一個地方。』爲什麼我會這樣子記說呢？都是因爲他們還剩餘著**我慢**未斷的緣故。仙尼！我那些弟子眾中，如果對於我所說的法義，能確實理解眞義的人，他們在面對種種慢時，能夠證得無間等法；證得無間等法的緣故，種種慢就可以斷除；種種慢斷除的緣故，身壞命終以後再也不會有五陰相續不斷了。仙尼！像這樣的弟子們，我不記說他們捨棄這個五陰以後，出生到那個地方或是另一個地方。爲什麼這樣呢？因爲他們已經沒有生死的因緣可以記說的緣故。假使一定要我爲他們記說的話，應當記說他們『斷除種種欲界愛的欲求，永遠離開三界有的結縛，正確的作意而完成解脫，究竟到達眾苦的邊際了。』我從以往來一直到今天現在都是一樣的常常解說慢的過失、慢的積集、慢的出生、慢生起的原因，如果面對我慢時能證得無間等法的現觀，種種的苦就不會再出生了。」

佛陀說完這個解脫的法義時，仙尼外道出家就遠離了五陰、十八界的塵垢，獲得法眼清淨而能分辨解脫法義的正邪了。那時仙尼外道出家，看見世尊所說法義的內容，而且得到法義的眞實內容了，斷除了種種疑惑（斷除見惑等五利使）；不必再由別人解說才了知，不必再由別人來度他了；已經在正法之中心中獲得無所畏懼。他就從座位上站起來，雙手合掌稟白佛陀說：「世尊！我能夠在您的正法中出家而修學清淨行嗎？」佛陀告訴仙尼說：「你可以在正法中出家、受具足戒，獲得比丘的身分。」當時仙尼出家外道得到佛陀允許而在佛教中出家以後，獨自一人在安靜的處所修習不放逸行，心中安住於這樣的思惟中：**「是什麼道理使得有名望的貴族種姓諸人，願意剃除鬚髮、捨棄一切美服與莊嚴，以正確的信心而否定家庭生活，出家修學解脫道，修習清淨梵行？」**因此而觀行以後，就親見解脫道正法而自己知道已經得到這樣的親證：**我的出生已經窮盡而不再有後世五陰出生了，清淨的梵行已經建立了，對於解脫生死所應作的一切事情都已經作了，我自己已經了知不會再受後有了，我自己知道已經證得阿羅漢果了。】**

（**註**：「慢無間等」的意思就是指「我慢」一直存在而不曾暫時間斷。我慢的意思，常常被阿含解脫道的修行人所誤會，包括專門教授解脫道、南傳佛法的大法師、大居士與阿含學者專家都一樣。我慢，大法師……們的解釋，總認爲是面對別人時，在心中不服別人而對別人生起慢心。但是，佛陀所說的我慢，卻是：因自我的存在而覺得喜樂、因自我很聰明而覺得喜樂、因自我能常住不斷而覺得喜樂，這就是我慢——因自我的存在與我所的存在而覺得喜樂。這包含色陰自我與極微細的覺知心自我在內，也是包含極細意識與極細意識我所的。換句話說：愛樂保有極微細意識的知覺性，就是三果人的我慢。也就是說，包括識陰的心所法（受、想）及識陰藉

著心所法而運作出來的一切心行的過程，不論如何的微細，只要有所喜樂或覺得自在，都屬於我慢的內容。）

眾生總是希望自己永遠存在，常與善法欲、解脫道正見相違；所以眾生口說想要求證解脫果時，心中卻又總是與解脫道的正見、正思惟……等法義相違，所以佛陀說有一些眾生都是**異見**、**異忍**、**異求**、**異欲**的；不論你如何為他們說明，他們考慮名聞、面子……等問題，都不會接受你的正確說法；現今絕大多數大法師、大居士及所謂的阿含學專家，正是現成的事例。

就旁生有情及初生數年內的人類兒童而言，都是以色陰為眞實我；外道們及佛門中的凡夫們，總是常以意識覺知心作為眞實不壞的自我，譬如台灣、大陸及外國所有的外道們，包括一神教的上帝在內，都是誤認覺知心為常住不壞的眞實我；而現今的佛門大法師們也一樣誤認覺知心意識為常住不壞的眞實我，如同星雲、聖嚴、證嚴、昭慧等人都是一樣。近年來聖嚴法師的網站雖然主張如來藏是他們所證、所弘揚的眞實心（已公開稱說他已明心開悟，並公開聲稱已傳法給十二位出家弟子而印證為開悟，但是他自己及諸弟子們至今仍然不曾證得如來藏，仍然墜於我見、常見之中，由他在二〇〇六年新印行的書籍或言語開示中，仍然可以證明這一點），但是法鼓山的網站上，又同時主張：如來藏只是名相上的施設，並不是實有法。意謂如來藏是不可親證的，這樣看來，他這一世中只能落入六識論中，認定意識是常住法，連斷除我見的機會都不存在了，一定會繼續住在意識覺知心的境界中，如同他在千年前的往事一般。

惟覺法師則是有時墜入我見中，有時墜入我所見中；譬如他主張能見之心、能聽之心就是眞實心：「**師父我在上面說法時的一念心，諸位在下面聽法時的一念心，就是眞如佛性。**」這是落在六識心中，正是識陰所攝，不離常見、我見範疇。他又墜入**內我所**（六識的自性即是六識我所擁有的法性）之中，有時落在六識心的自性上：他認爲眼識的能見之性、耳識的能聞之性……乃至意識的能知能覺之性，就是常住不壞的眞如佛性，這卻同時成爲**內我所見**的自性見外道法了！但是這些大法師所謂的「開悟」實證，都不是無間等法，因爲都是意識心或意識的相應境界，都不脫意識或識陰六識的自性；然而意識或識陰等六識心，都是無常法、是時時都會間斷的法，也是僅有一世擁有的法，不能去到未來世；如同前面章節所舉示的阿含部經文開示中，已經證實平實十餘年來這個說法正確無訛了。六識自體既已虛妄，六識的六種自性當然更是無常生滅變異的虛妄法了，但是惟覺法師卻想要保持六識心及六識自性的常住，意欲將六識及六識的六種自性安住於涅槃中。這是錯將離開語言妄想時的意識認作常住的涅槃心，與眞實解脫道及佛菩提道大相違背，而且是背道而馳的惡見。

全球出世弘法的大法師、大居士、阿含專家、密宗所有喇嘛都如是。連大法師、大居士都會對解脫道異見、異忍、異求、異欲，何況是佛門外的一般外道修行人與世俗人呢！由此異見、異忍、異求、異欲，所以都無法證得解脫果；乃至最粗淺易證的初果解脫智慧的見地，也都無法發起！平實期望《識蘊眞義》出版後數年之間，能有人遵循觀行而斷除我見，取證聲聞初果的見地解脫；也期望這一套《阿含正義》書中的細說，能進一步幫助有緣人及早遠離眾生所墮的異見、異忍、異求、異欲，進而如理作意的觀行以後，眞能取證初果乃至三果解脫。然而這個期望是否能有成績？還是得要依讀者們是否能眞正讀懂這些書籍中所說的法義，並且願意實地深入觀行而決定成績。也許您正是這一類冷靜而智慧的人，那麼平實三年來減少睡眠、難得休息，刻意撿拾弘法以外的零散時間，辛苦寫作這一套《阿含正義》，也就功不唐捐了！在這裡，期望您眞修實觀，期使平實所願得能成就。

第六節　阿含佛法是一切佛法之根本？

台灣台南有某法師，隨順印順錯誤的見解，而作是言：「……從此以後，不明眞相者竟然誤將《阿含》看輕爲《小乘經典》的同義語。」又言：「《相應阿含》是佛教教、理、行、果種種說法的母體。」但是這種說法有重大過失。平實此說，意謂小乘聖者不能證、也未曾證得大乘勝法的妙義，雖然曾聞熏世尊宣說大乘妙義，然而必定聞之不解，聞熏之後必對大乘法義的念心所不能成就；在此情形下，由他們將所聽聞的大乘經典列入阿含部中，必定會依其所知、所解而結集爲小乘解脫道的法義。由此緣故，四阿含之中，當然也必然會有大乘經典的法相、名相存在，但不等於即是大乘經典。

這就如同《維摩詰經》中所說的：「佛以一音演說法，眾生隨類各得解。」大乘菩薩聽聞　佛說大乘法，聞之解義，結集之後即成大乘如來藏般若、唯識妙義；小乘聲聞僧既然依其所知解脫道的知見爲基礎而聽聞大乘經，未實證般若，結集所成的當然會成爲使人斷除我見、斷除我執的小乘解脫道經典；這些聲聞人所結集專講解脫道的「大乘經典」，當然必定會被聲聞人歸入四阿含諸經中，聲稱已經把大乘經典結集完畢。在這個事實與前提下，妄想要求聲聞聖者及凡夫眾（第一次五百結集時並非所有參與者皆是聖人，而是摻雜著許多凡夫在內），將所聽聞的大乘法義，結集為他們所不能理解的大乘經典，同時將他們聞法時不知不解大乘般若及唯識法義的無知情況，依事實記錄於大乘經典中，豈有可能？如是之理，淺而易解，智者聞之即解此義，無庸多所諍論。而且，在後面，平實也將繼續舉證聲聞佛法四阿含諸經中所記載的，二乘聖人聽聞大乘法的證據，這裡暫且放下不提。

現代佛教的表相佛法所傳解脫道，乃至大乘佛法的弘傳，當然應該以南、北傳四阿含聲聞佛教的經典為**根本**；而這個**根本**二字，其實應該改為**基礎**，不該說為**根本**。「基礎」與「根本」的意思是大異其趣的；基礎，是說有這個法理的熏習作為基礎，然後向上進修時才能夠有所依憑，才容易懂得向上進修的大乘佛法，不會走錯路頭。這意思是說，聲聞佛法所說解脫道法義的修習，能使人在如理作意觀行以後斷除我見（唯除尚未確實依正確的聲聞佛教解脫道修習，只是依解脫道中未斷我見的凡夫大師、專家，修習錯誤的解脫道法義），由此基礎的建立，保證參禪時不會再度落入意識心或意識心的自性中，就容易親證本識如來藏心體的所在，始能發起般若實相智慧。

爲何要如此說呢？假使學人尚未斷除我見，心中仍然極力執著有念靈知心或離念靈知心，一向認定變相後的意識心爲常住法，從來不肯否定之；乃至聽聞、讀誦阿含聖教中 佛說「意法爲緣生意識」以後，仍然不肯相信意識覺知心是有生可滅之法——尚無智慧觀察離念靈知心之虛妄性、緣起性空——而堅持意識覺知心離念時即是常住不壞心，那麼他就沒有可能另外起心去尋覓另一個本就常住的本識入胎識作爲眞心，又怎能有悟入大乘般若眞義的因緣？

這意思是說，大乘般若的眞實義理，其實正是宣說第八識如來藏心的義理，因爲如來藏心正是法界的實相，萬法莫不由祂而來，色、受、想陰等功能及識陰六識的能見、能聞乃至能覺、能知之性，都是從如來藏入胎識中，藉著意根與六塵爲緣而出生的緣故，由此而顯現行陰確實是苦陰。由於這個緣故，說斷除我見乃是大乘般若證悟的基礎；假使不能眞實的否定意識而斷除我見，而想要悟入大乘菩薩所證的眞心入胎識，妄求發起般若實相智慧的話，絕無可能！以此緣故而說阿含解脫道的見道，乃是大乘般若悟入的基礎：欲悟般若之人，必須先斷我見，必須遠離意識常住不壞的惡見。

雖然阿含解脫道的斷除我見，是大乘般若悟入的基礎；然而阿含解脫道的法義決定不是大乘法的根本或母體，而是修學大乘法之前應有的基礎知見；若無大乘經中所說的本識實存而且可證，解脫道必定成爲斷滅法；所以若依實質來說，南、北傳的聲聞佛教四阿含經典，反而應該以大乘佛法諸經爲根本，才能永遠不受斷見外道的比附，才能永遠迴異常見外道而不被否定。所幸如今已經證明，北傳四阿含諸經中，已經多處說明聲聞、緣覺的解脫道修證，確實是基於本識的常住不壞、基於本識的出生名色作爲基礎而宣說、而實證的，這在四阿含中多處的 佛陀聖教中，已經很充分的開示過了，平實也已在此前諸輯中多處舉證過了，可見平實所說「解脫道以本識爲根本、二乘法以大乘法爲根本」的說法，是正確而無偏頗的正說。但是大乘法的實證，卻必須以解脫道的全面否定意識而斷我見爲基礎，才能實證，否則精修一世以後，必定唐捐其功。

從四阿含的教證上來說已是如此，若從理證上來說，亦復如是；這是因爲今時南傳或北傳阿含聲聞佛法諸經所說的義理，都是只有世俗諦修證的詳細內容，而沒有勝義諦般若及增上慧學種智的詳細修證內容故，絕對不可能使人獲得般若實相智慧，何況是獲得成佛所依據的一切種智？縱使聲聞佛法四阿含的法義，偶然曾於雜阿含部《央掘魔羅經》中說到第一義諦的如來藏——入胎識，卻都未曾詳細說明修證如來藏的方法；反觀四阿含諸經中，卻處處細說而且往復不斷、幾近囉唆的開示解脫道的修證內容，卻不曾細說般若及種智，都只是略提名相。一直到第二、第三轉法輪時期的大乘經中，才開始處處細說般若、唯識種智的修證內容與行門。由這個事實，可見阿含決定不是大乘法的根本，反而只是修習大乘法以前應先修習的淺易基礎之法；事實上是以阿含解脫道的斷我見，作為修習大乘般若妙義的基礎，解脫道是證悟般若以前必須先修的淺易小法；雖然對於印順、證嚴、聖嚴、惟覺、星雲……等人而言，阿含解脫道已都不是淺易小法。

此外，世俗諦解脫道的法理與行門，都只說到十八界滅盡，不曾明說十八界滅盡後無餘涅槃中的本際究竟是什麼？也沒有明說涅槃為何是**常住**、**眞實**、**清涼**、**寂靜**的道理，而都只說到滅盡十八界時就成為無餘涅槃，是**清涼**與**眞實**、**常住**，不是斷滅空。然而，無餘涅槃固然是滅界，但是十八界滅盡後的滅界本來就不應該是斷滅的緣故，所以 佛陀在阿含諸經中說涅槃中實有本際不滅，所以說常住不變。這個涅槃的本際，其實就是阿含部《央掘魔羅經》中所說的如來藏，也就是四阿含諸經中常常說到的名色所緣的識，是解脫道中的三果、四果人所知而不能實證的內容。若是沒有如來藏心作爲無餘涅槃的本際，那麼阿含（南傳的尼柯耶）所說解脫道證境的無餘涅槃，就一定會成爲斷滅境界；正因爲看到這個事實，所以印順不得不新創**意識細心常住說**，作爲三世因果業種的主體識；所以昭慧後來也不得不新創**業果報系統說**，建立爲三世因果的主體「識」；所以印順不得不新創**滅相不滅即是常住眞如之說**，補救他所說的斷滅空的無餘涅槃，以免成爲斷滅境界。

由此事實可以證知：**大乘般若諸經所弘揚的第八識非心心、無住心、不念心、無心相心，才是阿含解脫道的根本；大乘唯識諸經所弘揚的唯識如來藏妙心，正是阿含解脫道的根本；不但能建立阿含解脫道於中道之境界中，也能護持阿含解脫道，令諸常見、斷見外道皆不能破壞或攀緣；也能使得聲聞乘行者由這個根本識而不會恐懼墜入斷滅境界中，能因此而確實斷除我慢，才能確實取證涅槃**。不但如此，佛在四阿含中，也特地說明本識的存在、常住、不壞；這是斷我見、我執的大前提，是一切比丘們斷盡蘊處界以後，可以據此而於內、於外都不恐怖地取滅而入無餘涅槃；否則就難免在斷盡蘊處界以後，或者於內、或者於外而生恐怖。由此事實，已經證明專弘如來藏心體的大乘法，正是阿含世俗諦解脫道的根本；若沒有大乘法所弘傳的如來藏實相心體，若沒有四阿含中所說的涅槃本際的常住，若沒有能出生名色的入胎識常住不壞，則二乘解脫道世俗諦即不免成爲戲論，必定會墜入斷滅見與常見見之中，同於斷見、常見外道無異，則聲聞佛法四阿含所細說的解脫道即無成立之可能。

修學大乘法的佛弟子，由於對於斷我見的眞實義無知，所以不免落入我見中而無所覺；不斷我見就無法實證本識如來藏，當然無法生起般若實相智慧，更別說是進修諸地的道種智了！然而斷我見的事，在末法時代名師猖獗、幾無明師的情況下，求難可得；都是因爲名師們對於斷我見的根本，從來都無所知的緣故。我見的斷除，要從名色的如實了知，方有成功的機會；若不如實了知名色的內容，絕無可能斷除我見的；而我見中最難如實知的部分，正是識陰。

再舉一段經文，供養佛門四眾：

【尊者舍梨子復問曰：「賢者大拘絺羅！頗更有事，因此事，比丘成就見、得正見，於法得不壞淨、入正法耶？」答曰：「有也！尊者舍梨子！謂有比丘知名色如眞，知名色習、知**名色滅**、知**名色滅道**如眞。云何知名？謂四非色陰爲名；云何知色？謂四大及四大造爲色。此說色，前說名，是爲名、色，是謂知名色如眞。云何知名色習如眞？謂因識便有名色，是謂知名色習如眞。云何知名色滅如眞？謂識滅、名色便滅，是謂知名色滅如眞。云何知名色滅道如眞？謂八支聖道：正見乃至正定爲八，是謂知名色滅道如眞。尊者舍梨子！若有比丘如是知名色如眞，知名色習、知名色滅、知名色滅道如眞者，是謂比丘成就見，得正見，於法得不壞淨，入正法中。」尊者舍梨子聞已，歎曰：「善哉！善哉！賢者大拘絺羅！」尊者舍梨子歎已，歡喜奉行。

尊者舍梨子復問曰：「賢者大拘絺羅！頗更有事，因此事、比丘成就見，得正見，於法得不壞淨，入正法耶？」答曰：「有也！尊者舍梨子！謂有比丘知識如眞，知識習、知識滅、知識滅道如眞。云何知識如眞？謂有六識：眼識，耳、鼻、舌、身、意識，是謂知識如眞。云何知識習如眞？謂因行便有識，是謂知識習如眞。云何知識滅如眞？謂行滅，識便滅，是謂知識滅如眞。云何知識滅道如眞？謂八支聖道：正見乃至正定爲八，是謂知識滅道如眞。尊者舍梨子！若有比丘如是知識如眞，知識習、知識滅、知識滅道如眞者，是謂比丘成就見，得正見，於法得不壞淨，入正法中。」尊者舍梨子聞已，歎曰：「善哉！善哉！賢者大拘

絺羅！」尊者舍梨子歎已，歡喜奉行。】《中阿含經》卷七《大拘絺羅經》

語譯如下：【尊者舍梨子又問說：「賢者大拘絺羅！是否另外還有別的事相，因爲這個事相，而能使比丘成就見解、得到正確的見解，於佛法獲得不壞淨、確實進入正法呢？」大拘絺羅答覆說：「有啊！尊者舍梨子！這是說如果有比丘確實的了知名與色，也確實的了知名與色的熏習、也確實的**了知名及色的滅除**、也確實的了知**名與色如何滅除的方法**，這就是可以使比丘成就解脫道的見解、得到佛法正確見解的事相。如何才是眞正的知道名的內容呢？是說確實了知四種非色陰的受、想、行、識，這就是確實了知**名**了；如何是了知色陰呢？是說地水火風等四大種爲**色陰**，以及這四大種所造的五根色身，這就是確實的了知色陰。這是說**色**，前面說的是**名**，合起來就是**名**與**色**，這就是說已經確實的了知**名與色**。如何是確實的知道名與色的熏習呢？是說因爲有前世**六識**種種自我貪愛的熏習，便生起了此世的**名**與**色**，這就是說已經確實知道名與色的熏習了。如何是確實的知道名與色的滅除呢？是說**六識都永遠滅除**了、六識永遠都不再出生了，名與色就滅除了，這就是說確實知道名與色的滅除了。如何是確實的了知名與色滅除的方法呢？是說八支聖道：從正見乃至正定總共有八個方法，所以確實了知八正道，就是已經了知**名與色滅除的方法**了。尊者舍梨子！如果有比丘像這樣子確實了知名與色，確實了知名與色的熏習、確實了知名與色的滅除、確實的了知名與色滅除的方法，這位比丘就是已經成就解脫道的見解了，獲得正確的見地，對於佛法得到永不毀壞的清淨心境，已經進入正法中了。」尊者舍梨子聽聞大拘絺羅尊者說完了，讚歎說：「善哉！善哉！賢者大拘絺羅！」尊者舍梨子歎已，歡喜奉行。

尊者舍梨子又再請問說：「賢者大拘絺羅！是否另外還有別的事相，因爲這個事相，而能使比丘成就見解、得到正確的見解，於佛法獲得不壞淨、確實進入正法呢？」大拘絺羅尊者答覆說：「有啊！尊者舍梨子！這是說有比丘已經確實的了知**識陰的內容**，確實了知識陰的熏習、確實了知**識陰的滅除**、確實了知**識陰滅除的方法**了，他就得到正見了。如何是確實的了知識陰呢？這是說識陰總共有六識：眼識，耳、鼻、舌、身、**意識**，這樣詳細的觀察確認了以後，就是確實的了知識陰了。如何是確實的了知識陰的熏習呢？是說因爲有身口意行的緣故所以就有識陰存在，這就是說已經確實的了知識陰的熏習了。如何是確實了知識陰的滅除呢？是說識陰不再執著身口意行，種種行都滅除了，來世的識陰就會滅除了，這就是說確實的了知識陰的滅除。如何是確實的了知識陰滅除的方法呢？是說八正道：從**正見**乃至正定總共是八個方法，這就是說確實的了知識陰滅除的方法了。尊者舍梨子！如果有比丘像這樣子確實了知識陰，確實了知識陰的熏習、確實了知**識陰的滅除**、確實了知識陰滅除方法的人，就是說比丘已經成就解脱道的見解了，獲得正見了，從此就對於佛法得到永不毀壞的清淨知見，他已經進入佛教正法中了。」尊者舍梨子聞已，歎曰：「善哉！善哉！賢者大拘絺羅！」尊者舍梨子讚歎了以後，歡喜奉行。】

這段經文中最重要的義理是：對於五陰的內容必須確實了知，對於五陰的熏習必須確實了知，對於五陰滅除的境界相必須確實了知，對於滅除五陰的方法也必須確實了知；如果對這些內容不能確實的了知，有所誤會了，就無法成就解脱道修證的正確見解，也就無法取證阿含聲聞道的初果證境了。八正道正是滅除來世五陰的方法，而八正道中最重要的卻是正見。由古今修學佛法而誤以爲自己已親證解脱道聖果者的所有文獻證據看來，尊者 大拘絺羅這一段開示，眞的是一**針見血**之言啊！都是由於不正見而導致我見無法斷除，解脱道就永無成就的時候。我們可以從現代所謂證果、所謂開悟者的三個面向，來說明這個事實：

一者，我們可以先從現代修證阿含解脫道的人們所墮的情況來說：現代修證阿含解脫道的人很多，乃至有人聲稱可以助人親證初果、三果者，意謂他自己已經親證三果了！但是從他們所說的言語開示及著作中，卻看到他們至今都斷不了我見，都落在意識心境界中。這就是因爲他們對於識陰不如實知，對「名」不如實知所致，都是尚未獲得正見的凡夫。名中有受、想、行、識四陰，其中的識陰是指「根、塵、觸，三法和合而生」的六識心，就是眼識，耳、鼻、舌、身識乃至意識覺知心，這六識心合稱爲識陰，這是四阿含諸經中 佛陀對於識陰的**明確定義**。這是說，眼有扶塵根與勝義根，眼根與色塵接觸時，眼識就出生了；耳、鼻、舌、身也都各有二種色根，同樣的可以觸到各自相應的四塵而出生了耳、鼻、舌、身等四識；乃至意根這個無色根的心，當祂與五塵上顯現的法塵接觸時，只要祂有作意想要使意識心出生以便了別六塵相，意識覺知心就會從入胎識中出生了；意識出生了以後，前五識才能一起或隨後跟著出生；這時六識具足了，就是識陰具足了。當識陰具足了，就會有對六塵的覺知性存在著。所以說，意識是識陰所攝的生滅法，具有基本正見的人，都不會像宗喀巴、印順、星雲、聖嚴、證嚴等人一樣，主張意識心是不生滅的。

能覺知色塵的心是眼識心，能覺知聲塵的心是耳識心……乃至能覺知色身觸覺的心是身識，能覺知五塵細相與法塵的心是意識心。這六識即是識陰的全部；意識離念靈知心則是函蓋在識陰中的生滅心，因爲阿含解脫道對識陰的定義是很清楚的：**根、塵、觸，三和合生**。所以意識永遠無法擺脫識陰的範疇，不論是有念的意識覺知心或離念的意識靈知心。識陰既是根、塵、觸三法和合所生的心，而意根卻是六根之一，不是根與塵相觸而生的，而是出生意識前必定先有的心根，所以在阿含解脫道中，意根不屬於識蘊所攝。讀過這一段講解之後，獨坐於靜處而不受打擾，像這樣子確實觀察而了知識陰共有六識時，也確實印證識陰等六識都必須有根與塵的相觸爲緣才能出生的，那您就是「於識陰如實知」的人了，這就是已經完成初果解脫見地實證過程中必須經歷的第一步觀行了（必須親自獨處於閑靜處深入思惟及現觀，心得決定了才算數）。

接著必須觀察與確認：覺知心不論是有念之時或離念之時，都仍然是意識心，不會因爲有念時就變成意識而在離念時就不是意識；因爲意識永遠都不可能變成眞心如來藏，不論粗、細意識，意識永遠都是根塵爲緣而生的；如來藏則是本來就已經是如來藏心，是在意識有念或離念時都一直存在著，乃至意識眠熟、悶絕而暫時斷滅時，入胎識如來藏也是仍然繼續存在著，恆而不曾間斷過，所以眞心入胎識絕對不是從意識的離念而變成的；否則的話，意識變成如來藏入胎識以後，將會有兩個如來藏眞心而沒有意識覺知心存在了。有智慧的您，對此道理詳細的思惟與現觀一下，就會懂得這個道理了！從此以後，您再也不會被未斷我見的錯悟大師、假名大師籠罩了！

接著繼續詳細觀察與確認：意識心的體性就是了知，前五識也一樣都有了知性；既有了知之性，當這識陰六識生起以後就無法離開六塵了，因爲一定要有六塵先存在，這六識心才能出生；爲了證實這一點，您可以在四威儀中去詳細檢視：意識覺知心，不論是有念意識或離念意識，能否在沒有六塵、沒有法塵的狀況下生起？您將會發覺，若無六塵，離念靈知或有念意識都是不可能生起的，都不能在離開六塵的狀況下存在。意識既然一定要依六塵爲緣才能出生與存在，可見這識陰六識確實是如 佛所說依六塵而出生的。即使是住於二禪等至位中，也還是離不開定境法塵，若沒有所了知的定境存在，就不可能會有意識的存在。既然無法離開六塵，出生以後必須一直與六塵接觸，當然就會有苦受、樂受、捨受，這三種受就是受陰；這三受或五受，其實就是識陰六識的心所法，所以這一部分的行陰當然是依附於六識而存在的，當然更是生滅法。識陰的行陰是生滅法，依附於色陰而有的行來去止等色身行陰，當然也一樣是生滅法。識陰六識生起而未眠熟暫滅之前，就一定會有六種了知性同時存在，也就是能見、能聞、能嗅、能嚐、能覺、能知之性，所以六識存在之時必定會有了知六塵的自性繼續運作不斷，除非眠熟、悶絕而暫告斷滅。

了知的自性又名爲想，在四阿含中 世尊說「想亦是知」故。所以正當覺知心存在而有了知性的時候，已是墜落想陰境界之中了，並不因爲有、無語言文字妄念而有差別：有語言文字的了知固然是想陰，離語言文字時的了知（譬如一念不生時對六塵仍然存在著了知性）及以語言文字思惟的種種想法，也都仍然是想陰所攝。受陰與想陰，其實都是六識心的**心所有法**，與識陰有關的行陰，則是六識的心所有法正在運作的過程，所以與名有關的受、想、行三陰，其實正是識陰六識心的心所有法。對於這些內容，您閱讀之後必須離群獨坐、不受打擾而詳細的思惟，並且將自心能見、……能覺、能知等六種自性加以現前觀察，確認無誤而沒有遺餘之時，對於五陰中的名就可以如實知了。這樣一來，就進一步完成取證初果解脫的另一個部分了（當然，您必須參考本書前面各輯中的舉證與細說，一一觀察以免遺漏。因為這裡只是大略說明方法而已，觀行的內容還是必須配合前面數輯中的 佛陀開示而作詳細的思惟與觀行）。

「名」已經如實了知，接著就必須現前觀察：**色陰從何處來**？在阿含解脫道中，不必親證如來藏——入胎識，也不必現觀色身五根如何由如來藏假藉母體及四大而造身，只須信受佛說，思惟色身五根都是由本識入胎「會精」及攝取母體中的四大所造就可以了！但是卻必須觀察六塵也是由極微細的四大所成，是本識藉五色根及意根而出生的，這六塵也都不能自己存在，不是自在法、不是不生法。五塵也是函蓋在色陰之中的，也是進入無餘涅槃時應該一同滅除的；而法塵是在五塵上面顯現出來的，入涅槃而使五塵滅盡時，法塵也就跟著滅除了。若能獨坐而不受打擾的確實觀察色陰的五色根與六塵的虛妄性，就可以確認這一點，這時對於名色中的色就可以如實知。此時對**色**與**名**都如實知了，確認是有生必滅之法，我見就會斷除了，三縛結就跟著斷除了，不必再現觀名色習、名色滅、名色滅道，就已經是親證初果解脫的小乘聖人了。

假使能夠進而現前觀察名色習、名色滅、名色滅之道，並且確實執行所觀察出來的結論，而且所觀察並沒有不如理作意之處，就一定會成為薄貪瞋痴的二果人，因為您的見地已經增上了；假使繼續努力觀察淫欲的不淨、無常、不自在，漸漸的遠離欲界法的貪愛，不久終於確實斷除欲界愛了，一定會突然發起初禪之樂，進入三果位中，您這時可以自我檢查：我的五下分結是否已經斷除了？您將會發覺確實已經斷除了！除非您沒有如理作意、沒有如實的細觀，或者猶如某些名師一樣誤將欲界定、未到地定中的輕安無念境界，錯認為初禪的實證，否則一定已經是三果人了，可以自我檢驗五下分結確實已經斷除了。初禪的證境，平實已在餘書中略說，已經足夠您用來自我驗證了！將來還會專題開示，目前暫且略過。

接著就是細觀三界有的內容，確實細觀三界有的內容而沒有遺漏時，有漏就斷除了！然後則是對於我慢的現觀，也是要依靠歷緣對境中來自我檢驗：我慢是否確實已經斷除了？假使我慢仍在，您是無法取證現般涅槃的，最多只能得中般涅槃，仍然是三果人，不是四果人。假使確實驗證我慢相都不存在了，這時就可以進而觀察五上分結是否全部斷除了？假使還有微細的部分仍然存在，就可以細心的觀行，漸次滅除掉，就能取證四果，發起斷盡思惑我執的智慧，無明漏已斷盡，成爲慧解脫的阿羅漢。將來捨壽時一定可以現般涅槃的。

但是現在我們返觀當代號稱可以教人取證初果、三果的法師、居士們，他們都還落在我見深坑之中，未斷我見，都還認取覺知心意識作爲常住的不壞心，教人要常常保持意識覺知心的覺知性、覺醒性，教人要淨化意識心，使意識心清醒而不要斷滅，如同南傳覺音的《清淨道論》一般，都是我見、常見仍斷不了，又如何能教人取證初果、三果呢？所以，修證解脫道的人，必須有眞正的善知識教導觀行的內容與方法，在深妙的正知見、在細膩而無遺漏的深入解說的前提下，再經過您確實的親身觀行以後，才有可能取證解脫果的（因此說您一定要把前面數輯中所說的解脫道法義與內容，詳細閱讀及思惟與現觀，不可以單單閱讀這一輯就算數，以免對法義誤會、疏漏而犯下未證謂證的罪業）。所以說：五陰的內容必須確實了知、確實觀察，然後才有可能取證解脫道的初果。

二者，再由現代傳授大乘禪宗開悟或般若智慧的名師來說：般若的實證，是在現觀法界的眞實相；也就是現觀萬法都由何處出生？萬法出生以後又如何能存在與繼續運作？萬法出生後爲何會變異？又爲何必然會斷滅？萬法斷滅之後是否永滅而不能一再的重新出生？而且，使得萬法不斷生、住、異、滅的原因又是什麼？在萬法中同在的如來藏為何又是眞如性相常住不變？由於親證入胎識而發起這些般若實相智慧，由此實證、眞知而知道了法界的眞實相，就會發起實相般若智慧而成就中道觀。中道觀（不論是八不中道、十不中道、無量不的中道）都只是實相般若智慧的副產品而已，般若的眞實智慧則是確實的證知法界萬法的根源，親證了入胎識眞實與如如的自性中能出生蘊處界等萬法，能顯示蘊處界萬法的緣起性空，而顯示祂自身的眞實性與如如性，而顯示祂與萬法不一亦不異的中道性，這才是般若的眞實義。二乘法的緣起性空觀是無法顯示這個眞實義的，不論藏密外道應成派中觀師的印順、昭慧……等人如何以意識的思惟來解釋中道觀，都會有許多嚴重的錯誤而不免被親證入胎識的賢聖們指正——假使有人願意發起悲心而勞心勞力為他們指正的話。

自古至今，一向都是錯悟者多而眞悟者少；現代人自稱已悟般若的人當然也是極多的，卻都是錯悟般若的意涵，墮於意識心的我與我所境界中。意識心的變相很多，所以自古以來一直有人墮落其中而不自知，反而振振有辭的出來指責證悟入胎識的賢聖為自性見者；殊不知自己落在意識心的我與我所之中，正是他們自己所指責的自性見者。他們不知意識的本質，所以就無法了知意識心的種種變相；不能了知意識種種變相的緣故，就將意識心種種變相中的一種，取作萬法的本源，就認爲自己已經親證般若實相了。

這就是說，不能了知意識境界的緣故，所以誤認意識心爲常住心，再將般若中觀的法相套用在意識心上面，就說自己已經開悟了，結果是成爲大妄語人。這種事例，在目前的台灣與大陸，都是處處可見的，非僅不乏實例，而且是實例極多，印順也不能自外於其中（編案：印順死前數年，同意將他的傳記立名爲《看見佛陀在人間》，可見他是以開悟聖者並且是究竟成佛而自居的）。但是，推究那些大法師們錯悟般若的緣由，其實都是因爲不如實知識陰，所以墜落識陰的意識境界中，自以爲悟；再以意識心來思惟般若與中道觀的內容，不是以本來就常住於中道的本識心來理解般若與中道的觀行。由此可知，大乘行者想要證悟般若的話，一定要先了知識陰的內容、識陰的生成、識陰的虛妄、識陰的熏習與集起，特別是對意識心的緣生性與生滅性加以觀行而了知；了知意識與識陰的內容、生成、虛妄、熏習以後，我見斷了，然後進求實證法界根源的如來藏心時，就不會再墜落識陰之中，就不會再誤認意識覺知心的變相爲法界的實相心了，所以才說二乘法的斷我見是大乘般若實證的基礎。但是二乘法若不以大乘法所證的本識如來藏作爲根本法，二乘涅槃就一定會成爲斷滅空。

如果大乘參禪的人，不能認清識陰，不能了知識陰的全部內容，將會誤認識陰中的意識覺知心作爲常住不壞的涅槃心；此人不但斷不了我見，也必然會誤認意識心的變相境界作爲常住法而自以爲悟；如此教授學人，將使參禪者和他一樣：永遠難以證悟實相心如來藏，永遠不能發起眞正的實相般若智慧。如果能依照大拘絺羅尊者所開示的意思，詳細而確實的觀行，斷除我見之後，再依大乘法來尋覓常住的法界心如來藏，想要證悟法界心如來藏就有可能。所以斷我見的知見，正是般若證悟的基礎；假使自己不能斷除我見，而說能幫助他人證初果、悟入般若、取證中道觀，都是自欺欺人之談。

但是，斷我見乃至斷我執以後的無餘涅槃，卻是不能稍離大乘法所修證的入胎識如來藏妙理的，否則就同於斷見外道一般無二了！因爲 佛在四阿含中處處都說：**捨壽時實證無餘涅槃，是必須滅盡蘊處界的，不許有意識繼續存在。**這時當然也要把識陰所攝的一切粗細意識全都滅盡，這時若無本識入胎識獨存不滅，一定會成爲斷滅境界；好在本識是確實可證的，如今正覺同修會中已有許多人實證了，所以您不必憂心：**斷了我執以後，將來捨壽滅盡蘊處界全部自**

我以後，是否將會成爲斷滅空？也正因爲於內有恐怖的緣故，所以印順、達賴否定第八識以後不得不建立另一個想像而不可親證的意識細心、意識極細心，作爲滅盡自我以後不會墜落斷滅境界的補充說法。但是這卻成爲他們的創見，不是佛法——不是佛陀所傳授的法——應該稱爲印順法或達賴法。因爲他們這個發明，是無法使人成佛的，只能使人成就**印順見、達賴見**的凡夫知見。

所以，二乘法仍然不得不依止於大乘法；只能由大乘法所弘揚、所親證、所現觀、所運用的親證入胎識如來藏的智慧來支持、來守護，方能使二乘法繼續超勝於斷見外道法，也能永遠不被常見外道法所夤緣。若如印順將不可證的、想像施設的意識細心、意識極細心，說爲蘊處界萬法的根源，而說爲無明及業種、一切種子的執持者，那就與外道所講的冥性、勝性、大自在天、上帝的本質一樣是想像法了，又怎能自外於諸外道呢？而且，入胎識出生萬法的事實，是可以被親證、被了知的，不是不可知、不可證的；既有可知也可證的佛陀所弘傳的入胎識本識，可以被親證者現前觀察祂確實是**諸法本母**，確實是緣起性空觀所依的蘊處界的根源，又何必捨此而另外建立一個不可知也不可證的想像法**意識的細心、極細心**呢？若印順派與藏密外道的達賴等人，宣稱意識細心、極細心是可證的，吾人就不免要請問他們：您親證了沒有？若已親證，則您所證的意識細心或極細心，是哪一個心？可以事先確定而且寫在本書中公開流通的判斷是：他們絕對不敢自稱已證，因爲他們連初禪中的意識粗心都還不能證得，何況三界中最微細的意識心是非非想定中的意識？縱使已證三界最細的非非想定中的意識，也還是**意、法爲緣生**的生滅心，有何般若智慧可說？仍只是未斷我見的凡夫罷了！由此可見大乘的本識法才是一切佛法的根本，二乘法若離大乘專弘的本識法入胎識，則不免被外道所同化或攀緣了！天竺密宗不能實證如來藏本識而被性力派外道同化，成爲全屬外道本質的祕密教，正是現成例子；後來的藏密外道也是如此，全都以意識作爲學法修證的中心。所以說，二乘法若想繼續永存而不被外道所賁緣或消滅，必須堅持 佛在四阿含中所說的本識法義。由此故說專弘本識如來藏妙法的大乘法，才是二乘法的根本。

三者，由現代修證大乘方廣唯識妙義的人來說：不能先斷我見的人，在方廣唯識增上慧學上面的修證，都不可避免的會墜入印順的**虛妄唯識論**迷思中。但唯識學才是眞正的增上慧學，二乘聖人把增上慧學定義得太低了；所以他們雖然自稱懂得增上慧學，可是卻無人能成佛，因爲他們所謂的增上慧學，都是在解脫道上面來增益的，從來不能涉及法界萬法的實相，所以智慧有限；一切三明六通的不迴心大解脫羅漢都無法自外於此，由於這個緣故，他們是永遠無法成佛的；所以只想修學阿含解脫道的人是永遠不能成佛的，乃至想要成爲菩薩僧都無絲毫可能，所以印順以曲解後的二乘聲聞解脫道法義，取代成佛之道，也太欺人了，簡直是視學人爲無物、視般若及一切種智爲無物。

所以，增上慧學並不是二乘聖人所說專在解脫道的四聖諦、八正道、十二因緣上面，專修蘊處界緣起性空的，而是從親證如來藏的發起般若智及一切種智上面來說的。成佛所依靠的是般若及一切種智，然而般若及一切種智發起的憑藉卻是親證如來藏心體的所在，現觀祂的本來性、自性性、清淨性、涅槃性、中道性，然後才能進一步現觀如來藏所蘊含的一切種子，發起一切種智；如果不能證得如來藏心體，就無法現觀如來藏這五種體性，又有何般若實相智慧可說呢？又如何能現觀祂所含藏的一切種子呢？

所以親證如來藏心體以後，從如來藏心體來現觀祂這五種體性，般若實相智慧才有可能生起；因爲般若不是在蘊處界的緣起性空上面來說的，而是從法界萬法的實相上面來說的。然而法界萬法的眞實相則是全依如來藏而生、而顯的，從來不是離如來藏心體而有萬法實相、而有蘊處界的緣起性空；所以必須先證如來藏而發起根本無分別智以後，才有可能以根本無分別智爲基礎而作相見道位的修行，才能具足後得無分別智，才能發起初地入地心的道種智而生起初地道種智的初分。有了初地入地心的道種智以後，才有能力修學一切種智，才可能漸次到達佛地而具足成就一切種智；這樣漸次經歷唯識五位的修習圓滿之後，才能具足唯識增上慧學的一切種智，才算是眞的成佛。所以唯識增上慧學的實證與漸次進修，正是成佛之道的必經歷程，捨此即無由成就究竟佛道。

但是返觀現代的方廣道人、唯識學人，個個未證如來藏心體，或者如印順、星雲、證嚴等人，公然否定阿賴耶識心體如來藏，或如聖嚴近年來以意識心妄說爲如來藏，又如何能親證本識如來藏？又有何可能證知或熏習般若及唯識種智妙義？當知般若及唯識種智的妙義，是依第一能變識的眞心如來藏爲中心，來驗證第二能變、第三能變的七轉識妄心及種種法；這是因爲**虛妄唯識門**的七轉識心體及所變一切法，都是**由眞實唯識門**的本識如來藏**藉緣**而**自然**出生的；所以唯識種智的主要義理有二種，是具足**眞實唯識**與**虛妄唯識**二門的。但是那些自稱懂得唯識學的印順……等人，卻是公然否定眞實唯識門的，那又如何能探究到虛妄唯識門的眞正法義呢？又如何能探究到虛妄七識出生的根源呢？又如何能自稱是眞正懂得虛妄唯識門的人呢？所以他們所說的一切唯識法義，都只能說是經由想像及意識層面的理解而講出來的想像法罷了！

深入探討、追根究柢而得到的結論：他們會嚴重誤解唯識學，會把本來具足眞實唯識、虛妄唯識二門的完整唯識增上慧學，割裂爲二法而單取虛妄唯識門，妄稱爲全部的唯識學，都是因爲先作了錯誤的抉擇所致：**先否定第七識意根及第八識如來藏的確實存在，獨取虛妄唯識門中的意識覺知心生滅法，作爲常住不壞心**。如同古時的宗喀巴、阿底峽、寂天、月稱、清辨、佛護、安惠等人的抉擇一般，印順、星雲、證嚴、聖嚴……等人作了同一種錯誤的抉擇，繼承了安惠、寂天、宗喀巴……等人所主張的「識唯有六」的錯誤思想以後，就不得不認定意識心是常住的，以免墜入斷滅境界中，但卻因此而不可避免的墜落於我見之中，智慧即不可能生起了；也不可避免的公然牴觸 佛在四阿含中處處宣說「意識心是生滅法」的聖教，成爲謗法、謗佛者。

但是昭慧法師近年來對此似有警覺：因爲印順已經先注意到這一點，不能不另行創立一個常住不壞的意識細心說，作爲三世因果的主體識；可是平實在書中舉示阿含解脫道中 佛的開示說：「**諸所有意識，一切皆意、法為緣生。**」印順生前對此聖教，無法置一語以辯之；昭慧當然不能再墜入其中，所以近年避開印順的意識細心說，另行發明創新佛法：業果報系統說。然而吾人不免要請問昭慧：這個業果報系統，究竟是不是心？若不是心，那又是什麼？究竟與造惡業的眾生同處或不同處？是在虛空中嗎？或是其實沒有法而只是一個名相而被稱為業果報系統？這個系統中收藏的惡業種與造業眾生應受的果報，是否可以昭昭不爽都無錯亂？都不會亂報到無辜的他人身上？這個業果報系統是否如同 世尊所傳的法一樣是可證的？若是不可知也不可證的，怎能說是眞實法？或是否只是名相的施設？昭慧對此是無法置一詞以辯的，因為不論她如何回答或定義出來，她對每一個問題的答覆，都將會輾轉產生無量無邊的過失，無法避免他人根據阿含的教證及解脫道、佛菩提道的理證而加以斥責的。

所以印順與星雲、證嚴、聖嚴、昭慧……等人都是不懂唯識增上慧學的，莫說他們都不懂，連三明六通的大阿羅漢們也是不懂的，這是只有親證如來藏而且是久劫學佛的菩薩們才能懂得的。所以，始自古時的安惠、月稱、宗喀巴，末至今時的達賴、印順、傳道、證嚴、星雲、聖嚴……等人，都不可能懂得唯識增上慧學。既然唯識是增上慧學，是成就佛道究竟果德的一切種智，而一切種智的親證則是具足證知如來藏中的一切種子，若想要具足證知如來藏中的一切種子，當然要先取證如來藏——要先證知如來藏的所在——才能現觀如來藏自心的功德與性淨涅槃的本來清淨自性，然後才能現觀染污的七轉識種子與業種及無明種，都含藏在祂心中；染污性的七識心又都攝歸於如來藏而成爲祂所擁有的種種法性之一，這時才能現觀祂與五陰、與七識心、與萬法互相之間的關係，都是不垢亦不淨、不來亦不去、不一亦不異、不斷亦不常、不生亦不滅、不增亦不減……等無量的中道性。如今這些古、今的「大德」卻是公然的否定如來藏心體，又如何能現觀如來藏的中道性、涅槃性、清淨性？又如何能現觀如來藏所含藏的一切種子？又如何能發起一切種智的增上智慧？所以都只能在虛妄唯識門的意識心與意識的心所法上面廣作文章，用意識思惟所得而說出完全不符唯識增上慧學的「佛法」來，所以他們連虛妄唯識門中的意根都是不可能理解的。

但是眞要推究他們誤解唯識增上慧學的原因時，還是要歸結到他們未斷我見的事實上來。假使斷除了我見，印順就不會再創立**意識細心不壞、可以連結**

三世因果的邪說；假使斷了我見，昭慧就不會新創**業果報系統**這個新學說來！因爲：斷了我見的人，都可以現前觀察到意識心的虛妄性，可以了知意識心不論粗細都不可能去到未來世，當然是只有能生意識心的緣（意根）與因（入胎識）才是三世因果的聯結者。既然如此，不如就依止阿含解脫道的四大部阿含諸經中的 佛陀本懷，回歸到 佛所說的入胎識如來藏心體，一切的新創佛法全都可以免了，一切新創佛法所生的過失也就可以同時免除，佛法也就不需要像印順與昭慧一般的加以「演變」了。若不這樣作，印順、昭慧所弘揚的法義，在未來還是要在被人提出評破而無法回應時，一再的繼續演變下去，正好符合他們所說的「佛法在弘傳過程中會一再的演變」的說法了，只是一再演變出來的都將仍是言不及義的錯誤「佛法」。

但是，眞正的佛法，經由平實諸書中所舉教證與理證中，以及在這一套《阿含正義》書中，在在處處都已證明佛法自始至終——從佛陀親自口說而由聲聞凡聖及大乘菩薩結集成經典，首自西天歷代弘傳而賡續傳到今天台灣的正覺同修會——都不曾有所演變，有演變的都是錯悟凡夫誤會佛法以後的說法內容在不斷的演變。古今眞悟者所弘揚的法義實質從來都沒有演變過，始從印順所謂根本佛法的佛口親說，次如聲聞佛法的四阿含諸經……乃至今天的正覺同修會依止前後三轉法輪的藏經修證而寫書出來，證明都是不曾有所演變的。

印順等古、今表相大師，對佛法嚴重誤解而妄說佛法有所演變的誑語，都是由於未斷我見所致；由此可見，我見不斷的緣故會導致佛門中種種修行者不能眞實進入佛法大門中，進而會對三乘菩提產生種種的誤解。未悟的後代人發覺了未悟的前代人說法有過失時，一定會加以改進；但因尚未眞悟，新說的法義仍將會有過失而再被更後人發覺，又加以修改而創新說；如是未曾實證佛法的凡夫所弘法義，將會如是一再的演變、改進，但是終究無法與眞正的佛法相符相契；直到有一天出現一位所證、所說與眞正佛法完全相符、相契的人出來一一指正時，終於才又回歸正法而無所演變。但是無知如印順……一類人，將來可能還會說：**最後一位弘法者的演變最勝妙，遠超過以前的佛陀，這都是由於歷代增益演變而成就的結果**。但其實都是假語村言，都無實義；因爲後來的實證者、眞悟者永遠都會自認是遠不如 佛陀的，也都永遠自知所證、所弘法義是與古時 佛陀所說完全相同而不曾演變過，如同今天平實對於這件事情的自覺自證完全相同。

已斷我見者，絕不會否定本識如來藏的存在與可證性，絕不會犯下安慧、月稱、清辨、寂天、宗喀巴、印順等人所犯否定本識的過失。阿含解脫道的斷我見，是一切佛門中人首先應該做到的事；我見確實斷除了，才有可能進到遠離欲界愛的心解脫三果人境界中；再進而斷除我慢等有漏、無明漏，完成斷除我執的修道。圓成四果證量以後，或者斷除我見而證初果以後，再進到大乘般若的親證、進到大乘方廣唯識種智的修證中，才能次第邁向眞正的成佛之道。我見若斷不了，三乘菩提的修證，可就一切都免談了！依前面數輯所舉證的阿含聖教，已經證明我見的確實斷除，其實有賴於**本識實存**的正確認知；若否定本識的實存，將會**於內有恐怖**而不能眞斷我見、我執，應該特別注意這個聖教。

由上面所舉證阿含解脫道的內容以觀，顯然不須親證蘊處界生起之根源，只須滅除我見與我執的無明即可。至於蘊處界因無明而從如來藏生起的實相法界智慧：**如來藏何在？蘊處界如何從如來藏中生起？其次第如何？**都不須了知，只要能從深心中確實相信　佛陀所說的入胎識、諸法本母確實存在就夠了！所以二乘聖人只需斷除我見與我執，捨壽時願意確實滅除十八界我、五陰我，不再來三界中受生，如此就夠了。由此可見，二乘法只能及於世俗法的蘊處界緣起性空，只能稱爲世俗諦，不曾觸及勝義諦。勝義諦者，謂萬法之實相：一切有情從何而生？山河大地、十方虛空無量世界，因何而生、而住、而壞、而空？如是一切法界出生之根源，方是法界實相也！證此實相境界而生般若智慧者，方可名爲親證勝義諦者；宣示如是法界實相之正理，方可說爲勝義諦也！否則都只是世俗諦中專對蘊處界生滅法而作的觀行罷了。

由如是大乘勝義眞諦而護助二乘涅槃、護助阿含解脫道的證境，使二乘涅槃不會墜入斷滅見中，令諸斷見外道不能夤緣阿含解脫道，亦令諸常見外道不能破壞阿含解脫道所說蘊處界虛妄的法義；這樣看來，大乘的自家法義勝妙而又能夠護助阿含解脫道，才能說是眞正勝妙的佛法，才能說是一切佛法的根本。返觀二乘菩提的阿含解脫道，只能談到解脫道的修行理論與行門，從來都只能在世俗諦中作出離觀，從來不能在勝義諦中作安隱觀，從來不曾談到般若及種智的理論與行門，即使是本屬大乘法而經由二乘聖人結集所成的雜阿含部《央掘魔羅經》中，也只是談到如來藏的心性清淨自性表相，都不曾細說祂的許多種子與實證方法。所以說阿含解脫道決定不是佛法的母體，只是從大乘佛法中取出有餘涅槃、無餘涅槃部分，方便施設以度小根器的行者，令得速證涅槃而出三界生死苦；絕對不能代表全部佛法，只是全部佛法中的一小部分而已。

阿含部諸經，本來有許多都是大乘經典，但四阿含確實是小乘經典，因爲都是由小乘人聽聞佛說而結集的緣故，結集出來的內容又都只是解脫道而不是佛菩提道故。小乘聖人集合聲聞凡夫來結集聖典時，必定依其所能理解的二乘涅槃法理而結集，不可能將所聞的大乘經典結集成大乘佛菩提道法義的。事實上，二乘聖人都曾聽過 佛宣講大乘法，四阿含中也確實有許多經典本來就是大乘經典；因爲二乘聖人在世時，絕不可能拒絕聽聞 佛陀宣講的大乘法義；但二乘聖人對大乘法的如來藏及般若都未曾親證，又如何能在聽聞之後成就大乘法義的念心所？既無勝解而聞之不解，又如何能記得住大乘經典法義？所以他們聽聞之後只能進一步的斷除我執的更深細部分，只能更加確信本識的存在不滅，更對滅盡自我而入無餘涅槃一事都無恐懼，只是幫助他們成爲智慧更好的阿羅漢而已；所以原來已經證得阿羅漢果位的聲聞聖者，也只能增益解脫知見，當然無法將所聽聞的大乘法義結集成爲佛菩提道的大乘經典，而只能依他們所理解與解脫有關的部分，結集成阿含部的小乘解脫道經典了。

爲何說四阿含爲小乘經典呢？因爲四阿含諸經所說的法義，都只偏重**出離**

觀的**解脫道**，而不曾稍稍重視**安隱觀**的**佛菩提道**，所以說爲小乘經典。又因爲單修四阿含的解脫道而成功者，都不可能成就佛道；因爲四阿含經典中不曾說到一切種智故，也不曾說到一切種智的修行法門故；乃至淺如般若中觀法義的名相，也幾乎看不到。佛陀一生弘法四十九年，絕不可能只說了四阿含諸經等解脫道的少數法義；而且四阿含諸經中所說的解脫道法義，又有許多是一再重複宣講的，但是卻不曾將大乘法義在四阿含諸經中不斷重複宣講，乃至不曾稍微詳細的講解過一次，卻是留待後來的般若與唯識經中才詳細的宣講；而般若與唯識經中所宣講的法義，才是可以使人成就佛道的勝妙經典，所以，如果有人說四阿含解脫道是小乘經典，那眞是如實說、如法說，並無淆訛錯誤。

爲何說雜阿含與增一阿含本是大乘經典？爲何說這二大部大乘經典被二乘聖、凡五百人結集以後卻變成了二乘解脫道的經典？有何根據而作是說？這是說，其中已經指出唯識妙法才是眞正究竟佛法故，然而阿含四大部中諸經卻都未曾說過唯識正義，徒留少數唯識名相；由此可知四阿含結集完成之時，在場的出家、在家菩薩們，看到許多大乘經典被二乘人結集成專講解脫道的小乘經典時，他們必定不會接受的（如同今天平實無法接受大乘經被結集成阿含部的小乘經一樣），必然會想要把眞正的大乘法義結集出來，把 佛陀所說的成佛之道法義具足結集，流傳後世，所以菩薩們在第一次五百結集的四阿含諸經完成誦讀時，當場就抗議說：「**吾等亦欲結集。**」然後才有後來在家、出家菩薩們的般若中觀經典與方廣唯識經典的結集，卻不被二乘律典所記載。

有何根據而說二乘聖人亦曾聽聞方廣經典？而說大乘經典被他們結集成爲專講解脫道四阿含小乘經典？譬如《增壹阿含經》卷二十一記載：【「**彼云何名爲法辯？十二部經如來所說，所謂契經、祇夜、本末、偈、因緣、授決、已說、造頌、生經、方等、合集、未曾有及諸有爲法、無爲法，有漏法、無漏法。諸法之實，不可沮壞，所可總持者，是謂名爲法辯。**」】

在這一段阿含部的經文中，已經說有**方等經**、**合集經**了！方等函蓋了唯識系諸經，合集經則如〈大正藏〉第三冊的《佛本行集經》一類經典，都是大乘經典的法義；然而窮究四阿含諸經，終究未曾看到方等諸經所說的方等、唯識正義，都只是極簡略的提到名相而已，在四阿含諸經中處處都可以看到這個現象。一直到菩薩們另行結集所成的般若中觀、方等唯識諸經中，才有詳細的講解般若中觀與方等唯識法義；由此事實看來，印順所說**般若中觀與方等諸經的**

唯識正義，都是從四阿含漸漸演變而來的說法，是完全錯誤的說法；而是在二乘聖、凡聽聞大乘經典後結集出來的四阿含諸經中，只能處處看得見般若中觀與方等唯識的影子，可見聲聞聖人在 佛陀二轉、三轉法輪而宣講般若與唯識正義時，都曾參與法會而聽聞過的；只是他們聽不懂般若與方等諸經中的唯識的正義，所以結集出來而收入四阿含部中的許多大乘方等經典，就成爲專說二乘小法的解脫道經典了！這都應該是印順所不知，或故意**知而不言**的事實。

印順又說：**【「大乘佛法」**後期，為真常不空的如來藏（佛性）教，點出眾生心自性清淨，而為生善解脫成佛的本因，重在**為人生善悉檀。】**（《原始佛教聖典之集成》頁 878）他這種說法，是把第三轉法輪的方等唯識最勝妙佛法貶抑爲**爲人悉檀**的不了義法，這是顛倒其心的說法。可見他確實是不懂佛法而又裝懂，就以承襲自藏密外道的應成派中觀無因論邪見作爲中心思想，把三乘菩提中，與應成派中觀邪見不能契符的最勝妙方等唯識種智，強行貶抑爲最不值得精修的低俗法。然而**心性本淨**的說法，從來都是指第八識如來藏而不是指第六意識心；印順因爲宗本於宗喀巴的應成派中觀邪見，只承認有六識心，而六識心主要是以意識心爲主的，意識心卻不是本來就心性清淨的，而是常常染污不堪的；印順看見大乘經中所說**第八識心性本淨**的說法，顯然與他所說六識論的**意識心本來不淨**的事實互相違背，只好把大乘法中所說的第八識強行解釋作第六意識心，而妄說爲：**意識的心性本淨，只是爲人生善的爲人悉檀、方便說法，不是眞的有一個本來就清淨性的心體存在**。這種說法，在他的著作中處處可見，但卻與事實絕對相違，也與聖教大相違背，是無法經得起有智慧者檢驗的。

所以，大乘法所說的第八識妙義，正是阿含解脫道諸法的根本，怎能顚倒事實、指鹿爲馬而欺矇善心的學佛人呢？至於心性本淨的說法，固然不曾在四阿含中明說，然而有般若智慧的人，卻可以從四阿含中提出明證來：佛說名色**由識生，名中包含了識陰等六識，所以意識也包含在識陰中；而識陰（含意識）是由另一個識出生的，也是必須有五色根爲緣才能出生，那麼初入母胎的前數月中，識陰六識都尚未出生，獨有不觸五塵而且對法塵極少了知的意根，陪同本識住於母胎中，那個本識若如意識一般有不淨的心性，而不是離見聞覺知、離思量性的清淨性，豈能安住於母胎中？這不正是阿含中已密意說本識的心性**本淨了嗎？只是在初轉法輪時期，專以宣說蘊處界無常、苦、不淨爲主，所以佛陀不在這上面來宣說罷了。而且，在 佛陀宣講聲聞菩提十餘年以後，進入

二、三轉法輪時期，宣講般若與方等唯識諸經時，就已經很詳細的宣說了，但是印順智淺，對阿含中隱藏的這一類密意是完全不能理解的；而他也不承認 佛陀在世時曾經三轉法輪，故妄認爲只有一轉法輪而只說解脫道，才會妄判說：**心性本淨的說法是部派佛教以後才出現的大乘菩薩們創造的大乘經典，才首度提出心性本淨的說法。**其實，心性本淨說的本識如來藏，正是二乘聲聞菩提不墮斷滅空的支柱，所以大乘法才是二乘聲聞解脫道的根本。

爲何說二乘法以大乘法爲根本呢？這是說，二乘法的世俗諦要依大乘法的勝義諦而有，若離大乘的勝義諦，就不可能會有二乘法的世俗諦存在了！二乘法都是從世俗法的蘊處界上面來著眼的，是在世俗法蘊處界緣起而性空上面來作觀行的，所說全都不出這個範疇，所以被稱爲世俗諦。由於世俗法的蘊處界永遠都是緣起而性空的，都無常住的實質；這個道理是世間法的極成，是永遠無法被推翻的，所以稱爲諦——眞實道理——而名爲世俗諦。然而世俗諦的緣起性空觀等一切法義，若離世俗法的蘊處界，又如何附麗？又如何有緣起性空的存在及顯現，而能被解脫道的學人所修證？這是絕無可能的。所以緣起性空觀不是眞實勝義，只是世俗勝義，不是究竟法，因爲緣起性空觀是依附於緣起性空的蘊處界而存在的，蘊處界卻是從大乘法所說的本識如來藏出生的。

更深入的說，緣起性空觀所依的蘊處界，是由第十章第三節中　佛陀所講的「是法本來」的「諸法本母」入胎識如來藏所出生的；在入胎識出生了蘊處界以後，依於緣生法蘊處界才能有緣起性空觀的二乘佛法；若無蘊處界，則緣起性空觀就不可能存在及成立，然而緣起性空觀所依的蘊處界，卻是從大乘法所說諸法本母的入胎識如來藏中出生的，大乘佛法卻正是專講諸法本母的入胎識如來藏的親證、現觀、體性、中道、種子，是指導菩薩們專修入胎識中的一切種子，引導未悟者親證，再悟後進修而在未來成就一切種智。證悟入胎識的菩薩們，都可以漸次深入現觀諸法都是由入胎識出生的，證明祂是諸法的本母；由此親證入胎識而發起的般若智慧，漸次進修而滿足一切種智的修證，終於能成就佛道；顯然，諸法本母的入胎識法義是無上大法，是蘊處界緣起性空觀的依止，所以連二乘聖人舍利弗尊者都會這樣說：「**世尊說法又有上者，謂識入胎**。」意思是說，還有比緣起性空更高的法義，就是入胎識的法；這已顯示蘊處界的緣起性空觀並非無上法，還有本識的入胎更上於緣起性空觀。

這個入胎識所顯示出來的大乘法，則是二乘聖人所不能證、不需證的，只

需依止 佛陀所說「無餘涅槃中有入胎識獨存而不會墜入斷滅境界中」，安忍於佛陀這個說法而生起清淨信，絕不懷疑，才能安心的斷盡我執而入無餘涅槃。若沒有大乘法所說、所修、所證的這個入胎識妙法，來護持二乘的蘊處界緣起性空法，二乘法是難免不被斷見外道夤緣的，難免同於斷見外道法；依 佛的聖教，否定了本識就無法斷我見、我執，無法成就涅槃修證，無法脫離三界生死；因爲深心中恐怕滅盡五陰、十八界自己全部以後，可能會成爲斷滅空，故**於內有恐怖**。由此看來，顯然專說、專修、專證諸法本母入胎識的大乘法，才是一切佛法的根本，二乘解脫道佛法必須依以爲護，二乘法中也沒有這種修證。

猶如本章第三節中舉示的 佛陀及諸大阿羅漢們的開示，若離本際識如來藏，五陰世間就成爲無因唯緣而出；若離本際識入胎識，阿羅漢們就無法斷除我見、我執；若離本際識、否定本際識，學佛人及諸外道將會有許多人墜入無因論中，與宗喀巴、寂天、阿底峽、佛護、清辨、安慧及現代的印順、達賴……等人一樣，成爲無因論外道。譬如本章第三節中所舉示的道理：無餘涅槃的修證，於現法中而得究竟，無煩無熱、**常住不變**，是聖所知、聖所見。絕對不是印順所說的**蘊處界滅盡後的滅相**，而是**常住不變**；他的滅相是空無、斷滅的境界，不是常住不變的法，只是滅除蘊處界以後變異出來的斷滅空無，當然不可能是「聖所知、聖所見」的**常住不變**、無煩無熱的涅槃境界。

眾生都是因爲無明所籠罩，不能生起正見；末法時的現代學佛人，則又多被無知的大法師所誤導，同樣都是不知本際乃至跟隨大師們共同否定本識，於是導致正見不能發起，就只能長處於漫漫無盡的無明暗夜中，是故長時以來流轉生死而不能遠離，正是 佛陀所說的：「**長夜生死往來流馳，不知本際。**」您如今瞭解這個本際識、諸法本母的道理了，應該可以漸次的發起正見而開始遠離漫漫的無明長夜，漸漸進修而遠離生死了！但還是希望您證實**阿含道的初果乃至四果都可實證以後**，能夠迴小向大而轉入菩薩道中，勤修佛菩提，親證本識如來藏，正式邁向成佛之道，智慧無礙。

修學解脫道的行者，若能眞正的看見「是法本來」的「諸法本母」，證實這個本識是本來就在的，不需有某一法爲因才能存在，也不需其他任何一法爲助緣才能存在，是自己本來就存在而不曾出生過的，那麼就能成爲菩薩僧中的一員， 佛在阿含中說這種人「**是即增上、畢竟歸趣**」，於諸法中已經自己具有信力及慧力，般若實相智慧從此自然漸次出生，開始擁有增上智慧，故說「是即增上」。並且能以這個本來就在的諸法本母——入胎識如來藏——作為究竟歸依，乃至成佛時都仍以祂為最後歸依，所以說是「畢竟歸趣」。

但這個入胎識的親證極難，聲聞聖人固然已經解脫三界生死了，然而因為智慧不如菩薩，而且菩薩是多劫熏習這個入胎識的正知見以後才能在這一世親證的；聲聞人則是在追隨 佛陀一世而成為阿羅漢以後就會入滅的，也是不曾多劫追隨諸佛聞熏及修學這個本識法的，所以無法證得這個諸法本母入胎識；但是他們只要對 佛所說入胎識的存在確信不疑，知道有這個本來就在的諸法本母永遠存在不滅，所以無餘涅槃不是斷滅空，阿羅漢們就可以放心的滅盡十八界自己，死後成為無餘涅槃。所以 佛陀又說：「**若人於我安住正信，是人即得堅固增長根本，出生不壞淨信。**」意思是，假使有人雖無法親證諸法本母的入胎識所在，但若能對 佛陀生起正確的信仰與認知而安住下來，絕對無所懷疑，他也可以獲得堅固而不毀壞的清淨信力，確信滅盡五陰十八界自己以後不是斷滅空，確實有諸法本母的本來常住的入胎識金剛心常住，就能在現觀五陰十八界都虛妄以後，捨壽時願意滅除自己而成為**入胎識獨存**的離六塵絕對寂靜境界，永遠不再有生死痛苦了。由 佛陀這一句經文的開示中，證實了絕對不變的事實：對於本際的親證，或是雖不能親證而能正確的理解與信受，正是修學阿含解脫道時的最重要因素，因爲這種人一定不會於內、於外有所恐懼，不怕墜入斷滅空而導致不敢滅除自己、不敢否定自己。所以一切修學南傳佛法阿含解脫道的佛弟子，千萬不可否定入胎識而造成自己修證解脫道的大障礙。

若在心中不能有這個確信、清淨信，那麼意根（有說爲潛意識）之中，就會有很深細而無法覺察到的我執繼續存在，導致「我慢」無法滅除，就會恐懼自我滅盡以後成爲斷滅空，有漏、無明漏就會繼續存在，捨壽時就無法進入無餘涅槃中了！由此可見**諸法本母**入胎識實存、實有的正見，在阿含道中的重要性了！前面章節中， 佛也已特別對這一點有所開示了。但是這個諸法本母，其實就是大乘般若諸經中講的無住心、非心心、無心相心、不念心、菩薩心，也正是第三轉法輪的大乘方等唯識諸經中講的阿賴耶識、異熟識、無垢識、眞相識、所知依、心、眞如、如來藏，正是四阿含所講的如來藏、本際、實際、如、我、（入胎）識、名色依、名色本、名色之所由來的入胎識。而這個第八識心，正是二乘解脫道所依的心；意思是說，阿含解脫道的緣起性空法義，都要依**諸法本母**入胎識才能出現與存在，若離這個諸法的本母，就不可能會有蘊處界諸法，也就不可能會有蘊處界的緣起性空等二乘佛法存在了！

而這個諸法本母的入胎識，卻是大乘法中所說的見道、入道之法，菩薩已親證祂，因此而發起般若實相智慧；也由於親證祂的緣故，才能漸次進修諸地的一切種智；由於分證一切種智，才能進入諸地聖位中，也由於具足一切種智，最後終於成爲究竟佛，而不是成爲阿羅漢。由此就證實了一個法界中的眞相：阿含道是以大乘法爲依歸的，是由大乘法來護助的，否則難免成爲戲論及斷滅見。一切佛法是要以大乘法爲依歸的，一切佛法都以入胎識爲根本，而大乘法正是教導大家理解入胎識如來藏、教導大家如何親證這個本識的極重要法義。阿含道所說的一切解脫道諸法，當然都要歸趣於大乘法，以免合流於外道法。

但是大乘法太深妙了！深妙到二乘聖人所無法修證，使得二乘聖人在大乘法中仍被 佛陀稱爲愚人：是聖非凡而仍然愚於法界實相。但是大乘法畢竟太深奧、太微妙了，連大阿羅漢都無法證得，當然不是一般人所能親證的；特別是在未斷我見以前，是很難證得入胎識如來藏的；所以修學大乘以前，想要修學阿含道而斷除我見者，都必須以正確認知入胎識的基礎來求斷我見，才有可能成功；然後求證諸法本母的入胎識時，就不會再誤將意識、意識的心所法、意識心的變相，誤認爲諸法本母的實相心體入胎識如來藏。以此緣故，正覺同修會的禪淨班課程中，很重視五陰內容的如實理解，所以安排了許多有關五陰的課程。若不能先對五陰如實知、具足知，再怎麼努力修學二乘法的緣起性空觀，終究難斷我見，寂天、阿底峽、宗喀巴、印順、達賴、聖嚴、證嚴、星雲……等人就是現成的例子。若不能確認入胎識是眞實存在的，一味的否定祂，再怎麼修學大乘法，終究不免誤會一場而墜入常見外道法的意識境界中。

若能信受入胎識的常存不壞性，才有斷除我見的可能；斷除了我見，由眞正善知識教授的法義中，就有希望實證三果乃至四果，使解脫道的親證成爲可能。即使如此，二乘法終究只是進入大乘法的方便法與粗淺的基礎，而二乘法的涅槃修證，卻必須以大乘法修證的內容來支持，得要依靠菩薩們來護助，否則二乘法終究不免會墜入斷見外道境界中，與斷見外道的理論相同（雖然斷見外道確實無法證得無餘涅槃，因爲他們深心中都恐懼滅盡蘊處界以後會成爲斷滅空，自己卻不知道一直都有這種微細而不自知的恐懼存在）。由此可知：大乘法才是一切佛法的根本。不可顚倒過來說：阿含道的二乘佛法是一切佛法的根本。

第七節　三乘共入無餘涅槃？

印順說「三乘共入無餘涅槃」，這其實只是他一廂情願的妄想與說法，目的只是爲了圓成他把三乘菩提合併爲只有二乘解脫道的想法；他這樣的主張，是將佛菩提道（成佛之道）加以捨棄，只剩下佛菩提道中一小部分法義的解脫道，用很粗淺而只能解脫生死的二乘小法解脫道，來取代大乘所有深妙難測的佛菩提道。這樣取代以後，只剩下解脫道了，就使得他不能親證入胎識如來藏的事情變得完全不重要了；也使他否定第二、三轉法輪般若、唯識諸經的說法合理化，更使他以聲聞佛法四阿含解脫道取代大乘般若、種智成佛之道的說法，都可以合理化。可是他所說的解脫道法義，卻又是處處乖違 佛陀正教而且是處處漏洞的錯誤法義，都不是眞正的解脫道，而是他自創的解脫道。

三乘聖者眞的如他所說都同樣會進入無餘涅槃嗎？這是値得加以深入探討的大問題！但這個問題的探討，必須先對四種涅槃具備粗略的理解以後，才能瞭解印順的說法爲何是錯得很嚴重的說法；若是不知大小乘中共有四種涅槃的修證差別，往往會被印順所籠罩或誤導。四種涅槃即是有餘涅槃、無餘涅槃、本來自性清淨涅槃、無住處涅槃。佛陀具足四種涅槃，菩薩或得其一、或得其二、或得其三、或皆未得，視其聖凡修證而定；二乘聖人或得其一、或得其二、或皆未得。今先由二乘聖人開始分述如下，藉以瞭解三乘是否都共入涅槃：

一者，**二乘聖人：或得其一**者，是說三果聖人已證有餘涅槃。如同前面第九章第三節中舉證經文的說法，三果人仍有餘惑未盡，所以不能現般涅槃，要到中陰階段或往生未來世去，才能取證無餘涅槃，所以名爲有餘涅槃。這是佛陀對有餘涅槃的另一種聖教，詳前第九章第三節中的說明。三果人中的最利根者，能取中般涅槃，是因爲他們的五上分結未斷盡，仍有思惑殘餘，但是仍然有能力於中陰階段般涅槃，所以生前名爲有餘涅槃。他們對無餘涅槃往往是要等到下一世或離開此世而到中陰階段時，才能取證無餘涅槃的，所以他們生前對涅槃的取證是只有一種有餘涅槃的，故說爲或得其一者。

或得其二者，是說四果聖人，由於思惑的現行已經斷盡無餘，捨壽時一定可以現般涅槃，不經中陰階段、也不會生到下一世去，所以名爲現般涅槃，名爲思惑斷盡無餘的聖者，故名已得無餘涅槃，是生時就已經得到無餘涅槃的。既然已得無餘涅槃了，當然也是具備有餘涅槃功德的，所以四果人兼得其二：

有餘與無餘涅槃。**或皆未得**而仍名爲聖人者，即是初果與二果人；他們或者已斷三縛結而成爲初果人，或者已經進入修道位中略修解脫而不只是如同初果人的唯有見地了，所以名爲薄地的二果人；但因爲尚未證得三果人的心解脫，去到下一世時，仍然不能取證涅槃，所以都名爲不證涅槃的聲聞解脫道中聖人，故名**或皆未得**。以此緣故而說初果與二果人不是眞正的聖人，是方便說爲聖人。

二者**菩薩**位不退以上，或得其一、或得其二、或得其三：**或得其一**者，是說三賢位中的第七住位不退菩薩，由於已經實證本識如來藏故，現前證實如來藏的本來自在性，不曾有生；現觀如來藏入胎識有出生蘊處界等萬法的功能自性，不是全無自性的空無法，由此而證得如來藏的自性性；又現觀入胎識自身的本已清淨性，從來都不與有漏法相應，故已證得祂的清淨性；又現觀入胎識如來藏的本來不生，所以也將永無死滅，以親證本識心體的不生亦不死故，證得本來涅槃；合此四種現觀的本來性、自性性、清淨性、涅槃性，所以合而名爲本來自性清淨涅槃的親證。這是七住位到十迴向位的菩薩們都已實證的涅槃，也是二乘聖人所未能證的大乘涅槃；證悟菩薩們以此緣故而倡言：**一切眾生本來常住涅槃，非二乘聖人所知**。這是或得其一的菩薩所證。

或得其二者是說初地入地心菩薩：必須永伏性障如阿羅漢，才能進入初地的入地心中，所以必須具足三果人的**心解脫**智慧與解脫功德。初地菩薩既已具足三果人的**心解脫**功德，若欲進求四果，並非無力取證，只需斷除無明漏、有漏即可，對三果人而言並非難事，故初地入地心菩薩已得三果人的有餘涅槃；再加上長劫以前在七住位時證悟如來藏而親證的本來自性清淨涅槃，所以名爲或得其二。**或得其三**者，是說初地滿地心以後的所有菩薩們，都可以說是已得三種涅槃的聖者；初地菩薩在滿地心時已有斷盡思惑的能力，只是故意留惑潤生而不斷盡思惑，所以也可說是已證無餘涅槃者，雖然從現象上看來是未證無餘涅槃的；因此而說他們都有本來自性清淨涅槃、有餘涅槃、無餘涅槃。但這些菩薩們也都因爲**留惑潤生**的緣故，故意不斷盡思惑，不是不能斷盡，所以也可以說是有能力取證二乘聖人所證的有餘及無餘涅槃；但因留惑潤生，所以也都說是不證二乘涅槃的聖者，而說是與七住位開始的三賢位菩薩一樣只證得本來自性清淨涅槃。但這是從現象上來說，不是從有無取證二乘涅槃的能力來說的。此外，這也是依一般別教菩薩中戒慧直往的人而說的，若是通教菩薩已證三果、四果之後再轉入別教中修行，或是二乘法的三果、四果聖人轉入大乘別教中修行，則有不同，不可一概而論，故謂法無定法。

三者，**諸佛**具足四種涅槃：諸佛已經斷盡思惑，當然已具足二乘聖人的有餘及無餘涅槃；諸佛又進而歷經三大阿僧祇劫的歷緣對境而斷除習氣種子極微細煩惱，涅槃上的修證當然遠勝於諸大阿羅漢的只斷見、思惑的現行，當然更有資格說是已證有餘及無餘涅槃的聖者。諸佛在極久遠劫以前就已如同七住位菩薩一樣親證本來自性清淨涅槃了，當然也有這種涅槃的證量。諸佛又如同五地滿心菩薩一樣斷除了涅槃貪，又在三大阿僧祇劫中斷盡無始無明所攝的過恆河沙數上煩惱，對法界的實相及如來藏中的一切種子都已具足了知，是等覺菩薩及諸二乘聖人所不能想像的，所以能永遠不入無餘涅槃中，也能永遠不住於生死中，故名親證無住處涅槃。由此緣故，說諸佛具足證得四種涅槃。

由這樣略說四種涅槃的實證與本質，您應該就可以瞭解：菩薩們是絕對不會如同二乘聖人一樣進入無餘涅槃界中的，諸佛更不會進入無餘涅槃界中：絕對不會像二乘聖人一樣在捨壽後灰身泯智而常住無餘涅槃中。所以印順說三乘聖人共入無餘涅槃，是與事實完全不符合的，也是與教理完全不符合的。由此可見他確實不懂阿含教與般若教，更別說是方等唯識教了！

但是，進入無餘涅槃界以後，是否成爲斷滅空呢？事實不然！無餘涅槃境界中，純屬**無爲界**，是**諸法盡界**；何故名爲無爲界、盡界？是說無餘涅槃界中只有第八入胎識獨存，一切有爲法都已不再現前，故名無爲界；也就是說，無爲界的入胎識中含藏的種種蘊處界及一切心所法等有爲界功能，都已不再出生了；此時一切諸法都已不再從入胎識中出生，只餘入胎識獨存，現象界的諸法都已永盡了，故名盡界。但盡界中的無爲界，仍然含藏著有爲界的一切種子（蘊處界及心所法……等功能）都仍然繼續保存在入胎識中，只是這些種子都已不再現行了，於三界萬法都已無爲無作了，所以名爲無爲界。所以無爲界的無餘涅槃無境界之境界中，並非斷滅，絕不是印順所否定本識以後的「蘊處界滅相」的斷滅空；蘊處界斷滅後已是斷滅相，滅相不能說是實相，而是虛相、是虛無，只是存在於印順覺知心中的「想像涅槃」罷了。

有爲界指的是蘊處界、心所法、大種性自性……等法，這些有爲界的種子都含藏在無爲界入胎識中；但無爲界入胎識並不是進入無餘涅槃後才能證得，反而是在未入無餘涅槃前才能證得的。若是如同二乘聖人一樣捨壽而入無餘涅槃界中，就再也沒有機會可以親證無爲界了！只能轉變成爲無爲界的無境界境界，而仍然不知無爲界入胎識的種種功能；因爲阿羅漢進入無餘涅槃時，他的蘊處界已經不存在了，又有誰能了知無餘涅槃中的功德呢？所以，阿羅漢們永遠都無法實證無餘涅槃中的無境界境界；只有菩薩因爲修證般若禪，實證了無爲界入胎識，是在蘊處界仍然存在的情況下實證的。當菩薩實證入胎識以後，就能現前觀察：**蘊處界等自我全部滅盡以後，只剩下無爲界入胎識獨存時，是無我、無我所、無五色根、無意根、無六塵、無心所法的，當時絕無識陰自我存在，當然沒有見聞覺知性，絕對寂靜而無生死。**由此緣故，諸大菩薩與平實同一說法：**阿羅漢們不曾實證涅槃，證悟如來藏的菩薩們都已實證涅槃。**

這與　佛陀在阿含道中依五陰現象而說二乘聖人實證二種涅槃的聖教，看來似乎是違背的，其實卻是完全相同的，阿羅漢們也無法加以反駁。所以，證悟的菩薩們雖然都不入無餘涅槃中，卻是實證無餘涅槃境界的人，反而是阿羅漢們捨壽能入無餘涅槃，卻無法實證無餘涅槃。這是依實質及現象的不同立場而說的，不懂的人仍然是聽不懂的，證悟的人則是一讀就懂了！這是因爲四種涅槃其實都是依無爲界入胎識所住的不同情況而施設的名稱，用來表示不同狀況下的無爲界入胎識所住的境界。說阿羅漢們實證涅槃，是由於阿羅漢們捨壽時確實可以滅除自己的五陰、十八界，全都滅盡無餘，實際上已經成爲不生不滅的境界了，所以說是實證無餘涅槃了！但因爲他們入無餘涅槃以後，自己已不存在了，所以沒有人我來了知無餘涅槃中的無境界境界；而菩薩們卻是在五蘊、十八界俱存時，親證了無爲界入胎識，生前是有蘊處界我、也有無爲界的入胎識，所以能現觀無爲界入胎識獨存時的無境界境界，實質上是實證無餘涅槃界。所以各種涅槃其實都是依無爲界如來藏的不同狀況而安立的名相，涅槃並無實質，涅槃只是唯名施設法，本質正是無爲界入胎識自住的無境界境界相。

由此緣故，大乘法中的《小品般若波羅蜜經》卷一有這樣一段經文，提供給您參考【須菩提言：「我說佛法亦如幻、如夢，我說涅槃亦如幻、如夢。」諸天子言：「大德須菩提亦說涅槃如幻、如夢耶？」須菩提言：「諸天子！設復有法過於涅槃，我亦說如幻、如夢。」】這都是因爲涅槃只是無爲界入胎識獨住的境界相而施設其名爲涅槃，都是因爲入胎識是不生亦不滅的，是不常亦不斷、不增亦不減、不垢亦不淨、不來亦不去的，也是與五陰、十八界、萬法不一亦不異的，所以依入胎識如來藏自身的無爲界而施設祂的自住境界爲涅槃，所以涅槃只是假名，並無實質，是依本識自住境界而說，故涅槃之名只是施設，是故須菩提才會說涅槃如幻、如夢。又說假使有某一法是超過涅槃的，也是如幻、如夢的；因為，假使另外有法是可以超過涅槃的，也必定是依無為界入胎識所住的不同境界相而別別施設的法，都無實質，都是依舊要攝歸於無為界入胎識的，所以都是如幻亦如夢。

經過這一節中的說明以後，您對涅槃應該有了更深入的理解了！但是，您究竟是想要親證二乘聖人所證的涅槃呢？或是想要親證大乘菩薩們所證的涅槃呢？這就得要由您自己來決定了！但，不論如何，印順說**三乘聖人共入無餘涅槃**，這說法是與佛教三乘賢聖法界中的事實完全相違的：不論是從阿含解脫道的實質來說，或是從大乘般若、大乘唯識種智的實質來說，都一樣是與聖教及法界事實相違背的。接下來在第十一章中，不分節、目，單只選錄長阿含部的《遊行經》，讓您自己來判斷印順法師對聲聞佛法解脫道的看法，是否有嚴重的錯誤與過失，也讓您對聲聞佛法所描述的佛陀在世情況有所瞭解，並且能瞭解 世尊入滅以後不是如同阿羅漢一般的灰身泯智、常住於無餘涅槃中，而是無住處涅槃：**既不住於涅槃中，也不住於生死中**。這些真相，由您自己來深入理解，遠勝過平實在事相作繁瑣的一一例舉。

第十一章 遊行經—入滅不滅

【如是我聞 一時佛在羅閱城耆闍崛山中，與大比丘眾千二百五十人俱。是時摩竭王阿闍世欲伐跋祇，王自念言：「彼雖勇健，人眾豪強；以我取彼，未足爲有。」時阿闍世王命婆羅門大臣禹舍而告之曰：「汝詣耆闍崛山，至世尊所，持我名字禮世尊足，問訊世尊：『起居輕利，遊步強耶？』又白世尊：『跋祇國人自恃勇健，民眾豪強，不順伏我；我欲伐之，不審世尊何所誡敕？』若有教誡，汝善憶念，勿有遺漏，如所聞說。如來所言，終不虛妄。」

大臣禹舍受王教已，即乘寶車，詣耆闍崛山，到所止處，下車步進；至世尊所，問訊畢，一面坐，白世尊曰：「摩竭王阿闍世，稽首佛足，敬問慇懃：起居輕利，遊步強耶？」又白世尊：「跋祇國人自恃勇健，民眾豪強，不順伏我；我欲伐之，不審世尊何所誡敕？」爾時阿難在世尊後，執扇扇佛。佛告阿難：「汝聞跋祇國人數相集會、講議正事不？」答曰：「聞之。」佛告阿難：「若能爾者，長幼和順，轉更增盛，其國久安，無能侵損。阿難！汝聞跋祇國人君臣和順、上下相敬不？」答曰：「聞之。」「阿難！若能爾者，長幼和順轉更增盛，其國久安無能侵損。阿難！汝聞跋祇國人奉法曉忌、不違禮度不？」答曰：「聞之。」「阿難！若能爾者，長幼和順轉更增盛，其國久安無能侵損。阿難！汝聞跋祇國人孝事父母，敬順師長不？」答曰：「聞之。」「阿難！若能爾者，長幼和順轉更增上，其國久安無能侵損。阿難！汝聞跋祇國人恭於宗廟、致敬鬼神不？」答曰：「聞之。」「阿難！若能爾者，長幼和順轉更增上，其國久安無能侵損。阿難！汝聞跋祇國人閨門眞正潔淨無穢，至於戲笑，言不及邪不？」答曰：「聞之。」「阿難！若能爾者，長幼和順轉更增盛，其國久安無能侵損。阿難！汝聞跋祇國人宗事沙門、敬持戒者，瞻視護養未嘗懈倦不？」答曰：「聞之。」「阿難！若能爾者，長幼和順轉更增盛，其國久安無能侵損。」時大臣禹舍白佛言：「彼國人民若行一法猶不可圖，況復具七？國事多故，今請辭還歸。」佛言：「可！宜知是時。」時禹舍即從座起，遶佛三匝揖讓而退。其去未久，佛告阿難：「汝敕羅閱祇左右諸比丘，盡集講堂。」對曰：「唯然。」即詣羅閱祇城，集諸比丘盡會講堂，白世尊曰：「諸比丘已集，唯聖知時。」

爾時世尊即從座起，詣法講堂就座而坐，告諸比丘：「我當爲汝說七不退法。諦聽諦聽！善思念之。」時諸比丘白佛言：「唯然世尊，願樂欲聞。」佛告諸比丘：「七不退法者，一曰數相集會、講論正義：則長幼和順，法不可壞。二曰上下和同，敬順無違，則長幼和順，法不可壞。三曰奉法曉忌，不違制度，則長幼和順，法不可壞。四曰若有比丘力能護眾，多諸知識，宜敬事之，則長幼和順，法不可壞。五曰念護心意，孝敬爲首，則長幼和順，法不可壞。六曰淨修梵行，不隨欲態，則長幼和順，法不可壞。七曰先人後己，不貪名利，則長幼和順，法不可壞。」

佛告比丘：「復有七法，令法增長，無有損耗：一者樂於少事，不好多爲，則法增長，無有損耗。二者樂於靜默，不好多言。三者少於睡眠，無有昏昧。四者不爲群黨，言無益事。五者，不以無德，而自稱譽。六者不與惡人而爲伴黨。七者樂於山林，閑靜獨處。如是比丘，則法增長，無有損耗。」

佛告比丘：「復有七法，令法增長，無有損耗。何謂爲七？一者有信，信於如來至眞正覺，十號具足。二者知慚，恥於己闕。三者知愧，羞爲惡行。四者多聞，其所受持上中下善，義味深奧，清淨無穢，梵行具足。五者精勤苦行，滅惡修善，勤習不捨。六者昔所學習，憶念不忘。七者修習智慧，知生滅法；趣賢聖要，盡諸苦本。如是七法，則法增長，無有損耗。」

佛告比丘：「復於七法，令法增長，無有損耗。何謂爲七？一者敬佛，二者敬法，三者敬僧，四者敬戒，五者敬定，六者敬順父母，七者敬不放逸。如是七法，則法增長，無有損耗。」

佛告比丘：「復有七法，則法增長，無有損耗。何謂爲七？一者觀身不淨，二者觀食不淨，三者不樂世間，四者常念死想，五者起無常想，六者無常苦想，七者苦無我想。如是七法，則法增長，無有損耗。」

佛告比丘：「復有七法，則法增長，無有損耗。何謂爲七？一者修念覺意，閑靜無欲，出要無爲。二者修法覺意，三者修精進覺意，四者修喜覺意，五者修猗覺意，六者修定覺意，七者修護覺意。如是七法，則法增長，無有損耗。」

佛告比丘：「有六不退法，令法增長，無有損耗。何謂爲六？一者身常行慈，不害衆生。二者口宣仁慈，不演惡言。三者意念慈心，不懷壞損。四者得淨利養，與衆共之，平等無二。五者持賢聖戒，無有闕漏，亦無垢穢，必定不動。六者見賢聖道，以盡苦際。如是六法，則法增長，無有損耗。」

佛告比丘：「復有六不退法，令法增長，無有損耗。一者念佛，二者念法，三者念僧，四者念戒，五者念施，六者念天。修此六念，則法增長，無有損耗。」

爾時世尊於羅閱祇隨宜住已，告阿難言：「汝等皆嚴，吾欲詣竹園。」對曰：「唯然。」即嚴衣鉢，與諸大眾侍從世尊，路由摩竭，次到竹園，往堂上坐。與諸比丘說戒定慧：修戒獲定，得大果報；修定獲智，得大果報；修智心淨，得等解脫，盡於三漏：欲漏、有漏、無明漏。已得解脫，生解脫智，生死已盡，梵行已立，所作已辦，不受後有。

爾時世尊於竹園隨宜住已，告阿難曰：「汝等皆嚴，當詣巴陵弗城。」對曰：「唯然。」即嚴衣鉢，與諸大眾侍從世尊，路由摩竭次到巴陵弗城、巴陵樹下坐。時諸清信士聞佛與諸大眾遠來至此巴陵樹下，即共出城，遙見世尊在巴陵樹下，容貌端正諸根寂定，善調第一；譬猶大龍以水清澄、無有塵垢；三十二**相**、八十**種好**，**莊嚴其身**；見已歡喜，漸到佛所，頭面禮足，卻坐一面。

爾時世尊漸爲說法，示教利喜。諸清信士聞佛說法，即白佛言：「我欲歸依佛、法、聖眾，唯願世尊哀愍，聽許爲優婆塞；自今已後，不殺、不盜、不婬、不欺、不飲酒，奉戒不忘。明欲設供，唯願世尊與諸大眾，垂愍屈顧。」爾時世尊默然許可。諸清信士見佛默然，即從座起，遶佛三匝，作禮而歸。尋爲如來起大堂舍，平治處所，掃灑燒香，嚴敷寶座。

供設既辦，往白世尊：「所設已具，唯聖知時。」於是世尊即從座起，著衣持鉢，與大眾俱，詣彼講堂；澡手洗足，處中而坐。時諸比丘在左面坐，諸清信士在右面坐。

爾時世尊告諸清信士曰：「凡人犯戒有五衰耗，何謂爲五？一者求財所願不遂。二者設有所得，日當衰耗。三者在所至處，眾所不敬。四者醜名惡聲，流聞天下。五者身壞命終，當入地獄。」又告諸清信士：「凡人持戒有五功德，何謂爲五？一者諸有所求，輒得如願。二者所有財產增益無損。三者所往之處，眾人敬愛。四者好名善譽，周聞天下。五者身壞命終，必生天上。」時夜已半，告諸信士：「宜各還歸。」諸清信士即承佛教，遶佛三匝，禮足而歸。

爾時世尊於後夜，明相出時，至閑靜處；天眼清徹，見諸大天神各封宅地，中神、下神亦封宅地。是時世尊即還講堂，就座而坐。世尊知時故問阿難：「誰造此巴陵弗城？」阿難白佛：「此是禹舍大臣所造，以防禦跋祇。」佛告阿難：「造此城者，正得天意。吾於後夜明相出時，至閑靜處，以天眼見諸大神天各封宅地，中下諸神亦封宅地。阿難當知：諸大神天所封宅地，有人居者安樂熾盛；中神所封，中人所居；下神所封，下人所居；功德多少，各隨所止。阿難！

此處賢人所居，商賈所集，國法眞實無有欺罔。此城最勝，諸方所推，不可破壞。此城久後，若欲壞時，必以三事：一者大水，二者大火，三者中人與外人謀，乃壞此城。」

時巴陵弗諸清信士通夜供辦，時到白佛：「食具已辦，唯聖知時。」時清信士即便施設，手自斟酌。食訖行水，別取小敷，在佛前坐。爾時世尊即示之曰：「今汝此處，賢智所居，多持戒者，淨修梵行，善神歡喜。」即爲咒願：「可敬知敬，可事知事；博施兼愛，有慈愍心，諸天所稱；常與善俱，不與惡會。」

爾時世尊爲說法已，即從座起，大眾圍繞，侍送而還。大臣禹舍從佛後行，時作是念：「今沙門瞿曇出此城門，即名此門爲瞿曇門。」又觀如來所渡河處，即名此處爲瞿曇河。爾時世尊出巴陵弗城，至于水邊，時水岸上人民眾多，中有乘船渡者，或有乘筏，或有乘桴而渡河者；爾時世尊與諸大眾，譬如力士屈伸臂頃，忽至彼岸。世尊觀此義已，即說頌曰：

佛爲海船師，法橋渡河津；大乘道之輿，一切渡天人。
亦爲自解結，渡岸得昇仙；都使諸弟子，縛解得涅槃。

爾時世尊從跋祇遊行至拘利村，在一林下，告諸比丘：「有四深法，一曰聖戒，二曰聖定，三曰聖慧，四曰聖解脫。此法微妙，難可解知，我及汝等不曉了故久在生死，流轉無窮。」爾時世尊觀此義已，即說頌曰：

戒定慧解上，唯佛能分別；離苦而化彼，令斷生死習。

爾時世尊於拘利村，隨宜住已，告阿難：「俱詣那陀村。」阿難受教，即著衣持鉢，與大眾俱，侍從世尊，路由跋祇，到那陀村，止揵椎處。爾時阿難在閑靜處默自思惟：「此那陀村十二居士，一名伽伽羅，二名伽陵伽，三名毗伽陀，四名伽利輸，五名遮樓，六名婆耶樓，七名婆頭樓，八名藪婆頭樓，九名陀梨舍耨，十名藪達利舍耨，十一名耶輸，十二名耶輸多樓。此諸人等，今者命終，爲生何處？復有五十人命終，又復有五百人命終，斯生何處？」作是念已，從靜處起，至世尊所，頭面禮足，在一面坐，白佛言：「世尊！我向靜處，默自思惟：此那陀村十二居士，伽伽羅等命終，復有五十人命終，又有五百人命終，斯生何處？唯願解說。」

佛告阿難：「伽伽羅等十二人，斷五下分結，命終生天，於彼即般涅槃，不復還此。五十人命終者，斷除三結，婬怒癡薄，得斯陀含，還來此世，盡於苦本。五百人命終者，斷除三結，得須陀洹，不墮惡趣，必定成道；往來七生，盡於苦際。阿難！夫生有死，自世之常，此何足怙？若一一人死，來問我者，非擾亂耶？」阿難答曰：「信爾，世尊！實是擾亂。」

佛告阿難：「今當爲汝說於法鏡，使聖弟子知所生處：三惡道盡，得須陀洹，不過七生，必盡苦際；亦能爲他說如是事。阿難！法鏡者，謂聖弟子得不壞信：歡喜信佛如來無所著、等正覺，十號具足；歡喜信法眞正微妙，自恣所說，無有時節；示涅槃道，智者所行；歡喜信僧善共和同，所行質直，無有諛諂，道果成就，上下和順，法身具足——向須陀洹、得須陀洹、向斯陀含、得斯陀含、向阿那含、得阿那含、向阿羅漢、得阿羅漢，四雙八輩，是謂如來賢聖之眾，甚可恭敬，世之福田；信賢聖戒、清淨無穢，無有缺漏；明哲所行，獲三昧定。阿難！是爲法鏡，使聖弟子知所生處三惡道盡，得須陀洹，不過七生，必盡苦際，亦能爲他說如是事。」

爾時世尊隨宜住已，告阿難：「俱詣毗舍離國。」即受教行，著衣持缽，與大眾俱，侍從世尊，路由跋祇，到毗舍離，坐一樹下。

有一婬女，名菴婆婆梨，聞佛將諸弟子來至毗舍離，坐一樹下。即嚴駕寶車，欲往詣佛所、禮拜供養。未至之間，遙見世尊顏貌端正，諸根特異，相好備足，如星中月。見已歡喜，下車步進，漸至佛所，頭面禮足，卻坐一面；爾時世尊漸爲說法，示教利喜。聞佛所說，發歡喜心，即白佛言：「從今日始，歸依三尊，唯願聽許：於正法中爲優婆夷，盡此形壽不殺、不盜、不邪婬、不妄語、不飲酒。」又白佛言：「唯願世尊及諸弟子，明受我請。即於今暮，止宿我園。」爾時世尊默然受之。

女見佛默然許可，即從座起，頭面禮足，遶佛而歸。其去未久，佛告阿難：「當與汝等詣彼園觀。」對曰：「唯然。」佛即從座起，攝持衣鉢，與眾弟子千二百五十人，俱詣彼園。

時毗舍離諸離車（車讀作拘，或譯隸車）輩，聞佛在菴婆婆梨園中止住，即便嚴駕五色寶車，或乘青車馬，衣蓋幢幡、官屬皆青。五色車馬皆亦如是。時五百離車服色盡同，欲往詣佛。

菴婆婆梨辭佛還家，中路逢諸離車，時車行奔疾，與彼寶車共相鉤撥，損折幢蓋而不避道，離車責曰：「汝恃何勢？行不避道，衝撥我車，損折麾蓋。」報曰：「諸貴！我已請佛明日設食，歸家供辦是以行速，無容相避。」諸離車即語女曰：「且置汝請，當先與我，我當與汝百千兩金。」女尋答曰：「先請已定，不得相與。」時諸離車又語女曰：「我更與汝十六倍百千兩金，必使我先。」女猶不肯：「我請已定，不可爾也。」時諸離車又語女曰：「我今與爾中分國財，可先與我。」女又報曰：「設使舉國財寶，我猶不取。所以然者，佛住我園，先受我請。此事已了，終不相與。」諸離車等各振手歎詫：「今由斯女，闕我初福。」即便前進，逕詣彼園。

爾時世尊遙見五百離車，車馬數萬、塡道而來，告諸比丘：「汝等欲知忉利諸天遊戲園觀，威儀容飾與此無異。汝等比丘當自攝心，具諸威儀。云何比丘自攝其心？於是比丘內身身觀，精勤不懈，憶念不忘，捨世貪憂；外身身觀，精勤不懈，憶念不忘，捨世貪憂；內外身觀精勤不懈，捨世貪憂；受意法觀亦復如是。云何比丘具諸威儀？於是比丘可行知行，可止知止；左右顧視，屈伸俯仰，攝持衣鉢，食飲湯藥，不失宜則；善設方便，除去陰蓋。行住坐臥覺寤語默，攝心不亂，是謂比丘具諸威儀。」

爾時五百離車往至菴婆婆梨園，欲到佛所，下車步進，頭面禮足，卻坐一面。如來在座，光相獨顯，蔽諸大眾。譬如秋月，又如天地清明、淨無塵翳，日在虛空光明獨照。爾時五百離車圍遶侍坐，佛於眾中光相獨明。是時坐中有梵志名曰並既，即從座起，偏袒右肩、右膝著地，叉手向佛，以偈讚曰：

摩竭鴦伽王，為快得善利；身被寶珠鎧，世尊出其土。

威德動三千，名顯如雪山；如蓮花開敷，香氣甚微妙。

今睹佛光明，如日之初出；如月遊虛空，無有諸雲翳。

世尊亦如是，光照於世間；觀如來智慧，猶闇睹錠鐐；

施眾以明眼，決了諸疑惑。

時五百離車聞此偈已，復告並既：「汝可重說。」爾時並既即於佛前，再三重說。時五百離車聞重說偈已，各脫寶衣以施並既；並既即以寶衣奉上如來。佛愍彼故，即為納受。

爾時世尊告毗舍離諸離車曰：「**世有五寶，甚為難得**。何等為五？一者**如來**至真出現於世，甚為難得。二者如來正法，**能演說者**，此人難得。三者如來演法**能信解者**，此人難得。四者如來演法，**能成就者**，此人難得。五者險危救厄，知反復者，此人難得。是謂五寶為難得也。」時五百離車聞佛示教利喜已，即白佛言：「唯願世尊及諸弟子，明受我請。」佛告離車：「卿已請我，我今便為得供養已。菴婆婆梨女，先已請訖。」時五百離車聞菴婆婆梨女已先請佛。

各振手而言：「吾欲供養如來，而今此女已奪我先。」即從座起，頭面禮佛，遶佛三匝，各自還歸。

時菴婆婆梨女即於其夜，種種供辦。明日時到，世尊即與千二百五十比丘，整衣持鉢、前後圍遶，詣彼請所，就座而坐。時菴婆婆梨女即設上饌，供佛及僧。食訖去鉢，並除机案；時女手執金瓶，行澡水畢，前白佛言：「此毗耶離城所有園觀，我園最勝；今以此園貢上如來。哀愍我故，願垂納受。」佛告女曰：「汝可以此園施佛爲首，及招提僧（註）；所以然者，如來所有園林房舍衣鉢六物，正使諸魔、釋、梵、大神力天，無有能堪受此供者。」（招提僧：常住於寺院中的寺僧）時女受教，即以此園施佛爲首及招提僧。佛愍彼故，即爲受之，而說偈言：

起塔立精舍，園果施清涼；橋船以渡人，曠野施水草，
及以堂閣施，其福日夜增。戒具清淨者，彼必到善方。

時菴婆婆梨女取一小床於佛前坐，佛漸爲說法，示教利喜：施論、戒論、生天之論，欲爲大患、穢汙不淨，上漏爲礙，出要爲上。爾時世尊知彼女意柔軟和悅，蔭蓋微薄，易可開化；如諸佛法，即爲彼女說苦聖諦、苦集、苦滅、

苦出要諦。時菴婆婆梨女信心清淨，譬如淨潔白氎易爲受色，即於座上遠塵離垢，諸法法眼生，見法得法，決定正住；不墮惡道，成就無畏，而白佛言：「我今歸依佛、歸依法、歸依僧。」如是再三：「唯願如來聽我於正法中爲優婆夷，自今已後，盡壽不殺、不盜、不邪婬、不欺、不飲酒。」時彼女從佛受五戒已，捨本所習，穢垢消除。即從座起，禮佛而去。

爾時世尊於毗舍離，隨宜住已，告阿難言：「汝等皆嚴，吾欲詣竹林叢。」對曰：「唯然。」即嚴衣鉢，與大眾侍從世尊，路由跋祇至彼竹林。時有婆羅門名毗沙陀耶，聞佛與諸大眾詣此竹林，默自思念：「此沙門瞿曇，名德流布，聞於四方，十號具足；於諸天、釋、梵、若魔、若魔天、沙門、婆羅門中，自身作證，爲他說法，上中下言皆悉眞正，義味深奧，梵行具足。如此眞人，宜往瞻睹。」

時婆羅門出於竹叢，往詣世尊；問訊訖，一面坐。世尊漸爲說法，示教利喜。婆羅門聞已歡喜，即請世尊及諸大眾明日舍食；時佛默然受請，婆羅門知已許可，即從座起遶佛而歸，即於其夜供設飲食。明日時到：「唯聖知之。」爾時世尊著衣持鉢，大眾圍遶往詣彼舍，就座而坐。時婆羅門設種種甘饌供佛及僧；食訖去鉢，行澡水畢，取一小床於佛前坐。爾時世尊爲婆羅門而作頌曰：

　若以飲食，衣服臥具，施持戒人，則獲大果。
　此爲眞伴，終始相隨；所至到處，如影隨形。
　是故種善，爲後世糧，福爲根基，眾生以安。
　福爲天護，行不危險，生不遭難，死則上天。

　爾時世尊爲婆羅門說微妙法，示教利喜已，從座而去。

　于時彼土穀貴飢饉，乞求難得。佛告阿難：「敕此國內現諸比丘，盡集講堂。」對曰：「唯然。」即承教旨，宣令遠近，普集講堂。是時國內大眾皆集，阿難白佛言：「大眾已集，唯聖知時。」爾時世尊即從座起，詣於講堂就座而坐，告諸比丘：「此土飢饉，乞求難得；汝等宜各分部，隨所知識，詣毗舍離及越祇國，於彼安居，可以無乏。吾獨與阿難於此安居，所以然者，恐有短乏。」是時諸比丘受教即行。佛與阿難獨留。

　於後夏安居中，佛身疾生，舉體皆痛；佛自念言：「我今疾生，舉身痛甚；而諸弟子悉皆不在，若取涅槃則非我宜。今當精勤自力，以留壽命。」爾時世尊於靜室出，坐清涼處，阿難見已，速疾往詣而白佛言：「今觀尊顏，疾如有損。」阿難又言：「世尊有疾，我心惶懼；憂結荒迷，不識方面；氣息未絕猶少醒悟；默思如來未即滅度，世眼未滅，大法未損，何故今者不有教令於衆弟子乎！」佛告阿難：「衆僧於我有所須耶？若有自言：『我持衆僧，我攝衆僧。』斯人於衆應有教命。如來不言『我持於衆，我攝於衆』，豈當於衆有教令乎？阿難！我所説法，内外已訖，終不自稱所見通達。吾已老矣！年粗八十。譬如故車，方便修治得有所至，吾身亦然，以方便力得少留壽，自力精進忍此苦痛，不念一切想，入無想定時，我身安隱無有惱患，是故阿難！當自熾燃，熾燃於法，勿他熾燃；**當自歸依，歸依於法，勿他歸依**……阿難！比丘觀内身，精勤無懈，憶念不忘，除世貪憂；觀外身、觀内外身，精勤不懈，憶念不忘，除世貪憂；受意法觀亦復如是，是謂阿難：自熾燃，熾燃於法，勿他熾燃；**當自歸依，歸依於法，勿他歸依**。」佛告阿難：「吾滅度後，能有修行此法者，則爲眞我弟子第一學者。」

佛告阿難：「俱至遮婆羅塔。」對曰：「唯然。」如來即起，著衣持缽，詣一樹下告阿難：「敷座。吾患背痛，欲於此止。」對曰：「唯然。」尋即敷座。如來坐已，阿難敷一小座於佛前坐。佛告阿難：「諸有修四神足，多修習行，常念不忘；在意所欲，可得不死一劫有餘。阿難！佛四神足已多修行，專念不忘；在意所欲，如來可止一劫（一小劫）有餘，為世除冥，多所饒益，天人獲安。」爾時阿難默然不對。如是再三，又亦默然。是時阿難為魔所蔽，矇矇不悟；佛三現相，而不知請。

佛告阿難：「宜知是時。」阿難承佛意旨，即從座起，禮佛而去；去佛不遠，在一樹下靜意思惟。其間未久，時魔波旬來白佛：「佛意無欲，可般涅槃；今正是時，宜速滅度。」佛告波旬：「且止！且止！我自知時。如來今者未取涅槃，須我諸比丘集，又能自調，勇捍無怯，到安隱處，逮得己利；為人導師，演布經教顯於句義；**若有異論，能以正法而降伏之**；又以神變，自身作證。如是弟子皆悉未集，又諸比丘尼、優婆塞、優婆夷普皆如是，亦復未集。今者要當廣於梵行演布覺意，使諸天人普見神變。」

時魔波旬復白佛言：「佛昔於鬱鞞羅尼連禪水邊，阿遊波、尼倶律樹下，初成正覺，我時至世尊所，勸請如來：『可般涅槃，今正是時，宜速滅度。』爾時如來即報我言：『止！止！波旬！我自知時。如來今者未取涅槃，須我諸弟子集，乃至天人見神變化，乃取滅度。』佛今弟子已集，乃至天人見神變化，今正是時，何不滅度？」佛言：「止！止！止！波旬！佛自知時，不久住也！是後三月，於本生處拘尸那竭，娑羅園雙樹間當取滅度。」時魔即念：「佛不虛言，今必滅度。」歡喜踊躍，忽然不現。魔去未久，佛即於遮婆羅塔定意三昧，捨命住壽。當此之時，地大震動；舉國人民莫不驚怖、衣毛爲竪。佛放大光，徹照無窮，幽冥之處莫不蒙明，各得相見。爾時世尊以偈頌曰：

有無二行中，吾今捨有爲；内專三昧定，如鳥出於卵。

爾時賢者阿難心驚毛竪，疾行詣佛，頭面禮足，卻住一面，白佛言：「怪哉！世尊！地動乃爾！是何因緣？」佛告阿難：「凡世地動有八因緣，何等八？夫地在水上，水止於風，風止於空；空中大風有時自起，則大水擾。大水擾則普地動，是爲一也。復次阿難！有時得道比丘、比丘尼及大神尊天，觀水性多，觀地性少，欲知試力，則普地動，是爲二也。復次阿難！若始菩薩從兜率天降神母胎，專念不亂，地爲大動，是爲三也。復次阿難！菩薩始出母胎，從右脅生，專念不亂，則普地動，是爲四也。復次阿難！菩薩初成無上正覺，當於此時地大震動，是爲五也。復次阿難！佛初成道，轉無上法輪；魔、若魔天、沙門、婆羅門、諸天、世人所不能轉，則普地動，是爲六也。復次阿難！佛教將

佛告阿難：「世有八眾，何謂爲八？一曰刹利眾，二曰婆羅門眾，三曰居士眾，四曰沙門眾，五曰四天王眾，六曰忉利天眾，七曰魔眾，八曰梵天眾。我自憶念昔者往來，與刹利眾坐起言語不可稱數，以精進定力在所能現；彼有好色，我色勝彼；彼有妙聲，我聲勝彼；彼辭我退，我不辭彼；彼所能說我亦能說，彼所不能我亦能說。阿難！我廣爲說法示教利喜已，即於彼沒，彼不知我是天、是人！如是至梵天眾，往返無數，廣爲說法，而莫知我誰。」阿難白佛言：「甚奇！世尊！未曾有也！乃能成就如是。」佛言：「如是微妙希有之法，阿難！甚奇甚特，未曾有也，唯有如來能成此法。」又告阿難：「如來能知受起住滅，想起住滅，觀起住滅；此乃如來甚奇甚特未曾有法，汝當受持。」

爾時世尊告阿難：「俱詣香塔。」在一樹下敷座而坐，佛告阿難：「香塔左右現諸比丘，普敕令集講堂。」阿難受教，宣令普集。阿難白佛：「大眾已集，唯聖知時。」爾時世尊即詣講堂，就座而坐，告諸比丘：「汝等當知：我以此法自身作證，成最正覺；謂四念處、四意斷、四神足、四禪、五根、五力、七覺意，賢聖八道。汝等宜當於此法中，和同敬順，勿生諍訟；**同一師受，同一水乳**(註)；於我法中宜勤受學，共相熾然、共相娛樂。比丘當知：我於此法自身作證，布現於彼；謂貫經、祇夜經、受記經、偈經、法句經、相應經、本緣經、天本經、廣經、未曾有經、證喻經、大教經。汝等當善受持，稱量分別，隨事修行。所以者何？如來不久，是後三月當般泥洹。」（註：一切佛門弘法者所說佛法，都應同於 世尊所傳法教，名爲**同一師受**、**同一法乳**，不應有異見、異說；故我佛門弘法者所說諸法若異於 世尊之法者，即非眞正佛法，是杜絕大眾實證菩提之路，應予辨正，長保佛教正法之純眞，今世、後世學人方有證悟三乘菩提之因緣。）

諸比丘聞此語已，皆悉愕然、殞絕迷荒，自投於地，舉聲大呼曰：「**一何駛哉！佛取滅度；一何痛哉！世間眼滅；我等於此已爲長衰**。」或有比丘悲泣躃踊、宛轉號咷，不能自勝；猶如斬蛇、宛轉迴遑，莫知所奉。佛告諸比丘曰：「汝等且止，勿懷憂悲。天地人物，無生不終，欲使有爲不變易者，無有是處。我亦先說恩愛無常，合會有離，身非己有，命不久存。」爾時世尊以偈頌曰：

我今自在，到安隱處；和合大眾，爲說此義。
吾年老矣！餘命無幾；所作已辦，今當捨壽。
念無放逸，比丘戒具；自攝定意，守護其心。
若於我法，無放逸者；能滅苦本，盡生老死。

又告比丘：「吾今所以誡汝者何？天魔波旬向來請我：『佛意無欲，可般泥洹，今正是時，宜速滅度。』我言：『止止！波旬！佛自知時。須我諸比丘集，乃至諸天普見神變。』波旬復言：『佛昔於鬱鞞羅尼連禪河水邊，阿遊波尼俱律樹下初成佛道，我時白佛：佛意無欲，可般泥洹；今正是時，宜速滅度。爾時如來即報我言：止止！波旬！我自知時，如來今者未取滅度，須我諸弟子集，乃至天人見神變化，乃取滅度。今者如來弟子已集，乃至天人見神變化；今正是時，宜可滅度。』我言：『止止！波旬！佛自知時，不久住也。是後三月當般涅槃。』時魔即念：『佛不虛言，今必滅度。』歡喜踊躍，忽然不現。魔去未久，(我)即於遮波羅塔定意三昧、捨命住壽。當此之時，地大震動；天人驚怖，衣毛爲豎。」佛放大光，徹照無窮，幽冥之處莫不蒙明，各得相見。「我時頌曰：有無二行中，吾今捨有爲；內專三昧定，如鳥出於卵。」

爾時阿難即從座起，偏袒右肩，右膝著地，長跪叉手白佛言：「唯願世尊留住一劫，勿取滅度；慈愍眾生，饒益天人。」爾時世尊默然不對。如是三請，佛告阿難：「汝信如來正覺道不？」對曰：「唯然！實信佛言。」「汝若信者，何故三來觸嬈我爲？汝親從佛聞、親從佛受：『諸有能修四神足，多修習行，常念不忘，在意所欲，可得不死一劫有餘。佛四神足已多習行、專念不忘，在意所欲，可止不死一劫有餘，爲世除冥、多所饒益，天人獲安。』爾時何不重請，使不滅度？再聞尚可，乃至三聞，猶不勸請『留住一劫、一劫有餘，爲世除冥、多所饒益，天人獲安。』今汝方言，豈不愚耶？吾三現相，汝三默然，汝於爾時何不報我『如來可止一劫、一劫有餘，爲世除冥，多所饒益』？且止！阿難！吾已捨性命，已棄已吐；欲使如來自違言者，無有是處！譬如豪貴長者吐食於地，寧當復有肯還取食不？」對曰：「不也！」「如來亦然，已捨已吐，豈當復自還食言乎？」

佛告阿難：「俱詣菴婆羅村。」即嚴衣鉢，與諸大眾侍從世尊，路由跋祇，到菴婆羅村，在一山林。爾時世尊爲諸大眾說戒定慧：修戒獲定，得大果報；修定獲智，得大果報；修智心淨，得等解脫。盡於三漏：欲漏、有漏、無明漏。已得解脱，生解脱智：生死已盡，梵行已立，所作已辦，不受後有。

爾時世尊於菴婆羅村，隨宜住已，佛告阿難：「汝等皆嚴，當詣瞻婆村、揵荼村、婆梨婆村，及詣負彌城。」對曰：「唯然。」即嚴衣鉢，與諸大眾侍從世尊，路由跋祇，漸至他城。於負彌城北，止尸舍婆林。佛告諸比丘：「當與汝等說四大教法，諦聽！諦聽！善思念之。」諸比丘言：「唯然世尊！願樂欲聞。」

「何謂爲四？若有比丘作如是言：『諸賢！我於彼村、彼城、彼國，躬從佛聞、躬受是教』，從其聞者，不應不信，亦不應毀。**當於諸經推其虛實**（註），**依律**、**依法**，**究其本末**。若其所言非經、非律、非法，當語彼言：『佛不說此！汝謬受耶？所以然者，我依諸經、依律、依法；汝先所言，與法相違。賢士！汝莫受持，**莫為人說**，**當捐捨之**。』若其所言，依經、依律、依法者，當語彼言：『汝所言是，眞佛所說。所以然者，我依諸經、依律、依法，汝先所言與法相應。賢士！汝當受持，廣爲人說，愼勿捐捨。』此爲第一大教法也。

復次比丘作如是言：『我於彼村、彼城、彼國，和合衆僧、多聞耆舊，親從其聞，親受是法、是律、是教。』從其聞者不應不信，亦不應毀；當於諸經推其虛實，依法、依律，究其本末。若其所言非經、非律、非法者，當語彼言：『佛不說此！汝於彼衆謬聽受耶？所以然者，我依諸經、依律、依法；汝先所言與法相違，賢士！汝莫持此，莫爲人說，當捐捨之。』若其所言依經、依律、依法者，當語彼言：『汝所言是，眞佛所說，所以者何？我依諸經、依律、依法：汝先所言與法相應，賢士！汝當受持，廣爲人說，愼勿捐捨。』此爲第二大教法也。（註：應推求諸經之性質爲說緣起性空之虛相法？或是說諸法本母的實相法？）

復次，比丘作如是言：『我於彼村、彼城、彼國衆多比丘持法、持律、持律儀者，親從其聞，親受是法、是律、是教。』從其聞者不應不信，亦不應毀，當於諸經推其虛實，依法、依律，究其本末。若其所言非經、非律、非法者，當語彼言：『佛不說此！汝於衆多比丘謬聽受耶？所以然者，我依諸經、依律、依法。汝先所言與法相違，賢士！汝莫受持，莫爲人說，當捐捨之。』若其所言依經、依律、依法者，當語彼言：『汝所言是，眞佛所說；所以然者，我依諸經、依律、依法，汝先所言與法相應，賢士！汝當受持，廣爲人說，愼勿捐捨。』是爲第三大教法也。（故應依止經教究竟本末，若大師說法違經，即不應信。）

復次比丘作如是言：『我於彼村、彼城、彼國一比丘持法、持律、持律儀者，親從其聞，親受是法、是律、是教。』從其聞者，不應不信，亦不應毀；當於諸經推其虛實，依法、依律究其本末。若所言非經、非律、非法者，當語彼言：『佛不說此，汝於一比丘所謬聽受耶？所以然者，我依諸經、依法、依律。汝先所言與法相違，賢士！汝莫受持，**莫爲人說**，當捐捨之。』若其所言依經、依律、依法者，當語彼言：『汝所言是，眞佛所說，所以然者，我依諸經、依律、依法。汝先所言與法相應，賢士！當勤受持，廣爲人說，愼勿捐捨。』是爲第四大教法也。」

爾時世尊於負彌城隨宜住已，告賢者阿難：「俱詣波婆城。」對曰：「唯然。」即嚴衣缽，與諸大眾侍從世尊，路由末羅至波婆城、闍頭園中。時有工師子名曰**周那**，聞佛從彼末羅來至此城，即自嚴服，至世尊所，頭面禮足，在一面坐。時佛漸爲周那說法，正化示教利喜。周那聞佛說法，信心歡喜，即請世尊明日舍食，時佛默然受請。周那知佛許可，即從座起，禮佛而歸，尋於其夜供設飯食。明日時到：「唯聖知時。」爾時世尊法服持缽，大眾圍繞往詣其舍，就座而坐。是時**周那**尋設飲食供佛及僧，別煮栴檀樹耳，世所奇珍，獨奉世尊。佛告周那：「勿以此耳，與諸比丘。」周那受教，不敢輒與。時彼眾中有一長老比丘晚暮出家，於其座上以餘器取。爾時周那見眾食訖，並除缽器，行澡水畢，即於佛前以偈問曰：

敢問大聖智，正覺二足尊，善御上調伏：世有幾沙門？

爾時世尊以偈答曰：

如汝所問者，沙門凡有四，志趣各不同，汝當識別之。**一行道殊勝**，**二善說道義**，三**依道生活**，四**為道作穢**。何謂道殊勝、善說於道義、依道而生活、有為道作穢？能度恩愛刺，入涅槃無疑，超越天人路，說此**道殊勝**。善解第一義，說道無垢穢，慈仁決眾疑，是為**善說道**。善敷演法句，依道以自生，遙望無垢場，名**依道生活**。內懷於奸邪，外像如清白，虛誑無成實，此**為道作穢**。云何善惡俱？淨與不淨雜，相似現外好，如銅為金塗；俗人遂見此，謂聖智弟子；餘者不盡爾，勿捨清淨信。一人持大眾，內濁而外清；現閉奸邪跡，而實懷放蕩。勿視外容貌，卒見便親敬；現閉奸邪跡，而實懷放蕩。

爾時周那取一小座於佛前坐，漸為說法，示教利喜已，大眾圍繞侍從而還。中路止一樹下，告阿難言：「吾患背痛，汝可敷座。」對曰：「唯然。」尋即敷座。世尊止息，時阿難又敷一小座，於佛前坐。佛告阿難：「向者周那無悔恨意耶？設有此意，為由何生？」阿難白佛言：「周那設供，無有福利；所以者何？如來最後於其舍食，便取涅槃。」佛告阿難：「勿作是言！勿作是言！今者**周那**爲獲大利，爲得壽命、得色、得力、得善名譽；生多財寶，死得生天，所欲自然。所以者何？佛初成道，能施食者；佛臨滅度，能施食者，此二功德正等無異。汝今可往語彼：『周那！我親從佛聞，親受佛教：周那設食，今獲大利，得大果報。』」時阿難承佛教旨，即詣彼所，告周那曰：「我親從佛聞、親從佛受教：周那設食，今獲大利，得大果報；所以然者，佛初得道、能飯食者，及臨滅度、能飯食者，此二功德正等無異。」

周那舍食已，始聞如此言：如來患甚篤，壽行今將訖。

雖食栴檀耳，而患猶更增，抱病而涉路，漸向拘夷城。

爾時世尊即從座起，小復前行，詣一樹下，又告阿難：「吾背痛甚，汝可敷座。」對曰：「唯然。」尋即敷座，如來止息。阿難禮佛足已，在一面坐；時有阿羅漢（之）弟子名曰福貴，於拘夷那竭城向波婆城，中路見佛在一樹下，容貌端正，諸根寂定，得上調意、第一寂滅；譬如大龍，亦如澄水，清淨無穢。見已歡喜，善心生焉，即到佛所，頭面禮足，在一面坐而白佛言：「世尊！出家之人在清淨處，慕樂閑居，甚奇特也：有五百乘車經過其邊，而不聞見。我師一時在拘夷那竭城、波婆城，二城中間道側樹下靜默而坐，時有五百乘車經過其邊，車聲轟轟，覺而不聞。是時有人來問我師：『向群車過，寧見不耶？』對曰：『不見。』又問：『聞耶？』對曰：『不聞。』又問：『汝在此耶？在餘處耶？』答曰：『在此。』又問：『汝醒悟耶？』答曰：『醒悟。』又問：『汝爲覺、寐？』答曰：『不寐。』彼人默念：『是稀有也！出家之人專精乃爾，車聲轟轟，覺而不聞。』即語我師曰：『向有五百車乘，從此道過，車聲振動，尚自不聞，豈他聞哉！』即爲作禮，歡喜而去。」

佛告福貴：「我今問汝，隨意所答：群車振動、覺而不聞，雷動天地、覺而不聞，何者爲難？」福貴白佛言：「千萬車聲，豈等雷電？不聞車聲，未足爲難；雷動天地，覺而不聞，斯乃爲難。」佛告福貴：「我於一時遊阿越村，在一草廬，時有異雲暴起雷電霹靂，殺四特牛、耕者兄弟二人，人眾大聚。時我出草廬，彷徉經行。彼大眾中有一人來至我所，頭面禮足、隨我經行。我知而故問：『彼大眾聚，何所爲耶？』其人即問佛：『向在何所？爲覺、寐耶？』答曰：『在此，時不寐也。』其人亦歎：『希聞得定如佛者也，雷電霹靂聲聒天地，而獨寂定、覺而不聞。』乃白佛言：『向有異雲暴起雷電霹靂，殺四特牛、耕者兄弟二人，彼大眾聚，其正爲此。』其人心悅，即得法喜，禮佛而去。」爾時福貴被（披）二黃疊，價直百千，即從座起，長跪叉手而白佛言：「今以此疊奉上世尊，願垂納受。」佛告福貴：「汝以一疊施我，一施阿難。」爾時福貴承佛教旨，一奉如來，一施阿難；佛愍彼故，即爲納受。

時福貴禮佛足已，於一面坐，佛漸爲說法，示教利喜：施論、戒論、生天之論，欲爲大患、不淨穢污；上漏爲礙，出要爲上。時佛知福貴意，歡喜柔軟，無諸蓋纏，易可開化；如諸佛常法，即爲福貴說苦聖諦、苦集、苦滅、苦出要諦。時福貴信心清淨，譬如淨潔白疊易爲受色，即於座上遠塵離垢，諸法法眼生，見法得法，決定正住；不墮惡道，成就無畏而白佛言：「我今歸依佛、歸依法、歸依僧，唯願如來聽我於正法中爲優婆塞，自今已後，盡壽不殺、不盜、不婬、不欺、不飲酒。唯願世尊聽我於正法中爲優婆塞。」又白佛言：「世尊遊化若詣波婆城，唯願屈意過貧聚中，所以然者，欲盡有家飲食、床臥、衣服、湯藥奉獻世尊，世尊受已，家內獲安。」佛言：「汝所言善。」爾時世尊爲福貴說法，示教利喜已，（福貴）即從座起，頭面禮足，歡喜而去。

其去未久，阿難尋以黃疊奉上如來，如來哀愍，即爲受之，被於身上。爾時世尊顏貌從容、威光熾盛，諸根清淨面色和悅，阿難見已，默自思念：「自我得侍二十五年，未曾見佛面色光澤發明如金。」即從座起，右膝著地，叉手合掌，前白佛言：「自我得侍二十五年，未曾見佛光色如金，不審何緣，願聞其意。」佛告阿難：「有二因緣，如來光色有殊於常：一者佛初得道，成無上正真覺時；二者臨欲滅度，捨於性命、般涅槃時。阿難！以此二緣，光色殊常。」

爾時世尊即說頌曰：

金色衣光悅，細軟極鮮淨；福貴奉世尊，如雪白毫光。

佛命阿難：「吾渴欲飲，汝取水來。」阿難白言：「向有五百乘車，於上流渡，水濁未清，可以洗足，不中飲也。」如是三敕阿難：「汝取水來。」阿難白言：「今拘孫河去此不遠，清冷可飲，亦可澡浴。」時有鬼神居在雪山，篤信佛道，即以鉢盛八種淨水，奉上世尊。佛愍彼故，尋爲受之而說頌曰：

佛以八種音，敕阿難取水：吾渴今欲飲，飲已詣拘尸；

柔軟和雅音，所言悅眾心。

給侍佛左右，尋白於世尊：向有五百車，截流渡彼岸，

渾濁於此水，飲恐不便身；拘留河不遠，水美甚清冷，

往彼可取飲，亦可澡浴身。
雪山有鬼神，奉上如來水，飲已威勢強，眾中師子步。
其水神龍居，清澄無濁穢；聖顏如雪山，安詳度拘孫。

爾時世尊即詣拘孫河，飲已澡浴，與眾而去，中路止息在一樹下，告周那曰：「汝取僧伽梨，四牒而敷，吾患背痛，欲暫止息。」周那受教，敷置已訖，佛坐其上；周那禮已，於一面坐，而白佛言：「我欲般涅槃！我欲般涅槃！」佛告之曰：「宜知是時。」於是**周那即於佛前便般涅槃**。佛時頌曰：

佛趣拘孫河，清涼無濁穢；人中尊入水，澡浴度彼岸。
大眾之原首，教敕於周那：吾今身疲極，汝速敷臥具。
周那尋受教，四牒衣而敷；如來既止息，周那於前坐。
即白於世尊：我欲取滅度，無愛無憎處，今當到彼方。
無量功德海，最勝告彼曰：汝所作已辦，今宜知是時。
見佛已聽許，周那倍精勤，滅行無有餘，如燈盡火滅。

時阿難即從座起，前白佛言：「佛滅度後，葬法云何？」佛告阿難：「汝且默然，思汝所業。諸清信士自樂爲之。」時阿難復重三啓：「佛滅度後，葬法云何？」佛言：「欲知葬法者，當如轉輪聖王。」阿難又白：「轉輪聖王葬法云何？」佛告阿難：「聖王葬法，先以香湯洗浴其體，以新劫貝周遍纏身，以五百張疊次如纏之，内（納）身金棺，灌以麻油畢，舉金棺置於第二大鐵槨中，栴檀香槨次重於外。積眾名香，厚衣其上而闍維之。訖收舍利，於四衢道起立塔廟，表剎懸繒，使國行人皆見法王塔，思慕正化，多所饒益。阿難！汝欲葬我，先以香湯洗浴，用新劫貝周遍纏身，以五百張疊次如纏之，内（納）身金棺，灌以麻油畢，舉金棺置於第二大鐵槨中，栴檀香槨次重於外。積眾名香，厚衣其上而闍維之。訖收舍利，於四衢道起立塔廟，表剎懸繒，使諸行人皆見佛塔，思慕如來法王道化，生獲福利，死得上天。」於時世尊重觀此義而說頌曰：

阿難從座起，長跪白世尊：如來滅度後，當以何法葬？

阿難汝且默，思惟汝所行；國内諸清信，自當樂爲之。

阿難三請已，佛說轉輪葬：欲葬如來身，疊裹内棺槨；

四衢起塔廟，爲利益眾生；諸有禮敬者，皆獲無量福。

佛告阿難：「天下有四種人，應得起塔，香花、繒蓋、伎樂供養，何等爲四？一者如來應得起塔，二者辟支佛，三者聲聞人，四者轉輪王。阿難！此四種人應得起塔，香華繒蓋伎樂供養。」爾時世尊以偈說曰：

佛應第一塔，辟支佛聲聞，及轉輪聖王，典領四域主。

斯四應供養，如來之所記：佛辟支聲聞，及轉輪王塔。

爾時世尊告阿難：「俱詣拘尸城末羅雙樹間。」對曰：「唯然。」即與大眾圍繞世尊，在道而行。有一梵志從拘尸城趣波婆城，中路遙見世尊顏貌端正，諸根寂定，見已歡喜，善心自生；前至佛所，問訊訖，一面住，而白佛言：「我所居村，去此不遠，唯願瞿曇於彼止宿；清旦食已，然後趣城。」佛告梵志：「且止！且止！汝今便為供養我已。」時梵志慇懃三請，佛答如初。又告梵志：「阿難在後，汝可語意。」時梵志聞佛教已，即詣阿難，問訊已，於一面立，白阿難言：「我所居村去此不遠，欲屈瞿曇於彼止宿，清旦食已，然後趣城。」阿難報曰：「止！止！梵志！汝今已為得供養已。」梵志復請，慇懃至三，阿難答曰：「時既暑熱，彼村遠逈；世尊疲極，不足勞嬈。」爾時世尊觀此義已，即說頌曰：

淨眼前進路，疲極向雙樹，梵志遙見佛，速詣而稽首：

我村今在近，哀愍留一宿，清旦設微供，然後向彼城。

梵志我身倦，道遠不能過；監藏者在後，汝可往語意。承佛教旨已，即詣阿難所：唯願至我村，清旦食已去。阿難曰止止！時熱不相赴。三請不遂願，憂惱不悅樂。咄此有爲法，流遷不常住，今於雙樹間，滅我無漏身。佛辟支聲聞，一切皆歸滅；無常無選擇，如火焚山林。

爾時世尊入拘尸城，向本生處末羅雙樹間，告阿難曰：「汝爲如來於雙樹間敷置床座，使頭北首，面向西方。所以然者，吾法流布，當久住北方(註)。」對曰：「唯然。」即敷座令北首。爾時世尊自四牒僧伽梨，偃右脅如師子王，累足而臥。時雙樹間所有鬼神篤信佛者，以非時花，布散於地。(註：依此佛語可以證實：南傳佛法非是勝妙具足之佛法，北傳大乘佛法方是究竟勝妙具足之佛法。後時，眞正佛法之大乘成佛法教，果然北傳而興盛於震旦，乃至今日之台灣而未滅絕。)

爾時世尊告阿難曰：「此雙樹神以非時華，供養於我，此非供養如來。」阿難白言：「云何名爲供養？」如來語阿難：「**人能受法，能行法者，斯乃名曰供養如來。**」佛觀此義而說頌曰：

佛在雙樹間，偃臥心不亂；樹神心清淨，以花散佛上。

阿難白佛言：云何名供養？受法而能行，覺華而爲供。紫金華如輪，散佛未爲供，陰界入無我，乃名第一供。

爾時梵摩那在於佛前，執扇扇佛，佛言：「汝卻，勿在吾前。」時阿難默自思念：「此梵摩那常在佛左右，供給所須，當尊敬如來、視無厭足；今者末後，須其瞻視，乃命使卻，意將何因？」於是阿難即整衣服，前白佛言：「此梵摩那常在佛左右，供給所須，當尊敬如來、視無厭足；今者末後，須其瞻視，而命使卻，將有何因？」佛告阿難：「此拘尸城外有十二由旬，皆是諸大神天之所居宅，無空缺處。此諸大神皆嫌：『此比丘當佛前立，今佛末後垂當滅度，吾等諸神冀一奉覲，而此比丘有大威德，光明映蔽，使我曹等不得親近、禮拜、供養。』阿難！我以是緣，故命使卻。」阿難白佛：「此尊比丘本積何德？修何行業？今者威德乃如是乎！」

佛告阿難：「乃往過去久遠九十一劫，時世有佛，名毗婆尸；時此比丘以歡喜心，手執草炬以照彼塔，由此因緣，使今威光上徹二十八天，諸天神光所不能及。」爾時阿難即從座起，偏袒右肩、長跪叉手而白佛言：「莫於此鄙陋小城、荒毀之土取滅度也。所以者何？更有大國：瞻婆大國、毗舍離國、王舍城、婆祇國、舍衛國、迦維羅衛國、波羅奈國，其土人民眾多，信樂佛法；佛滅度已，必能恭敬供養舍利。」

佛言：「止！止！勿造斯觀，無謂此土以爲鄙陋，所以者何？昔者此國有王，名大善見；此城時名拘舍婆提，大王之都城，長四百八十里，廣二百八十里。是時穀米豐賤，人民熾盛。其城七重，遶城欄楯亦復七重；彫文刻鏤，間懸寶鈴；其城下基，深三仞，高十二仞；城上樓觀高十二仞，柱圍三仞，金城銀門，銀城金門，琉璃城水精門，水精城琉璃門，其城周圓四寶莊嚴，間錯欄楯亦以四寶：金樓銀鈴、銀樓金鈴。寶塹七重，中生蓮花、優鉢羅花、鉢頭摩花、俱物頭花、分陀利花；下有金沙布現其底。夾道兩邊生多鄰婆樹，其金樹者銀葉花實，其銀樹者金葉花實，水精樹者琉璃花實，琉璃樹者水精花實。多鄰樹間有眾浴池，清流深潭潔淨無穢，以四寶塼間砌其邊；金梯銀蹬、銀梯金蹬，琉璃梯水精爲蹬，水精梯陛琉璃爲蹬，周匝欄楯、遼遶相承。其城處處生多鄰樹，其金樹者銀葉花實，其銀樹者金葉花實，水精樹者琉璃花實，琉璃樹者水精花實，樹間亦有種種寶池，生四種花。街巷齊整，行伍相當；風吹眾花紛紛路側，微風四起，吹諸寶樹，出柔軟音猶如天樂。其國人民男女大小，共遊樹間以自娛樂。其國常有十種聲：貝聲，鼓聲，波羅聲，歌聲，舞聲，吹聲，象聲，馬聲，車聲，飲食、戲笑聲。爾時大善見王七寶具足，王有四德，主四天下。何謂七寶？一金輪寶，二白象寶，三紺馬寶，四神珠寶，五玉女寶，六居士寶，七主兵寶。云何善見大王成就金輪寶？王常以十五日、月滿時，沐浴香湯，昇高殿上，綵女圍遶；自然輪寶忽現在前，輪有千輻，光色具足；天匠所造，非世所有，眞金所成，輪徑丈四；大善見王默自念言：『我曾從先宿諸舊聞如是語：〈剎利王，水澆頭種，以十五日月滿時，沐浴香湯，昇寶殿上，婇女圍遶，自然金輪忽現在前；輪有千輻，光色具足，天匠所造、非世所有，眞金所成，輪徑丈四，是則名爲轉輪聖王。〉今此輪現，將無是耶？今我寧可試此輪寶。』時大善見王即召四兵，向金輪寶偏露右臂，右膝著地，以右手摩拭金輪，語言：『汝向東方如法而轉，勿違常則。』輪即東轉。時善見王即將四兵隨其後行，金輪寶前有四神引導；輪所住處，王即止駕。爾時東方諸小國王見大王至，以金鉢盛銀粟，銀鉢盛金粟，來趣王所拜首白言：『善來大王，今此東方土地豐樂，人民熾盛，志性仁和，慈孝中順，唯願聖王於此治政；我等當給使左右，承受所宜。』當時善見大王語小王言：『止！止！諸賢！汝等則爲供養我已，但當以正法治，勿使偏枉；無令國內有非法行，此即名曰我之所治。』時諸小王聞此教已，即從大王巡行諸國，至東海表。次行南方、西方、北方，隨輪所至，其諸國王各獻國土，如東方諸小王。此時善見王既隨金輪周行四海，以道開化，安慰民庶已，還本國拘舍婆城。時金輪寶在宮門上虛空中住，大善見王踊躍而言：『此金輪寶眞爲我瑞，我今眞爲轉輪聖王。』是爲金輪寶成就。」

「云何善見大王成就白象寶？時善見大王清旦在正殿上坐，自然象寶忽現在前，其毛純白，七處平住，力能飛行。其首雜色，六牙纖𦟛，眞金間填；時王見已，念言：『此象賢良，若善調者，可中御乘。』即試調習，諸能悉備。時善見大王欲自試象，即乘其上，清旦出城，周行四海；食時已還。時善見王踊躍而言：『此白象寶眞爲我瑞，我今眞爲轉輪聖王。』是爲象寶成就。」

「云何善見大王成就馬寶？時善見大王清旦在正殿上坐，自然馬寶忽現在前，紺青色、朱髦尾，頭頸如象，力能飛行。時王見已，念言：『此馬賢良，若善調者，可中御乘。』即試調習，諸能悉備。時善見王欲自試馬寶，即乘其上，清旦出城，周行四海，食時已還。時善見王踊躍而言：『此紺馬寶眞爲我

能辦。』時善見王欲試居士寶，即敕嚴船，於水遊戲，告居士曰：『我須金寶，汝速與我。』居士報曰：『大王小待！須至岸上。』王尋逼言：『我停須用，正今得來。』時居士寶被王嚴敕，即於船上長跪，以右手內著水中，水中寶瓶隨手而出，如蟲緣樹。彼居士寶亦復如是，內手水中，寶緣手出，充滿船上而白王言：『向須寶用，爲須幾許？』時王善見語居士言：『止止！吾無所須，向相試耳！汝今便爲供養我已。』時彼居士聞王語已，尋以寶物還投水中。時善見王踊躍而言：『此居士寶眞爲我瑞，我今眞爲轉輪聖王。』是爲居士寶成就。」

「云何善見大王主兵寶成就？時主兵寶忽然出現，智謀雄猛英略獨決，即詣王所白言：『大王！有所討罰，王不足憂，我自能辦。』時善見大王欲試主兵寶，即集四兵而告之曰：『汝今用兵，未集者集，已集者放；未嚴者嚴，已嚴者解；未去者去，已去者住。』時主兵寶聞王語已，即令四兵未集者集，已集者放；未嚴者嚴，已嚴者解；未去者去，已去者住。時善見王踊躍而言：『此主兵寶眞爲我瑞，我今眞爲轉輪聖王。』是爲善見轉輪聖王成就七寶。」阿難！是爲善見轉輪聖王成就七寶。」

「何謂四神德？一者長壽不夭，無能及者；二者身強無患，無能及者；三者顏貌端正，無能及者；四者寶藏盈溢，無能及者；是爲轉輪聖王成就七寶及四功德。阿難？時善見王久乃命駕出遊後園，尋告御者：『汝當善御，安詳而行；所以然者，吾欲諦觀國土人民安樂無患。』時國人民，路次觀者復語侍人：『汝且徐行，吾欲諦觀聖王威顏。』阿難！時善見王慈育民物，如父愛子；國民慕王，如子仰父，所有珍奇盡以貢王：『願垂納受，在意所與。』時王報曰：『且止！諸人！吾自有寶，汝可自用。』

「復於異時，王作是念：『我今寧可造作宮觀。』適生是意，時國人民詣王善見，各白王言：『我今爲王造作宮殿。』王報之曰：『我今以爲得汝供養，我有寶物，自足成辦。』時國人民復重啓王：『我欲與王造立宮殿。』王告人民：『隨汝等意。』時諸人民承王教已，即以八萬四千兩車，載金而來，詣拘舍婆城造立法殿。時第二忉利妙匠天子，默自思念：『唯我能堪與善見王起正法殿。』阿難！時妙匠天造法殿，長六十里，廣三十里，四寶莊嚴，下基平整；七重寶塼以砌其階，其法殿柱有八萬四千，金柱銀櫨、銀柱金櫨，琉璃水精櫨柱亦然；繞殿周匝，有四欄楯，皆四寶成。又四階陛亦四寶成。其法殿上有八萬四千寶樓，其金樓者銀爲户牖，水精琉璃樓户亦然。金樓銀床，銀樓金床，綩綖細軟，金縷織成，布其座上，水精琉璃樓床亦然。其殿光明，眩曜人目；

猶日盛明，無能視者。」

「時善見王自生念言：『我今可於是殿左右，起多鄰園池，即造園池，縱廣一由旬。』又復自念：『於法殿前造一法池。』尋即施造，縱廣一由旬，其水清澄潔淨無穢，以四寶塼廁砌其下，繞池四邊，欄楯周匝，皆以黃金白銀水精琉璃四寶合成。其池中水生眾雜華：優鉢羅華、波頭摩華、俱物頭華、分陀利華，出微妙香，芬馥四散。其池四面陸地生華：阿醯物多華、瞻蔔華、波羅羅華、須曼陀華、婆師迦華、檀俱摩梨華。使人典池，諸行過者，將入洗浴；遊戲清涼，隨意所欲；須漿與漿，須食與食；衣服車馬香華財寶，不逆人意。」

「阿難！時善見王有八萬四千象，金銀校飾，絡用寶珠，齊象王為第一。八萬四千馬，金銀校飾，絡用寶珠，力馬王為第一。八萬四千車，師子革絡，四寶莊嚴，金輪寶為第一。八萬四千珠，神珠寶為第一。八萬四千玉女，玉女寶為第一。八萬四千居士，居士寶為第一。八萬四千刹利，主兵寶為第一。八萬四千城，拘尸婆提城為第一。八萬四千殿，正法殿為第一。八萬四千樓，大正樓為第一。八萬四千床，皆以黃金白銀眾寶所成，氍毹毾㲪綩綖細軟以布其上。八萬四千億衣，初摩衣、迦尸衣、劫波衣為第一。八萬四千種食，日日供設，味味各異。」

「阿難！時善見王八萬四千象，乘齊象上，清旦出拘尸城，案行天下，周遍四海；須臾之間還入城食；八萬四千馬，乘力馬寶，清旦出遊，案行天下周遍四海，須臾之間還入城食；八萬四千車，乘金輪車，駕力馬寶，清旦出遊，案行天下周遍四海，須臾之間還入城食；八萬四千神珠，以神珠寶照於宮內，晝夜常明；八萬四千玉女，玉女寶善賢給侍左右；八萬四千居士，有所給與，任居士寶；八萬四千剎利，有所討罰，任主兵寶；八萬四千城，常所治都，在拘尸城；八萬四千殿，王所常止在正法殿；八萬四千樓，王所常止在大正樓；八萬四千座，王所常止在頗梨座，以安禪故；八萬四千億衣，上妙寶飾，隨意所服，以慚愧故；八萬四千種食，王所常食、食自然飯，以知足故。時八萬四千象來現，王時蹋蹈衝突，傷害眾生不可稱數，時王念言：『此象數來，多所損傷，自今而後，百年聽現一象；如是轉次百年現一，周而復始。』

爾時佛告阿難：「時王自念：『我本積何功德？修何善本？今獲果報巍巍如是。』復自思念：『以三因緣致此福報，何謂三？一曰**布施**，二曰**持戒**，三曰**禪思**。以是因緣，今獲大報。』王復自念：『我今已受人間福報，當復進修天福之業，宜自抑損，去離憒閙，隱處閑居，以崇道、術。』時王即命善賢寶女而告之曰：『我今已受人間福報，當復進修天福之業，宜自抑損，去離憒閙，隱處閑居，以崇道、術。』女言：『唯諾！如大王教。』即敕內外絕於侍覲。時王即昇法殿，入金樓觀，坐銀御床，思惟貪婬、欲惡不善，有覺有觀、離生喜樂，得第一禪；除滅覺觀，內信歡悅，撿心專一，無覺無觀，定生喜樂，得第二禪；捨喜守護，專念不亂，自知身樂，賢聖所求，護念樂行，得第三禪；捨滅苦樂，先除憂喜，不苦不樂，護念清淨，得第四禪。時善見王起銀御床，出金樓觀，詣大正樓，坐琉璃床，修習慈心，遍滿一方；餘方亦爾，周遍廣普，無二無量，除眾結恨，心無嫉惡，靜默慈柔以自娛樂；悲喜捨心，亦復如是。」

「時玉女寶默自念言：『久違顏色，思一侍覲；今者寧可奉現大王。』時寶女善賢告八萬四千諸婇女曰：『汝等宜各沐浴香湯、嚴飾衣服，所以然者，我等久違顏色，宜一奉覲。』諸女聞已各嚴衣服，沐浴澡潔。時寶女善賢又告主兵寶臣：『集四種兵，我等久違朝覲，宜一奉現。』時主兵臣即集四兵，白寶女言：『四兵已集，宜知是時。』於是寶女將八萬四千婇女，四兵導從，詣金多鄰園。大眾震動，聲聞于王；王聞聲已，臨窗而觀；寶女即前，户側而立。」

「時王見女，尋告之曰：『汝止！勿前！吾將出觀。』時善見王起頗梨座，出大正樓，下正法殿，與玉女寶詣多鄰園，就座而坐。時善見王容顏光澤有逾於常，善賢寶女即自念言：『今者大王色勝於常，是何異瑞？』時女尋白：『大王今者顏色異常，將非異瑞、欲捨壽耶？今此八萬四千象、白象寶爲第一，金銀交飾，絡用寶珠，自王所有；願少留意，共相娛樂；勿便捨壽，孤棄萬民。又八萬四千馬，力馬王爲第一；八萬四千車，輪寶爲第一；八萬四千珠，神珠寶第一；八萬四千女，玉女寶第一；八萬四千居士，居士寶第一；八萬四千剎利，主兵寶第一；八萬四千城，拘尸城第一；八萬四千殿，正法殿第一；八萬四千樓，大正樓第一；八萬四千座，寶飾第一；八萬四千億衣，柔軟第一；八萬四千種食，味味珍異。凡此眾寶，皆王所有；願少留意，共相娛樂；勿便捨壽，孤棄萬民。』」

「時善見王答寶女曰：『自汝昔來恭奉於我，慈柔敬順，言無粗漏；今者何故乃作此語？』女白王曰：『不審所白，有何不順？』王告女曰：『汝向所言象、馬、寶車、金輪、宮觀、名服、餚膳，斯皆無常，不可久保；而勸我留，豈是順耶？』女白王言：『不審慈順，當何以言？』王告女曰：『汝若能言：象馬寶車金輪宮觀名服餚膳，斯皆無常，不可久保，願不戀著以勞神思。所以然者，王命未幾，當就後世。夫生有死，合會有離，何有生此而永壽者？宜割恩愛以存道意。斯乃名曰敬順言也。』阿難！時玉女寶聞王此教，悲泣號啼，捫淚而言：『象、馬、寶車、金輪、宮觀、名服、餚膳，斯皆無常，不可久保，願不戀著以勞神思。所以然者，王壽未幾，當就後世。夫生有死，合會有離，何有生此而永壽者？宜割恩愛以存道意。』阿難！彼玉女寶撫此言頃，時善見王忽然命終，猶如壯士美飯一餐，無有苦惱；魂神上生第七梵天。」

「其王善見死七日後，輪寶珠寶自然不現，象寶、馬寶、玉女寶、居士寶、主兵寶，同日命終；城池法殿、樓觀寶飾、金多鄰園，皆變爲土木。」佛告阿難：「此有爲法無常變易，要歸磨滅，貪欲無厭、消散人命，戀著恩愛、無有知足，**唯得聖智**、**諦見道者**，**爾乃知足**。阿難！我自憶念，曾於此處六返作轉輪聖王，終措骨於此；今我成無上正覺，復捨性命，措身於此。自今已後，生死永絕；無有方土、措吾身處；此最後邊，更不受有。」

爾時世尊在拘尸那竭城，本所生處娑羅園中雙樹間，臨將滅度，告阿難言：「汝入拘尸那竭城，告諸末羅：『諸賢！當知如來夜半於娑羅園雙樹間，當般涅槃。汝等可往諮問所疑，面受教誡。宜及是時，無從後悔。』」

是時阿難受佛教已，即從座起，禮佛而去；與一比丘垂淚而行，入拘尸城，見五百末羅以少因緣集在一處。時諸末羅見阿難來，即起作禮，於一面立，白阿難言：「不審尊者今入此城何甚晚暮？欲何作為？」阿難垂淚言：「吾為汝等，欲相饒益，故來相告。卿等當知：如來夜半當般涅槃，汝等可往諮問所疑，面受教誡，宜及是時，無從後悔。」時諸末羅聞是言已，舉聲悲號，宛轉躃地，絕而復甦；譬如大樹根拔、枝條摧折，同舉聲言：「佛取滅度何其駛哉！佛取滅度何其速哉！群生長衰，世間眼滅。」是時阿難慰勞諸末羅言：「止止！勿悲！天地萬物無生不終，欲使有為而常存者，無有是處。佛不云乎：合會有離，生必有盡？」時諸末羅各相謂言：「吾等還歸，將諸家屬；並持五百張白疊，共詣雙樹。」

時諸末羅各歸舍已，將諸家屬，並持白疊出拘尸城，詣雙樹間，至阿難所。阿難遙見，默自念言：「彼人眾多，若一一見佛，恐未周聞，佛先滅度。我今寧可使於前夜同時見佛。」即將五百末羅及其家屬，至世尊所，頭面禮足，在一面立。阿難前白佛言：「某甲、某甲諸末羅等，及其家屬，問訊世尊起居增損。」佛報言：「勞汝等來，當使汝等壽命延長，無病無痛。阿難乃能將諸末羅及其家屬，使見世尊。」時諸末羅頭面禮足，於一面坐。爾時世尊為說無常，示教利喜。時諸末羅聞法歡喜，即以五百張疊奉上世尊，佛為受之。諸末羅即從座起，禮佛而去。

是時拘尸城內有一梵志，名曰須跋，年百二十，耆舊多智；聞沙門瞿曇今夜於雙樹間當取滅度，自念言：「吾於法有疑，唯有瞿曇能解我意。今當及時，自力而行。」即於其夜出拘尸城，詣雙樹間，至阿難所，問訊已，一面立，白阿難曰：「我聞瞿曇沙門今夜當取滅度，故來至此，求一相見。我於法有疑，願見瞿曇，一決我意。寧有閑暇得相見不？」阿難報言：「止！止！須跋！佛身有疾，無勞擾也。」須跋固請，乃至再三：「吾聞如來時一出世，如優曇缽花，時時乃出，故來求見，欲決所疑，寧有閑暇暫相見不？」阿難答如初：「佛身有疾，無勞擾也。」

時佛告阿難：「汝勿遮止，聽使來入；此欲決疑，無嬈亂也。設聞我法，必得開解。」阿難乃告須跋：「汝欲覲佛，宜知是時。」須跋即入，問訊已，一面坐，而白佛言：「我於法有疑，寧有閑暇一決所滯不？」佛言：「恣汝所問。」

須跋即問：「云何瞿曇，諸有別眾自稱爲師：不蘭迦葉、末伽梨憍舍利、阿浮陀翅舍、金披羅、波浮迦旃、薩若毗耶梨弗、尼揵子，此諸師等各有異法，瞿曇沙門能盡知耶？不盡知耶？」

佛言：「止！止！用論此爲？吾悉知耳。今當爲汝說深妙法，諦聽！諦聽！善思念之。」須跋受教，佛告之曰：「若諸法中，無八聖道者，則無第一沙門果、第二、第三、第四沙門果。須跋！以諸法中有八聖道故，便有第一沙門果、第二、第三、第四沙門果。須跋！今我法中有八聖道，有第一沙門果、第二、第三、第四沙門果，外道異眾無沙門果。」爾時世尊爲須跋而說頌曰：

我年二十九，出家求善道；須跋我成佛，今已五十年。
戒定智慧行，獨處而思惟，今說法之要，此外無沙門。

佛告須跋：「若諸比丘皆能自攝者，則此世間羅漢不空。」是時須跋白阿難言：「諸有從沙門瞿曇已行梵行、今行、當行者，爲得大利。阿難！汝於如來所、修行梵行，亦得大利。我得面覲如來諮問所疑，亦得大利。今者如來則爲以弟子(記)別而(記)別我已。」即白佛言：「我今寧得於如來法中出家受具戒不？」佛告須跋：「若有異學梵志，於我法中修梵行者，當試四月，觀其人行，察其志性；具諸威儀，無漏失者，則於我法得受具戒。須跋當知：在人行耳。」

須跋復白言：「外道異學於佛法中，當試四月，觀其人行，察其志性；具諸威儀，無漏失者，乃得具戒。今我能於佛正法中，四歲使役，具諸威儀，無有漏失，乃受具戒。」佛告須跋：「我先已說：在人行耳。」於是須跋即於其夜出家受戒，淨修梵行，於現法中自身作證，生死已盡，梵行已立，所作已辦；得**如實智**，更不受有。時夜未久，即成羅漢，是爲如來最後弟子；便先滅度，而佛後焉。

是時阿難在佛後立，撫床悲泣，不能自勝；歔欷而言：「如來滅度，何其駛哉！世尊滅度，何其疾哉！大法淪曀，何其速哉！群生長衰，世間眼滅。所以者何？我蒙佛恩，得在學地，所業未成而佛滅度。」爾時世尊知而故問：「阿難比丘今爲所在？」時諸比丘白如來曰：「阿難比丘今在佛後撫床悲泣，不能自勝；歔欷而言：『如來滅度，何其駛哉！世尊滅度，何其疾哉！大法淪曀，何其速哉！群生長衰，世間眼滅。所以者何？我蒙佛恩，得在學地，所業未成而佛滅度。』」

佛告阿難：「止！止！勿憂！莫悲泣也！汝侍我以來，身行有慈，無二、無量；言行有慈，意行有慈，無二、無量。阿難！汝供養我，功德甚大；若有供養諸天、魔、梵、沙門、婆羅門，無及汝者；汝但精進，成道不久。」

爾時世尊告諸比丘：「**過去諸佛**（註）給侍弟子，亦如阿難；未來諸佛給侍弟子，亦如阿難。然過去佛給侍弟子，語然後知；今我阿難舉目即知：如來須是，世尊須是。此是阿難未曾有法，汝等持之。轉輪聖王有四奇特未曾有法，何等四？聖王行時，舉國民庶皆來奉迎，見已歡喜，聞教亦喜；瞻仰威顏無有厭足。轉輪聖王若住若坐及與臥時，國內臣民盡來王所，見王歡喜，聞教亦喜；瞻仰威顏無有厭足。是爲轉輪聖王四奇特法。今我阿難亦有此四奇特之法，何等四？阿難默然入比丘眾，眾皆歡喜；爲眾說法，眾亦歡喜；觀其儀容、聽其說法，無有厭足。復次阿難默然至比丘尼眾中、優婆塞眾中、優婆夷眾中，見俱歡喜，若與說法，聞亦歡喜；觀其儀容，聽其說法，無有厭足。是爲阿難四未曾有奇特之法。」（註：印順認爲只有此地球、此時代有佛，所以提倡人間佛教。但在此長阿含部聲聞經典中已經說有**過去諸佛**了，顯然佛教不是只有 釋迦時代、地球人間才有。）

爾時阿難偏露右肩，右膝著地而白佛言：「世尊！現在四方沙門耆舊多智，明解經律，清德高行者來覲世尊，我因得禮敬、親覲問訊；佛滅度後，彼不復來，無所瞻對，當如之何？」佛告阿難：「汝勿憂也！諸族姓子常有四念，何等四？一曰**念佛生處**，歡喜欲見，憶念不忘，生戀慕心；二曰**念佛初得道處**，歡喜欲見，憶念不忘，生戀慕心；三曰**念佛轉法輪處**，歡喜欲見，憶念不忘，生戀慕心；四曰**念佛般泥洹處**，歡喜欲見，憶念不忘，生戀慕心。阿難！我般泥洹後，族姓男女念佛生時功德如是，佛得道時神力如是，轉法輪時度人如是，臨滅度時遺法如是，各詣其處遊行，禮敬諸塔寺已，死皆生天，除得道者。」

佛告阿難：「我般涅槃後，諸釋種來，求爲道者，當聽出家，授具足戒，勿使留難。諸異學梵志來求爲道，亦聽出家受具足戒，勿試四月，所以者何？彼有異論，若小稽留（假使讓他再稍微滯留於外道中），則生本見（就會再度出生外道的本劫本見）。」爾時阿難長跪叉手，前白佛言：「闡怒比丘，虜愎自用；佛滅度後，當如之何？」佛告阿難：「我滅度後，若彼闡怒不順威儀，不受教誡，汝等當共行梵檀罰：敕諸比丘不得與語，亦勿往返、教授、從事。」是時阿難復白佛言：「佛滅度後，諸女人輩未受誨者，當如之何？」佛告阿難：「莫與相見。」阿難又白：「設相見者，當如之何？」佛言：「莫與共語。」阿難又白：「設與語者，當如之何？」佛言：「當自撿心！阿難！汝謂佛滅度後無復覆護，失所持耶？勿造斯觀。**我成佛來，所說經、戒，即是汝護，**是汝所持。阿難！自今日始，聽諸比丘捨小小戒，上下相呼當順禮度，斯則出家敬順之法。」佛告諸比丘：「汝等若於佛法眾有疑，於道有疑者，當速諮問，宜及是時，無從後悔。及吾現存，當為汝說。」時諸比丘默然無言。佛又告曰：「汝等若於佛法眾有疑，於道有疑，當速諮問，宜及是時，無從後悔。及吾現存，當為汝說。」時諸比丘又復默然。佛復告曰：「汝等若自慚愧，不敢問者，當因知識，速來諮問。宜及是時，無從後悔。」時諸比丘又復默然，阿難白佛言：「我信此眾皆有淨信，無一比丘疑佛法眾、疑於道者。」佛告阿難：「我亦自知今此眾中最小比丘皆見道跡，不趣惡道，極七往返必盡苦際。」爾時世尊即記別千二百弟子所得道果。**時世尊披鬱多羅僧，出金色臂，告諸比丘：「汝等當觀：如來時時出世，如優曇鉢花，時一現耳。」**（註）爾時世尊重觀此義而說偈言：

右臂紫金色，佛現如靈瑞：去來行無常，現滅無放逸。（註：這是世尊捨棄人壽之時，最後一次示現禪宗機鋒。惜乎旁侍聲聞，無人悟入，而猶結集之。）

「是故比丘！無為放逸。我以不放逸故，自致正覺；無量眾善亦由不放逸得。**一切萬物無常存者，**此是如來末後所說。」（聲聞人既不能親見大乘佛法大意，世尊遂輕輕放過。）

於是世尊即入初禪定，從初禪定起、入第二禪，從第二禪起、入第三禪，從第三禪起、入第四禪，從第四禪起、入空處定，從空處定起、入識處定，從識處定起、入不用定，從不用定起、入有想無想定，從有想無想定起、入滅想定。是時阿難問阿那律：「**世尊已般涅槃耶？**」阿那律言：「**未也！阿難！世尊今者在滅想定。我昔親從佛聞：從四禪起，乃般涅槃。**」於時世尊從滅想定起、入有想無想定，從有想無想定起、入不用定，從不用定起、入識處定，從識處定起、入空處定，從空處定起、入第四禪，從第四禪起、入第三禪，從第三禪起、入第二禪，從第二禪起、入第一禪，從第一禪起、入第二禪，從第二禪起、入第三禪，從第三禪起、入第四禪，從第四禪起，佛般涅槃。當於爾時地大震動，諸天世人皆大驚怖；諸有幽冥、日月光明所不照處，皆蒙大明，各得相見，迭相謂言：「**彼人生此，彼人生此。**」其光普遍、過諸天光。時忉利天於虛空中，以文陀羅花、優鉢羅、波頭摩、拘摩頭、分陀利花，散如來上及散眾會；又以天末栴檀而散佛上及散大眾。佛滅度已，時梵天王於虛空中以偈頌曰：

一切昏萌類，皆當捨諸陰；佛為無上尊，世間無等倫。

如來大聖雄，有無畏神力，世尊應久住，而今般涅槃。
爾時釋提桓因復作頌曰：
陰行無有常，但爲興衰法；生者無不死，佛滅之爲樂。
爾時毗沙門王復作頌曰：
福樹大叢林，無上福娑羅；受供之良田，雙樹間滅度。
爾時阿那律復作頌曰：
佛以無爲住，不用出入息；本由寂滅來，靈曜於是沒。
爾時梵摩那比丘復作頌曰：
不以懈慢心，約己修上慧；無著無所染，離愛無上尊。
爾時阿難比丘復作頌曰：
天人懷恐怖，衣毛爲之豎；一切皆成就，正覺取滅度。
爾時金毗羅神復作頌曰：
世間失覆護，群生永盲冥；不復睹正覺，人雄釋師子。
爾時密跡力士復作頌曰：
今世與後世，梵世諸天人，更不復睹見，人雄釋師子。

爾時佛母摩耶復作頌曰：

佛生樓毗園，其道廣流布；還到本生處，永棄無常身。

爾時雙樹神復作頌曰：

何時當復以，非時花散佛？十力功德具，如來取滅度。

爾時娑羅園林神復作頌曰：

此處最妙樂，佛於此生長；即此轉法輪，又於此滅度。

爾時四天王復作頌曰：

如來無上智，常說無常論；解群生苦縛，究竟入寂滅。

爾時忉利天王復作頌曰：

於億千萬劫，求成無上道；解群生苦縛，究竟入寂滅。

爾時焰天王復作頌曰：

此是最後衣，纏裹如來身；佛既滅度已，衣當何處施？

爾時兜率陀天王復作頌曰：

此是末後身，陰界於此滅；無憂無喜想，無復老死患。

爾時化自在天王復作頌曰：

佛於今後夜，偃右脅而臥；於此娑羅園，釋師子滅度。

爾時他化自在天王復作頌曰：

世間永衰冥，星王月奄墜；無常之所覆，大智日永翳。

爾時**異比丘**而作頌曰：

是身如泡沫，危脆誰當樂？佛得金剛身，猶爲無常壞。

諸佛金剛體，皆亦歸無常；速滅如少雪，其餘復何冀？

（註：佛世已有如是斷滅見比丘，末法今時焉能無有印順其人？）

佛般涅槃已，時諸比丘悲慟殞絕，自投於地，宛轉號咷不能自勝；噓唏而言：「如來滅度，何其駛哉！世尊滅度，何其疾哉！大法淪翳，何其速哉！群生長衰，世間眼滅；譬如大樹根拔，枝條摧折；又如斬蛇，宛轉迴遑，莫知所奉。」時諸比丘亦復如是，悲慟殞絕，自投於地，宛轉號咷不能自勝；噓唏而言：「如來滅度，何其駛哉！世尊滅度，何其疾哉！大法淪翳，何其速哉！群生長衰，世間眼滅。」

爾時長老阿那律告諸比丘：「止止！勿悲！諸天在上，倘有怪責。」時諸比丘問阿那律：「上有幾天？」阿那律言：「充滿虛空，豈可計量？皆於空中徘徊騷擾、悲號躃踊，垂淚而言：『如來滅度，何其駛哉！世尊滅度，何其疾哉！大法淪翳，何其速哉！群生長衰，世間眼滅；譬如大樹根拔，枝條摧折；又如斬蛇，宛轉迴遑，莫知所奉。』」是時諸天亦復如是，皆於空中徘徊騷擾，悲號躃踊，垂淚而言：「如來滅度，何其駛哉！世尊滅度，何其疾哉！大法淪翳，何其速哉！群生長衰，世間眼滅。」

時諸比丘竟夜達曉，講法語已，阿那律告阿難言：「汝可入城，語諸末羅：『佛已滅度，所欲施作，宜及時爲。』」時阿難即從座起，禮佛足已，將一比丘涕泣入城，遙見五百末羅，以少因緣集在一處；諸末羅見阿難來，皆起奉迎，禮足而立，白阿難言：「今來何早？」阿難答言：「我今爲欲饒益汝故，晨來至此。汝等當知：如來昨夜已取滅度，汝欲施作，宜及時爲。」時諸末羅聞是語已，莫不悲慟，捫淚而言：「一何駛哉！佛般涅槃；一何疾哉！世間眼滅！」阿難報曰：「止止！諸君！勿爲悲泣，欲使有爲不變易者，無有是處。佛已先說：生者有死，合會有離；一切恩愛，無常存者。」時諸末羅各相謂言：「宜各還歸，辦諸香花及眾伎樂，速詣雙樹，供養舍利。竟一日已，以佛舍利置於床上，使末羅童子舉床四角，擎持幡蓋，燒香散華，伎樂供養；入東城門，遍諸里巷，使國人民皆得供養。然後出西城門，詣高顯處而闍維之。」

時諸末羅作此論已，各自還家，供辦香華及眾伎樂，詣雙樹間供養舍利。竟一日已，以佛舍利置於床上；諸末羅等眾來舉床，皆不能勝。時阿那律語諸末羅：「汝等且止！勿空疲勞。今者諸天欲來舉床。」諸末羅曰：「天以何意欲舉此床？」阿那律曰：「汝等欲以香花伎樂供養舍利，竟一日已，以佛舍利置於床上，使末羅童子舉床四角，擎持幡蓋，燒香散華，伎樂供養；入東城門，遍諸里巷，使國人民皆得供養。然後出西城門，詣高顯處而闍維之。而諸天意欲留舍利，七日之中香花伎樂禮敬供養，然後以佛舍利置於床上，使末羅童子舉床四角，擎持幡蓋，散花燒香，作眾伎樂供養舍利，入東城門，遍諸里巷，使國人民皆得供養。然後出城北門，渡熙連禪河，到天冠寺而闍維之。是上天意，使床不動。」末羅曰：「諾！快哉斯言，隨諸天意。」

時諸末羅自相謂言：「我等宜先入城，街里、街里平治道路，掃灑燒香；還來至此，於七日中供養舍利。」時諸末羅即共入城，街里、街里平治道路，掃灑燒香；訖已出城，於雙樹間以香花伎樂供養舍利；訖七日已，時日向暮，舉佛舍利置於床上，末羅童子奉舉四角，擎持幡蓋，燒香散花作眾伎樂，前後導從，安詳而行。時忉利諸天以文陀羅花、優鉢羅花、波頭摩花、拘物頭花、分陀利花、天末栴檀，散舍利上，充滿街路；諸天作樂，鬼神歌詠。時諸末羅自相謂言：「且置人樂，請設天樂供養舍利。」於是末羅奉床漸進，入東城門，止諸街巷，燒香散花，伎樂供養。時有路夷末羅女，篤信佛道；手擎金花大如車輪，供養舍利。時有一老母舉聲讚曰：「此諸末羅為得大利，如來末後於此滅度，舉國人民快得供養。」時諸末羅設供養已，出城北門，渡熙連禪河，到天冠寺，置床於地，告阿難曰：「我等當復以何供養？」

阿難報曰：「我親從佛聞，親受佛教：欲葬舍利者，當如轉輪聖王葬法。」又問阿難：「轉輪聖王葬法云何？」答曰：「『聖王葬法，先以香湯洗浴其身，以新劫貝周遍纏身，五百張疊次如纏之，內身金棺，灌以麻油畢，舉金棺置於第二大鐵槨中，栴檀香槨次重於外。積眾名香，厚衣其上而闍維之。收拾舍利，於四衢道起立塔廟，表剎懸繒，使國行人皆見王塔，思慕正化，多所饒益。』阿難！汝欲葬我，先以香湯洗浴，用新劫貝周匝纏身，以五百張疊次如纏之，內（納）身金棺，灌以麻油畢，舉金棺置於第二大鐵槨中，栴檀香槨次重於外。積眾名香，厚衣其上而闍維之。收撿舍利，於四衢道起立塔廟，表剎懸繒，使諸行人皆見佛塔，思慕如來法王道化，生獲福利，死得上天，除得道者。』」

時諸末羅各相謂言：「我等還城供辦葬具、香花、劫貝、棺槨、香油及與白疊。」時諸末羅即共入城，供辦葬具已，還到天冠寺，以淨香湯洗浴佛身，以新劫貝周匝纏身，五百張疊次如纏之，內（納）身金棺，灌以香油，奉舉金棺置於第二大鐵槨中，栴檀木槨重衣其外。以眾名香而積其上。時有末羅大臣名曰路夷，執大炬火，欲燃佛積，而火不燃。又有大末羅次前燃其積，又火不燃。時阿那律語諸末羅言：「止止！諸賢！非汝所能，火滅不燃，是諸天意。」末羅又問：「諸天何故使火不燃？」阿那律言：「天以大迦葉將五百弟子從波婆國來，今在半道，及未闍維，欲見佛身；天知其意，故火不燃。」末羅又言：「願遂此意。」

爾時大迦葉將五百弟子，從波婆國來，在道而行。遇一尼乾子手執文陀羅花，時大迦葉遙見尼乾子，就往問言：「汝從何來？」報言：「吾從拘尸城來。」迦葉又言：「汝知我師問乎？」答曰：「知。」又問：「我師存耶？」答曰：「滅度已來，已經七日。吾從彼來，得此天華。」迦葉聞之，悵然不悅。時五百比丘聞佛滅度，皆大悲泣，宛轉號咷不能自勝；抆淚而言：「如來滅度，何其駛哉！世尊滅度，何其疾哉！大法淪翳，何其速哉！群生長衰，世間眼滅。」譬如大樹根拔，枝條摧折；又如斬蛇，宛轉迴遑莫知所奉。

時彼眾中有釋種子，字拔難陀，止諸比丘言：「汝等勿憂。世尊滅度，我得自在。彼者常言：『當應行是，不應行是。』自今已後，隨我所爲。」（佛世已有如是類人，更何況末法時世，而無坦特羅密教—今譯譚崔密教—今之藏密，以種種外道法李代桃僵？兼以遂行貪欲而僭稱法王乎？）迦葉聞已，悵然不悅，告諸比丘曰：「速嚴衣鉢，時詣雙樹；及未闍維，可得見佛。」時諸比丘聞大迦葉語已，即從座起，侍從迦葉，詣拘尸城，渡尼連禪河水，到天冠寺，至阿難所，問訊已，一面住。語阿難言：「我等欲一面覲舍利，及未闍維。寧可見不？」阿難答言：「雖未闍維，難復可見。所以然者，佛身既洗以香湯，纏以劫貝，五百張疊、次如纏之，藏於金棺，置鐵槨中，栴檀香槨、重衣其外？」以爲佛身難復可睹。迦葉請至三，阿難答如初，以爲佛身難復得見。

時大迦葉適向香積，於時佛身從重槨內，雙出兩足，足有異色（世尊以此而向世人示現：如來滅度，非是斷滅空也。惜乎印順等人讀之，不解佛意）。迦葉見已，怪問阿難：「佛身金色，是何故異？」阿難報曰：「向者有一老母，悲哀而前，手撫佛足，淚墮其上，故色異耳。」迦葉聞已，又大不悅。即向香積，禮佛舍利。時四部眾及上諸天，同時俱禮。於是佛足忽然不現。時大迦葉繞積三匝而作頌曰：

諸佛無等等，聖智不可稱；無等之聖智，我今稽首禮。
無等等沙門，最上無瑕穢；牟尼絕愛枝，大仙天人尊。
人中第一雄，我今稽首禮；苦行無等侶，離著而教人。
無染無垢塵，稽首無上尊；三垢垢已盡，樂於空寂行。
無二無疇匹，稽首十力尊；遠逝爲最上，二足尊中尊。
覺四諦止息，稽首安隱智；沙門中無上，迴邪令入正。
世尊施寂滅，稽首湛然跡；無熱無瑕郄，其心當寂定。
練除諸塵穢，稽首無垢尊；慧眼無限量，甘露滅名稱；
希有難思議，稽首無等倫。
吼聲如師子，在林無所畏；降魔越四姓，是故稽首禮。

大迦葉有大威德，四辯具足，說此偈已，時彼佛積不燒自燃。諸末羅等各相謂言：「今火猛熾，焰盛難止；闍維舍利，或能消盡；當於何所，求水滅之？」時佛積側，有娑羅樹神，篤信佛道，尋以神力滅佛積火。時諸末羅復相謂言：

「此拘尸城左右十二由旬，所有香花盡當採取，供佛舍利。」尋詣城側，取諸香花以用供養。時波婆國末羅民眾，聞佛於雙樹滅度，皆自念言：「我今宜往求舍利分，自於本土起塔供養。」時波婆國諸末羅即下國中，嚴四種兵：象兵、馬兵、車兵、步兵，到拘尸城，遣使者言：「聞佛眾祐，止此滅度；彼亦我師，敬慕之心，來請骨分；當於本國起塔供養。」拘尸王答曰：「如是！如是！誠如所言。但為世尊垂降此土，於茲滅度；國內士民當自供養，遠勞諸君，舍利分不可得。」

時遮羅頗國諸跋離民眾，及羅摩伽國拘利民眾，毗留提國婆羅門眾，迦維羅衛國釋種民眾，毗舍離國離車民眾，及摩竭王阿闍世，聞如來於拘尸城雙樹間而取滅度，皆自念言：「今我宜往求舍利分。」時諸國王、阿闍世等，即下國中，嚴四種兵：象兵、馬兵、車兵、步兵，進渡恒水，即敕婆羅門香姓：「汝持我名，入拘尸城，致問諸末羅等：『起居輕利、遊步強耶？吾於諸賢，每相宗敬；鄰境義和，曾無諍訟。我聞如來於君國內而取滅度，唯無上尊，實我所天；故從遠來，求請骨分，欲還本土起塔供養。設與我者，舉國重寶與君共之。』」

時香姓婆羅門受王教已，即詣彼城，語諸末羅曰：「摩竭大王致問無量：『起居輕利、遊步強耶？吾於諸君每相宗敬，鄰境義和，曾無諍訟。我聞如來於君國內而取滅度，唯無上尊，實我所天，故從遠來求請骨分，欲還本土起塔供養。設與我者，舉國重寶與君共之。』」時諸末羅報香姓曰：「如是！如是！誠如君言。但爲世尊垂降此土，於茲滅萬，國內士民自當供養，遠勞諸君，舍利分不可得。」時諸國王即集群臣，眾共立議，作頌告曰：

吾等和議，遠來拜首，遜言求分；如不見與，四兵在此，不惜身命；

義而弗獲，當以力取。

時拘尸國即集群臣，眾共立議，以偈答曰：

遠勞諸君，屈辱拜首；如來遺形，不敢相許。

彼欲舉兵，吾斯亦有；畢命相抵，未之有畏。

時香姓婆羅門曉眾人曰：「諸賢！長夜受佛教誡，口誦法言，心服仁化，一切眾生常念欲安，寧可諍佛舍利、共相殘害？如來遺形，欲以廣益；舍利現在，但當分取。」眾咸稱善。尋復議言：「誰堪分者？」皆言：「香姓婆羅門，仁智平均，可使分也。」時諸國王即命香姓：「汝爲我等分佛舍利，均作八分。」於時香姓聞諸王語已，即詣舍利所，頭面禮畢，徐前取佛上牙，別置一面；尋遣使者齎佛上牙，詣阿闍世王所，語使者言：「汝以我聲，上白大王：『起居輕利，遊步強耶？舍利未至，傾遲無量耶？今付使者如來上牙，並可供養，以慰企望。明星出時，分舍利訖，當自奉送。』」時彼使者受香姓語已，即詣阿闍世王所，白言：「香姓婆羅門致問無量：『起居輕利，遊步強耶？舍利未至，傾遲無量耶？今付使者如來上牙，並可供養，以慰企望。明星出時，分舍利訖，當自奉送。』」

爾時香姓以一瓶受一石許，即分舍利，均爲八分已，告眾人言：「願以此瓶，眾議見與。自欲於舍起塔供養。」皆言：「智哉！是爲知時。」即共聽與。時有畢鉢村人白眾人言：「乞地燋炭，起塔供養。」皆言與之。

時拘尸國人得舍利分，即於其土起塔供養。波婆國人，遮羅國、羅摩伽國、毗留提國、迦維羅衛國、毗舍離國、摩竭國阿闍世王等，得舍利分已，各歸其國，起塔供養。香姓婆羅門持舍利瓶，歸起塔廟；畢鉢村人持地燋炭，歸起塔廟。當於爾時如來舍利起於八塔，第九瓶塔，第十炭塔，第十一生時髮塔。

何等時佛生？何等時成道？何等時滅度？

沸星出時生，沸星出出家，沸星出成道，沸星出滅度。

何等生二足尊？何等出叢林苦？何等得最上道？何等入涅槃城？

沸星生二足尊，沸星出叢林苦，沸星得最上道，沸星入涅槃城。

八日如來生，八日佛出家，八日成菩提，八日取滅度。

八日生二足尊，八日出叢林苦，八日成最上道，八日入泥洹城。

二月如來生，二月佛出家，二月成菩提，八日取涅槃。

二月生二足尊，二月出叢林苦，二月得最上道，八日入涅槃城。

娑羅花熾盛，種種光相照；於其本生處，如來取滅度。

大慈般涅槃，多人稱讚禮，盡度諸恐畏，決定取滅度。】（長阿含部《遊行經》）

聲聞聖人所記　佛陀捨壽前之遊行說法及與涅槃如是，舉爲此書第十一章之主要內容，令大眾常能憶念於世尊，永遵聖教，是名**以法供養**。至於菩薩所記佛之涅槃則不如是，此謂所學、所熏、所修、所證，四者悉皆有異故；是故《維摩詰經》說：「**佛以一音演說法，眾生隨類各得解；佛以一音演說法，或有恐畏或歡喜**。」法道亦復如是，菩薩聞之，知佛所說密意，了諸四聖諦、八正道、十二因緣等法，悉以本識如來藏心爲歸而能成立，故四諦、八正、十二因緣等法，亦是大乘佛菩提之法道，聞之解義，記之則成大乘經典；聲聞人聞之則不如是，縱使令聞大乘經義，聞之皆成聲聞法道，記之皆成小乘經典。是故釋迦如來初會廣說阿含時，於其中間隱覆密意而說第八識如來藏者，彼諸聲聞人雖亦同聞，而不能解義，如同今時印順與昭慧……等人，皆仍不信聲聞佛法中確已曾說第八識如來藏妙法；唯有菩薩能解佛意，是故此一《長阿含經》之《遊行經》中所說者，亦依聲聞人所聞、所熏、所修而記之，非必與大乘菩薩所聞相同，是故結集所成經典則有不同，此亦須知。

余作是語，絕非虛言。譬如初會說法之阿含諸經中，世尊所略言之如來藏密意，及諸略說唯識學之密意，乃至明說第七識意根之意旨，印順等人讀之都不解義，更言四阿含諸經未說第七識意根，更言四阿含諸經未說第八識如來藏——入胎識；至於四阿含諸經中所說之唯識正義，彼等更不能知。由是緣故，彼等諸人誤會為「四阿含中未說大乘般若及唯識如來藏法義」，便假藉考證之名而否定之，謂般若諸經、方等唯識諸經皆**不是 佛口親說經典**。

乃至印順極力否定中國禪宗能令人證悟般若之妙法，謂為禪師之自由心證、野狐禪，認為不是眞實證悟般若之法；然而此一長阿含部之經典中，世尊一如後時之禪宗祖師一般示現向上一路之直指人心：【**時世尊披鬱多羅僧，**

出金色臂，告諸比丘：「**汝等當觀：如來時時出世，如優曇鉢花，時一現耳。**」此乃是爲當場之大乘弟子而故意示現，並且說爲如來示現，都與禪宗眞悟祖師絲毫無二，由此而可證知拈花微笑公案之可信也！非唯北傳阿含如是，南傳阿含經典中亦復如是，非無禪宗機鋒、教外別傳之記錄，只是聲聞人見之、聞之、讀之都不能領會，故都不能生起般若實相智慧也！菩薩眾結集所成的般若系經典中亦復如是，同有禪宗教外別傳之機鋒記載，都不可謂無也！既然 世尊於大、小乘的阿含部、般若部經中，都曾有**教外別傳**之舉，今仍明文記錄著，顯見 世尊在世時之爲人心切也！誠足以令後時之禪宗祖師效法也！乃至今時平實猶自年年舉辦禪三精進共修，仍以此法而對會員菩薩們助益之，證知中國禪宗之般若禪確爲證悟般若之逕捷行門也！是故欲求悟入般若者當學禪宗。非唯如是，欲求悟入解脫道而現觀二乘聖人所不能現觀之涅槃境界相者，乃至欲求悟入眞實唯識與虛妄唯識二門兼得者，亦皆當學禪宗；藉此大乘法之悟入，則能遍入三乘菩提中故，如同平實今之所入無二；有志之人，皆當效行。

如今平實以四阿含經中 佛語，證實確有大乘般若及唯識種智等法義；唯因阿含諸經所說解脫道乃是初會說法，乃是初轉法輪，以解說二乘菩提之解脫道為主；是故大乘般若及唯識增上慧學，要待第二會說法、第三會說法時，方細說之。至於二乘聖、凡於第一次五百結集中所成立之大乘經典，舉凡收在四阿含中者，都同以二乘解脫道法義而結集之，凡有言及大乘法義者，皆唯以一、二名相略說，令諸聲聞人了知二乘涅槃非是斷滅法，以此緣故不生恐怖，即能確實斷除我執、我慢，確實取證四果涅槃，是故四阿含諸經中常有大乘妙法之密意隱於其中，都從二乘人聽聞大乘經義時所能憶持者結集而成。但四阿含諸經中二乘人記持之大乘法義，固然處處隱有密意，實非二乘聖人所能知之；今見小乘人所結集之《遊行經》，雖記敘 世尊遊行人間及晚年之滅度等事，然聲聞人不能如實了知 佛世尊於第二會及第三會說法時，二、三轉法輪所言之般若智慧與一切種智，是故作如是記載，成為二乘人認為非屬重要之事相，成為非屬重要法義之機鋒開示，故有前來此段經文之平鋪直敘而未曾稍予重視。若有人僅緣於此經，便考證為 釋迦世尊唯有一會說法者，則成大過也：

一者，長阿含之《大本經》中， 釋迦世尊既說「我今**一會**說法，弟子千二百五十人」，時當聲聞法之期，所說又純屬聲聞人所修、所證之解脫道，僅有佛菩提道法義中之部分名相而無內容，則知必有後來之二會與三會說法也。

既然必有後來之二會與三會說法，則知第二轉法輪之般若，與第三轉法輪之如來藏唯識方等諸經增上慧學，皆是釋迦世尊金口所宣也。則印順等人即不應假藉考證之名，誣說般若系諸經及唯識系諸經爲非佛口親說者，即不應否定初會說法四阿含諸經中隱覆密意所言之第八識「入胎識、心、實際、本際、如、眞如、如來藏、阿賴耶（尼柯耶中曾說）、識」；即不應否定第二會說法般若經中所言之第八識「非心心、無心相心、無住心、不念心、菩薩心」，即不應否定第三會說法方等經典所言之第八識「阿賴耶、菴摩那、異熟識、無垢識、心、所知依、眞如、如來藏。」

二者，釋迦世尊於長阿含中既言諸佛常有三會說法者，而三會說法——三轉法輪——亦是佛教界自古至今共所承認而無異議者，四阿含中復說宣講阿含時爲初會說法，可徵第二會說法之第二轉法輪般若經法，確爲釋迦佛親口所宣者；則第三會說法之唯識系方等諸經，當知亦是釋迦佛所親口宣說者。印順等人不應否定其眞實性，誣爲後人長期創造編集而成者。

三者，四阿含諸經中，釋迦世尊未曾宣說修學佛道之義理，未曾宣說佛道修行之內涵，亦未曾宣說佛道修證之次第，故未曾演述成佛之道，唯細說二乘菩提所修之解脫道法理。四阿含中雖然偶亦說及與大乘法有關之法義，皆是因爲與解脫道相關故，不得不提及；於提及時，又皆是一語、二語即帶過，未作說明；偶或言及菩薩十度之名義，亦不細說之，所言粗略，不同於細說二乘菩提所修證之解脫道；顯見四阿含中之大乘經義，是在二乘人聽聞大乘法時不具有**念心所**的情況下所結集者。然於隨後菩薩千人結集第二會、第三會的般若、唯識諸經時，則是一一細說，可謂鉅細靡遺，具足宣說成佛之道的內涵與次第，可徵般若與唯識系等如來藏方等經典，眞是佛說也。或有聲聞人親聞大乘經義時，結集之後都不免成爲專說二乘解脫道法義之二乘經，故四阿含中並無大乘法義之實質與修證法道及次第，徒留大乘法義之種種名相。

四者，若第二會、第三會所說之般若與唯識系如來藏方等經典非是佛說者，則四阿含諸經既未宣說**成佛之道**所應修證之內涵，亦未宣說成佛法道之修行次第，而僅宣演解脫道之內容與行門，僅提出大乘法義之名相，則應 釋迦世尊說法化度眾生之緣尚未圓滿。若是化緣未圓滿者，則不應取滅度。然而 世尊於長阿含部的《遊行經》中，曾說化緣已經圓滿應取滅度，如是則應該已經具足宣說般若與唯識增上慧學了。徵諸佛教經典，則唯有般若系諸經與唯識系諸經，曾說第二會之般若法義及第三會之如來藏唯識法義；可證 世尊所言之第二、三會說法內容，確已如實宣示與四眾弟子；可證 世尊於四阿含諸經所說，乃是第一會所說之法義，乃是二乘菩提所修證之解脫道，而非大乘菩薩所修之佛菩提道；而二乘人結集之四阿含諸經中所言大乘法義，又都是殘缺不全、極為疏漏，只餘名相；如是事實，諸經現在，今猶可稽。是故印順等人所言第二、三轉法輪諸經非是 佛口親說者，其言大謬，非是誠實之言。

五者，時近像法時期之後人智慧，豈能更勝於佛？而印順倡言聲聞部派佛教後的佛弟子眾能合力創造更勝於四阿含佛說之大乘經典，其言有何可信？今者由四阿含諸經所說法義之未言及成佛之道，由般若諸經及方等唯識諸經所說法義之勝妙於初轉法輪所說解脫道為主的四阿含諸經以觀，顯然般若及唯識系諸經確為佛說，絕非聲聞部派佛教後人所能創造。既然印順等人都認為 釋迦確已成佛，而印順所言「後代的菩薩們共同創造結集成為般若、唯識系的經典」若屬眞實者，則後代的菩薩們智慧顯然更勝於 世尊，方能創造出更勝於四阿含諸經的大乘佛法；然而印順此一說法，顯然處處過失、舉之不盡。且問一、二：後代尚未成佛的菩薩們智慧，能夠勝妙於已成佛的 釋迦世尊嗎？或者印順之意爲「釋迦世尊尙未成佛」？故智慧遠不如後代的佛弟子？印順派的大法師與學人們，對此略問，頗能置一詞否？

六者，今據阿羅漢們所結集的阿含部經典中的說法，四阿含諸經是第一次的五百結集時就已全部完成的，不是分爲二或三次結集才圓滿四阿含諸經的。印順刻意將四阿含分爲二至三次結集才完成，用意何在？阿含經典中明載：四阿含是第一次就已結集完成；而第二次結集的七百結集，所集的都是律法，正是聞名的十事非法之戒典，與法藏無關；印順怎能枉稱四阿含是在第二、第三次才結集完成的？再進而誣說大乘經典非佛說，謗爲後代弟子們創造結集的？印順派的大師與學人們，對此又將何以自圓其說呢？

七者，印順每言大乘經中所說轉輪聖王等事，乃是後來結集之大乘經中方說者，乃是後來大乘法道廣弘以後始有者，乃是後來的**人王自尊**而發明之說。今者阿含諸經中，常有如是轉輪聖王之說，乃至長阿含中更有專經說明轉輪聖王之修行法道，名爲《轉輪聖王修行經》；如是　佛之開示經文現在，都可考證，爲何印順等人卻都故意視而不見，而言別有考證？其實都只是推論罷了！則彼等所謂之考證，有其可信之處乎？有智之人，不思而知，其所謂之考證都不可信也！今於此《遊行經》之經文中，佛陀亦教誡阿難尊者：應以轉輪聖王之法而闍維佛身。由此事實舉證，可徵印順所說之語，俱皆虛妄。

八者，亦如《增壹阿含經》，本屬大乘法經典，然由二乘人結集之後，卻成爲宣說二乘解脫道之法義。縱然如是，仍可於經中找到許多蛛絲馬跡，證明其實本來是大乘經典，與《央掘魔羅經》之本質相同，只是法義已然混入二乘解脫道了。有何根據而作是言？譬如《增壹阿含經》〈序品第一〉中，有偈言：【然此增一最在上，能淨三眼除三垢；**其有專心持增一，便爲總持如來藏**；正使今身不盡結，後生便得高才智。】又言：【是時尊者阿難及梵天將諸梵迦夷天皆來會集，化自在天將諸營從皆來會聚，他化自在天將諸營從皆悉來會，兜術天王將諸天之眾皆來會聚，豔天將諸營從悉來會聚，釋提桓因將諸三十三天眾悉來集會，提頭賴吒天王將乾沓和等悉來會聚，毘留勒叉天王將諸厭鬼悉來會聚，毘留跛叉天王將諸龍眾悉來會聚，毘沙門天王將閱叉、羅刹眾悉來會聚。是時**彌勒大士**告賢劫中**諸菩薩等**：「卿等勸勵諸族姓子、族姓女，諷誦受持增一尊法，廣演流布，使天、人奉行。」說是語時，諸天、世人、乾沓和、阿須倫、伽留羅、摩睺勒、甄陀羅等各各白言：「我等盡共擁護是善男子、善女人諷誦受持增一尊法，廣演流布，終不中絕。」時尊者阿難告優多羅曰：「我今以此增一阿含囑累於汝，善諷誦讀，莫令漏減。所以者何？其有輕慢此尊經者，便爲墮落，爲凡夫行，何以故？此，優多羅！增一阿含出三十七道品之教，及諸法皆由此生。】

由此可以證明，增一阿含其實正是大乘經典，彌勒菩薩與文殊師利亦是佛教歷史人物，佛世已經存在，不是數百年後的聲聞部派佛教中才傳說爲有。阿含部的經文中明載：彌勒菩薩特地交代一切學人皆應奉行增一阿含經法，其中亦言及有諸菩薩共在法會中聽聞增一之法，印順所言：【在過去，菩薩是聲聞三藏所有的名詞，所以想定是釋尊所說。然經近代的研究，「菩薩」這個名詞，顯然是後起的。】（《初期大乘佛教之起源與開展》頁 125～126）顯然是公然說謊，都非親受比丘戒者應有之正行、正語也！增一固然本是大乘經典，但因是由二乘聖人結集，而非由大乘菩薩所結集成者，故其內容多偏在二乘聲聞菩提之解脫道上，少諸大乘佛菩提修習、親證之妙法。然於其中，仍有極多大乘法之影子存在，至今證據歷然，一一可檢，證明平實之說眞實無訛。

九者，佛光山、慈濟功德會、妙心寺、弘誓學院、福嚴佛學院……等佛教團體，每依印順之邪見，倡導人間佛教而排斥天界之佛教，亦同時排斥他方佛世界之佛教，則其人間佛教即成狂妄之說。要依佛說眞義而在人間弘傳佛法，並不排拒天界之有佛法，亦不排拒十方虛空之有諸佛淨土，方是眞正之佛教正法也。所以者何？今此阿含部之《遊行經》中， 佛已親口說有諸佛，教諸弟子應共歸命諸佛，顯然往世曾有佛出、今世已有 釋迦佛出、後世亦將有 彌勒尊佛出。而天界亦有極多往生天界之佛弟子，前來聞法及闍維佛身、供養等，焉可說天界無有佛教正法弘揚？是故印順人間佛教之說確屬偏邪之妄想也！印順等人又不信有地獄可令眾生受償苦報，每謂地獄之說乃是聖人施教之方便說，然而印順等人所崇尚之四阿含諸經中，豈都無地獄之說？ 佛亦於四阿含諸經中之世界悉檀中，說有地獄實際境界相，歷然可觀，印順等人焉得說之爲無？而恣意謗之？

十者，阿含部經典中，已曾說**佛身常住**、**法身常住**，又說涅槃是**常住**、**不變**、**眞實**，印順等人焉得妄說 釋迦世尊爲磨滅無常？亦如阿含部經典中記載釋迦分身常住十方世界，並列舉百佛世界與佛名，俱是 釋迦之所化現住持者：

【「下方去此十恒河沙剎，有國名常歡喜王，佛名斷一切疑，在世教化。

汝等當往問彼佛言：『云何釋迦牟尼佛住廣說莊嚴際，而住娑婆世界、不般涅槃？』汝央掘魔羅與文殊師利俱往詣彼，問如是義，彼決一切疑如來當爲汝說；以能決斷一切疑故，名斷一切疑佛。」爾時文殊師利與央掘魔羅俱白佛言：「世尊！善哉！善哉！唯然受教。」頂禮佛足，猶如鴈王淩虛而去，至常歡喜王剎，禮斷一切疑如來足，卻坐一面，白彼佛言：「我等從娑婆世界釋迦牟尼佛所，普詣十方各十世界諸如來所，問如是義：『云何釋迦牟尼佛住娑婆世界不般涅槃解脫之際？』彼諸如來悉答我言：『釋迦牟尼佛即我等身，彼佛自當決汝所疑。』釋迦牟尼佛復遣我來至世尊所，言『斷一切疑如來當爲汝說』，是故我今諮問所疑：『云何釋迦牟尼佛住娑婆世界而不般涅槃？』」彼佛答言：「汝等還去，彼（釋迦牟尼）佛自當決斷汝等一切所疑：如是無量釋迦牟尼如來所使。」爾時二人俱發聲言：「善哉！善哉！唯然受教。」禮彼佛足，奉辭而還；至釋迦牟尼佛所，稽首作禮，如是歎言：「奇哉！世尊！釋迦牟尼如來持無量阿僧祇身，悉告我言：『汝等還去，釋迦牟尼佛當決汝疑，彼佛世尊即是我身。』」爾時世尊告文殊等言：「彼諸如來告汝等言：『我即是彼如來身耶？』」文殊等言：「如是！世尊！一切如來皆作是說。」】（阿含部《央掘魔羅經》卷三）如是阿含部之經文分明現在，印順焉得視而不見，妄說 釋迦世尊為磨滅不存者？

亦如同一經中所說：【佛告文殊等言：「……央掘魔羅！如來復有奇特大威德力方廣、總持、大修多羅說：『八十億佛皆是一佛，即是我身。』如是廣說無量佛剎，如是無量如來，如是如來色身無量無邊。如來成就如是無量功德，云何當有若無常、若疾病？如來常住無邊之身，我今當復廣說：有根本、有因、有緣。一切佛、一切因，皆悉不樂生此世界，以此眾生不可治故。以是義故，我於此世界治不可治眾生，數數捨身故，生不生身。」】（阿含部《央掘魔羅經》卷三）又云：【「我於無量阿僧祇劫恒河沙生，為無量眾生滅『一切有』無量煩惱，離欲、滅盡、涅槃故，生涅槃不動快樂之身。央掘魔羅！我於無量阿僧祇劫，一切無際處住而復住此。央掘魔羅！涅槃即是解脫，解脫即是如來。」】是故有智、多聞之學人們，都不可效學印順妄說釋迦牟尼佛已經磨滅不存，以此為由，獨尊人間之**聲聞凡夫僧**，這都是印順等人私心中不可告人之不良心態也！

印順亦主張：佛常住人間的說法，只是後代**佛弟子對佛的永恆懷念**，並不是佛陀仍然常住。然而，平實此世悟後亦曾得佛召見，開示上一世之因緣與此世之果報關聯……等；復次，平實有時為諸發大心之素未謀面異域佛子，代為

請求 釋迦世尊加持者，屢次應驗而且極速，不可說 釋迦佛已經灰飛煙滅也！由是故說印順對 佛世尊之信根猶未發起也！亦表示印順對 佛之信力仍然不曾發起。如是信根不具足、信力尚未發起的印順法師，專意破斥解脫道所依止的本識，專破護助解脫道、令不墮入斷滅見之中的本識，正是最嚴重破法者，而部分佛教界推崇其爲眞實僧寶，實有大病；乃至有人推崇其爲佛教界導師者，豈唯過當而已？如是，印順法師其人，對佛、法、僧三寶應有的清淨信，都付闕如；修學佛菩提道應具備之五根、五力，亦皆付之闕如，而倡言爲人間佛教之導師，竟欲將導人間佛子邁向何途？此實人間佛教諸信仰者、諸推廣者，首應探討之要務，以免一生努力學佛，誤入印順之藏密外道邪見窠臼中，一生努力學佛之後卻是唐捐其功，都無點滴功德。若單只是唐捐其功猶屬小事，誠恐因爲仰信其說而致毀謗大乘法、毀謗大乘賢聖，乃至謗言 佛陀已經灰飛煙滅，因此而成就大惡業，則是非同小可之事！大眾對此萬勿輕忽。

第十二章　雜說

第一節　天界有佛法宣揚之證據

印順法師在書中每每主張人間佛教，意思是：只有人間才有佛教，天界沒有佛教，沒有佛法在弘揚；也沒有十方世界的佛教存在，佛法的弘揚只有這個地球人間才有。這是他一心一意想要讓大家認同的觀點，這樣一來，當代既無一人可以淩駕或超越於他，就可以成爲全球佛教身分最高的人了。觀乎他在死前，自己（或被動性的同意作者潘煊）命名他的傳記爲《看見佛陀在人間》，可見他是以成就佛道自居的；由此事實證明平實此說對他絕無絲毫誣枉之處。但是佛法並非只有人間才有，天界也是有佛法一直在宣揚著，有經文爲證：

【爾時世尊著衣持鉢，入那伽城乞食已，至大林處，坐一樹下，思惟摩竭國人命終生處。時，去佛不遠，有一鬼神自稱己名，白世尊曰：「我是闍尼沙！我是闍尼沙！」佛言：「汝因何事，自稱己名爲闍尼沙？（闍尼沙，秦言「勝結使」）汝因何法，自以妙言稱見道跡？」闍尼沙言：「非餘處也！我本爲人王，於如來法中爲優婆塞，一心念佛而取命終，故得生爲毘沙門天王太子。自從是來，常照明諸法，得須陀洹，不墮惡道，於七生中常名闍尼沙。」時，世尊於大林處隨宜住已，詣那陀揵稚處，就座而坐，告一比丘：「汝持我聲，喚阿難來。」對曰：「唯然。」即承佛教，往喚阿難。阿難尋來，至世尊所，頭面禮足，在一面住而白佛言：「今觀如來顏色勝常，諸根寂定；住何思惟，容色乃爾？」爾時世尊告阿難曰：「汝向因摩竭國人，來至我所請記而去。我尋於後，著衣持缽入那羅城乞食，乞食訖已，詣彼大林，坐一樹下，思惟摩竭國人命終生處。時去我不遠，有一鬼神自稱己名而白我言：『我是闍尼沙，我是闍尼沙。』阿難！汝曾聞彼闍尼沙名不？」阿難白佛言：「未曾聞也！今聞其名，乃至生怖畏，衣毛為豎。世尊！此鬼神必有大威德，故名闍尼沙爾。」佛言：「我先問彼：『汝因何法，自以妙言稱見道跡？』闍尼沙言：『我不於餘處，不在餘法；我昔為人王，為世尊弟子，以篤信心為優婆塞；一心念佛，然後命終，為毘沙門天王作子，得須陀洹，不墮惡趣；極七往返，乃盡苦際；於七生名中，常名闍尼沙。』」】（《長阿含經》卷五《闍尼沙經》）

由長阿含部裡的這一部經典中 佛陀親口所說的眞實事，已經可以證明：往世之佛所度化的聲聞法中三果以下聖人，往生天界而繼續修學佛法的人，必定不在少數，也是必定如此的。這位闍尼沙（戰勝結使的人）在過去佛之世原是人王身分，在世時證得初果而斷三縛結，往生後在四王天中當王太子，已經七次的人天往返而到了生死的最後世，並於過往的每一世中都名爲闍尼沙，所以說：「於七生名中，常名闍尼沙。」由這一部經典中的說法，顯然天界是確實有佛弟子繼續在修學佛法的，當然一定是有佛法繼續流傳於天界的。所以印順主張人間佛教的說法，不但是極狹隘的想法，也是與聖教及事實不符合。

爲何說也是與事實不符合？初果人既然得要七生天界與人間，歷經七次的人天受生往返之後，方始進入無餘涅槃界，當然得要在後世所生的天界及人間繼續自修，當然就不免會與其他的天人談論到佛法，由此可見天界確有佛法流傳，所以印順不該單取人間佛法。不僅初果人如此，乃至一來的二果人修證涅槃，三果的上流一生而般涅槃或是上流而處處般涅槃，這些聲聞法中的聖人，也是一定得要往生天界，並且在天界或是再回到人間繼續修斷五上分結以後，才能在天界或人間取證無餘涅槃的，當然天界一定有佛法繼續在流傳著。

聲聞人如是，菩薩亦如是，當然也是或在人間、或在天界繼續自修及爲人說法，印順竟然見不及此，眼光竟能如此短淺，思想竟能如此狹隘，刻意將佛教限制在人間的地球上，不允許人間別的星球上也有佛教，也不允許天界有佛教。並且， 彌勒菩薩如今也正在兜率天中說法，等待降生人間的因緣成熟，所以天界顯然也有佛教存在，也有佛法正在流傳中。但印順卻極力主張人間佛教，他私心中應該是不承認 彌勒降生人間的可能，顯然是不承認 彌勒菩薩爲古代佛教的歷史人物。他顯然也是認爲：阿含經中記載 彌勒菩薩即將成佛的說法是虛妄的；他很明顯的認爲阿含解脫道的修證完成時，應該一悟即成阿羅漢，而阿羅漢是究竟佛，所以不該有初果的七次人天受生往返而成阿羅漢的說法，也不該有二果人生天之後再來人間成阿羅漢的說法，也不該有三果人上流處處般涅槃的說法，所以他對**聲聞佛法**四阿含諸經中的許多聖教，都認爲是不正確的；因此他隨順日本的一分佛教研究者，另外提出**根本佛法**的名詞，認爲只有親從 佛聞的佛法才是正確的，經典所記載的佛法都已經是不正確的。

依照他這個說法的邏輯，則所有人也都不該信受他所說的法，因爲他並非親從佛口聽聞得來的，而是少部分從阿含部經典，大部分從日本、歐美一分佛學學術研究者所寫的書中，及宗喀巴《菩提道次第廣論》前半部中讀來的，那麼他寫的《妙雲集》等四十一冊書籍當然也都不是眞正的佛法，早就該燒掉了！

所以當年李炳南居士公開曾燒掉他的書。更何況他寫出來的解脫道，也都是誤會四阿含諸經的解脫道法義以後，再寫出來取代佛菩提道的。所以，他的說法正是處處自相矛盾；而這種處處自相矛盾的現象，是他所有書籍中的特色，問題是他的門徒及諸信眾都沒有智慧加以簡擇，所以才會繼續迷信下去。

佛法絕對不是唯有人間才有的，天界一直都有佛法在宣揚著；否則，過去佛度化的證悟弟子，在人間佛教滅絕以後，捨壽時都該往生到何處去呢？是否應該所有弟子一悟之時就都成爲究竟佛或阿羅漢了？這裡面隨即伴生的種種過失，印順又將如何自圓其說而不被破斥呢？這是信奉印順「人間佛教」的所有佛弟子都必須面對的問題，也是所有人證悟三乘菩提後的切身問題。答案當然是絕大多數的三果人及所有初果、二果人，都要往生天界或是他方的佛世界去，然而印順竟然無智至此，輕率的否定天界的佛教與佛弟子，輕率的否定他方世界的存在而否定了他方的佛世界、佛弟子，平實只能說他是淺學無智而且居心叵測的故意誤導當代大法師與學人。天界也有佛法弘揚、也有佛弟子在進修佛法的證據，在聲聞佛法的四阿含諸經中，其實是有很多記載的。這裡就略舉長阿含部經典中　佛的說法來證明：

【「……我至諸逝心國，我亦化作逝心衣服、語言。我問：『若（若字，古時亦作你字使用）作何等經戒？』我知子曹心，知子曹語言（子曹：他們）。我引經與教誡，便化沒去。子曹皆從後思我，自相與語：『是何等人？天、鬼神乎？』子曹皆不知我誰，我亦不道是佛。我行一天下，授經道遍已，我上第一天上、四天王所，我作天上衣服、言語，我問天：『若作何等經？』天言：『我不知經。』我即為說經竟，便化沒去，天亦不知我為誰。我復上第二忉利天上，化作忉利天上衣服、語言，我問忉利天：『若作何等經？』忉利天言：『不知經。』我為說經竟，便化沒去，天亦不知我為誰。我復上第三鹽天上，化作鹽天上衣服、語言，我問鹽天：『若作何等經？』天言：『我不知經。』我為說經，我復上第四兜術天上，化作其天上衣服、語言，我問天：『作何等經？』其天言：『彌勒為我說經。』我重復為說經。我復上至第五不憍樂天上，作其天上衣服、語言，我問天：『若知經不？』其天言：『不知經。』我為說經，化沒去，天皆不知我為誰。我復上第六化應聲天上，作其天上衣服、語言，我問天：『若作何等經？』天言：『不知經。』我為說經，即復化沒去；第六天從後，皆不知我為誰，我亦不語言是佛。我復上梵天、梵眾天、梵輔天、大梵天、水行天、水微天、無

上升到第二天忉利天上，也化作忉利天上的衣服與語言，我問忉利天人們：『你們是修學什麼經法呢？』忉利天人說：『我們不知道經法。』我就爲他們演說經法，演說完了就滅掉化身而離去，天人們也不知道我是誰。我又升上第三鹽天（豔天）上，變化爲鹽天上的衣服與語言，我問鹽天的天人們：『你們修學什麼經典呢？』天人說：『我們不知道經法。』爲他們說經完了，我又升上第四兜術天上，變化爲他們天上的衣服與語言，我問天人們：『修學什麼經法呢？』那些天人回答說：『彌勒菩薩爲我們演說經法。』我就重新爲他們演說經法。我又升上到第五不憍樂天上，也變化作他們天上的衣服與語言，我問諸天說：『你們知道經法嗎？』那些天人說：『不知道經法。』我爲他們演說經法以後，變化身就滅沒而離去，諸天人都不知道我是誰。我又升上第六化應聲天上，變化爲他們天上的衣服與語言，我問諸天人說：『你們修學什麼經法呢？』諸天人回答說：『不知道經法。』我爲他們演說經法，隨即又滅掉化身而離去；第六天的天人們自從我離去以後，都不知道我是誰，我也不說我是佛陀。我又升上梵天、梵眾天、梵輔天、大梵天、水行天、水微天、無量水天、水音天、約淨天、遍淨天、淨明天、守妙天、近際天、快見天、無結愛天，諸天各都前來看望我，我全部都這樣問：『你們以前都聽聞過經法沒有？』其中**有的天人知道經法**，也有回答說不知道經法的，我都爲他們說明生死之道，說明斷除生死根本之道。他們若是樂於聽聞經法的人，我都會爲他們說明開示，我都是變化成天上的衣服與語言而爲他們演說經法。再上去無色界的其餘四天，那些天人都不能言語，因爲他們都沒有色身；我想要上去的話，那些天人也不能對我說的話加以應答；那就是第二十五天名爲空慧天，第二十六天名爲識慧入，第二十七天名爲無所念慧入，第二十八天名爲不想入。」佛接著說道：「我沒有什麼境界是看不見的，所有境界中只有涅槃才是最安隱快樂的。」】

由這一部經典中的說法，也可以證實天界其實是常常有應身佛化身上去說法的，除非是無色界天人都無身、無口亦無眼，否則總是會有應身佛上去說法，如同 釋迦世尊一般。說法以後，當然就會有天人修學佛法，那就會有佛教存在天界了！而且前佛所度的弟子，捨壽後也常常會有人往生天界而如今仍在，這並非單有大乘經如是說，在阿含中也是如此明說的，怎能說天界沒有佛教、佛法呢？所以印順的人間佛教思想是很狹隘的、是不如理作意的邪思下所產生的邪見。不單如此，在長阿含部《大堅固婆羅門緣起經》卷二中，佛也是像這樣子說的：

【「爾時輔相婆羅門，所應告語、遍告語已，於七日中，正信堅固，歸佛出家；鬚髮自落，袈裟著身，成苾芻相，威儀具足。輔相婆羅門既出家已，時彼七王悉捨國境，亦隨出家；所有七千教誦婆羅門亦隨出家，彼四十妻亦隨出家。是時復有無數百千諸人民眾，各各隨喜，悉樂出家。五髻！時輔相大堅固婆羅門遠離諸欲，證阿羅漢果；證聖果已，復爲同梵行者說諸聲聞種類法門。彼聞法已，解了其義，**當生梵界**。是時大堅固聲聞，復爲諸同修梵行者，說諸聲聞種類法門；彼聞法已，解了其義，得生欲界四大王天。又有一類同梵行者，聞法悟解，生三十三天；或有一類同梵行者，生夜摩天；或有一類，生兜率天；或有一類，生化樂天；或有一類，生他化自在天。五髻！彼時會中若男、若女及同梵行者，或於大堅固聲聞起過失心者，身壞命終，墮地獄中。彼時會中若男、若女及同梵行者，於大堅固聲聞起淨信心者，身壞命終，得生天界。」】

由這一段 佛說聖教中，已經證實色界天也有佛教流傳，並且有許多是聲聞比丘有修證者往生天界成爲天人，這是 佛口金言所說的，都不是像印順短淺眼光所主張的：**唯有人間方有佛教**。假使天界都無佛法的話，就不該有初果人七返人天而得到解脫，也不該有解脫道中的二果人生天一世，捨報後再來人間成爲阿羅漢，更不該有鈍根三果人的上流處處般涅槃。是故必定是人間、天上都有佛法住世宣揚，然後菩薩才能得到佛法的受用與進修，歷經三大阿僧祇劫進修而漸次成就佛道；然後聲聞解脫果的一切有學位聖人，才能轉入後世而得到解脫，成爲生般涅槃、處處般涅槃。別有阿含部經文爲證：

【「如是，我法善說、發露廣布，無有空缺，流布宣傳乃至天人；若正智慧解脫命終者，彼不施設有無窮。我法善說，發露廣布無有空缺，流布宣傳乃至天人；如是，我法善說，發露廣布無有空缺，流布宣傳乃至天人；若有五下分結盡而命終者，生於彼間便般涅槃，得不退法，不還此世；我法善說，發露廣布無有空缺，流布宣傳乃至天人。如是，我法善說，發露廣布無有空缺，流布宣傳乃至天人；彼三結已盡，婬怒癡薄，得一往來天上人間；一往來已，便得苦邊；我法善說，發露廣布無有空缺，流布宣傳乃至天人。如是，我法善說，發露廣布無有空缺，流布宣傳乃至天人；彼三結已盡，得須陀洹，不墮惡法，定趣正覺，極七往來天上人間；七往來已，便得苦邊；我法善說，發露廣布無有空缺，流布宣傳乃至天人。如是，我法善說，發露廣布無有空缺，流布宣傳

乃至天人；若有信樂於我而命終者，皆生善處，如上有餘。」佛說如是，彼諸比丘聞佛所說，歡喜奉行。】（《中阿含經》卷五十四）

這也顯示天界一定有佛弟子常住而繼續在修學佛法的。另有長阿含部《大集法門經》卷二經文為證，舍利弗尊者云：【「復次，五淨居，是佛所說，謂無煩、無熱、善見、善現、色究竟。」】既有五淨居天，都屬於佛教聖人在人間捨壽後往生所住境界，不是一切外道及諸凡夫所能入住的天界，當知五不還天中必定時時都有佛法在弘傳、在修學的。五淨居天的境界，三乘諸經中全都一樣的說法，並非大乘經或平實個人所作的創見。

又如雜阿含部的經中也說過，娑婆世界的天界也有佛教的存在：【如是我聞：一時佛住曠野精舍。時有曠野長者疾病命終，生無熱天。生彼天已，即作是念：「我今不應久於此住，不見世尊。」作是念已，如力士屈伸臂頃，從無熱天沒，現於佛前。時彼天子天身委地，不能自立，猶如酥油委地，不能自立。如是，彼天子天身細軟、不自持立，爾時世尊告彼天子：「汝當變化，作此粗身而立於地。」時彼天子即自化形，作此粗身而立於地。於是天子前禮佛足，退坐一面；爾時世尊告手天子：「汝手天子，本於此間為人身時所受經法，今故憶念、不悉忘耶?」手天子白佛言:「世尊!本所受持,今悉不忘。本人間時,有所聞法不盡得者,今亦憶念,如世尊善說。世尊說言:『若人安樂處,能憶持法,非爲苦處。』此說眞實。如世尊在閻浮提,種種雜類四眾圍遶而爲說法,彼諸四眾聞佛所說,皆悉奉行;我亦如是,於無熱天上,爲諸天人大會說法,彼諸天眾悉受修學。」佛告手天子:「汝於此人間時,於幾法無厭足故,而得生彼無熱天中?」手天子白佛:「世尊!我於三法無厭足故,身壞命終生無熱天。何等三法?我於見佛無厭故,身壞命終生無熱天;我於佛法無厭足故,生無熱天;供養眾僧無厭足故,身壞命終,生無熱天。」時手天子即說偈言:「見佛無厭足,聞法亦無厭;供養於眾僧,亦未曾知足。受持賢聖法,調伏慳著垢;三法不知足,故生無熱天。」時手天子聞佛所說,歡喜隨喜,即沒不現。】

(《雜阿含經》卷二十二第 594 經)

這也說明了天界亦有佛弟子及他們爲天人所演說的佛法存在,並非只有人間才有佛教,所以印順的人間佛教是依邪思惟、依偏斜心態而產生的邪謬思想,目的只是想要證成他私心中一悟即成佛道的謬思,所以他的傳記副書名才會命名爲一位人間佛陀的傳記。亦如《雜阿含經》卷四十一第 1135 經所說:

【如是我聞 一時佛住舍衛國祇樹給孤獨園。爾時有四十天子，極妙之色；夜過晨朝，來詣佛所；稽首禮足，退坐一面。爾時世尊告諸天子：「善哉！善哉！諸天子！汝等成就『於佛不壞淨，於法、僧不壞淨』，聖戒成就。」時天子從座起，整衣服，稽首佛足，合掌白佛言：「世尊！我成就於佛不壞淨，緣此功德，身壞命終，今生天上。」一天子白佛言：「世尊！我於法不壞淨成就，緣此功德，身壞命終，今生天上。」一天子白佛言：「世尊！我於僧不壞淨成就，緣此功德，身壞命終，今生天上。」一天子白佛言：「世尊！我於聖戒成就，緣此功德，身壞命終，今生天上。」時四十天子各於佛前自記說須陀洹果已，即沒不現。如四十天子，如是，四百天子、八百天子、十千天子、二十千天子、三十千天子、四十千天子、五十千天子、六十千天子、七十千天子、八十千天子，各於佛前自記說須陀洹果已，即沒不現。】這也是天界仍有佛教的聖教依據，也不違背理證上的必然性。

復有是阿含部經典如是云：【如是我聞 一時佛住俱尸那竭國、力士生地堅固雙樹林。爾時世尊臨般涅槃，告尊者阿難：「汝於堅固雙樹間敷繩床，北首。如來今日中夜，於無餘涅槃而般涅槃。」時尊者阿難奉世尊教，於雙堅固樹間，爲世尊敷繩床、北首已，還世尊所，稽首禮足，白言世尊：「已爲如來於雙堅固樹間敷繩床，令北首。」於是世尊往就繩床，右脇著地，北首而臥；足足相累，繫念明相。爾時世尊即於中夜，於無餘涅槃而般涅槃。般涅槃已，雙堅固樹尋即生花，周匝垂下，供養世尊。時有異比丘即說偈言：

善好堅固樹，枝條垂禮佛；妙花以供養，大師般涅槃。

尋時，釋提桓因說偈：

一切行無常，斯皆生滅法；雖生尋以滅，斯寂滅爲樂。

尋時，娑婆世界主梵天王次復說偈言：

世間一切生，立者皆當捨；如是聖大師，世間無有比。
逮得如來力，普爲世間眼；終歸會磨滅，入無餘涅槃。

尊者阿那律陀次復說偈言：

出息入息住，立心善攝護；從所依而來，世間般涅槃。
大恐怖相生，令人身毛豎；一切行力具，大師般涅槃。
其心不懈怠，亦不住諸愛；心法漸解脫，如薪盡火滅。

如來涅槃後七日，尊者阿難往枝提所，而說偈言：

導師此寶身，往詣梵天上；如是大神力，內火還燒身。
五百疊纏身，悉燒令磨滅；千領細疊衣，以衣如來身；
唯二領不燒，最上及襯身。

尊者阿難說是偈時，諸比丘默然悲喜。】（《雜阿含經》卷四十四第 1197 經）

這段聲聞佛法的阿含部經文中，也說明了天界有許多的佛弟子，故並非沒有佛教的存在；而且也說明 佛陀入滅以後並非斷滅，而是化滅色身以後前往梵天中的色究竟天，不是如同阿羅漢們一般的灰身泯智。（註：二乘人認為佛陀已入了**無餘涅槃**，不知這只是示現，其實是常住於**無住處涅槃**，但是二乘人對此完全無知，只有菩薩悟後現觀才能了知）。又：四阿含諸經常有記載，往往有諸鬼神於前夜覲佛請法，中夜、後夜則常有天人下到人間向 佛請法，在在處處豈非都證明娑婆之天界也有佛法中人？印順焉可說天界沒有佛法弘傳及天人修持？乃至此娑婆世界中的其他小世界中，也一樣有 世尊所化度的徒眾，有時受召而來到此地球世界，所以也不可以像印順一樣主張只有地球才有佛教，所以他故意暗示說只有地球才有佛教，是錯誤的說法。譬如中阿含部《佛說新歲經》記載：

【於時世尊聞阿難說偈歎誦，至眞寂坐一面，告賢者大目揵連：「汝往詣三千大千世界幽閑山谷、峻頂石室，悉遍聲告諸比丘眾，始進、舊學，逮諸未悟，悉使來會於斯祇樹。所以者何？如來以到，欲立新歲。」時大目揵連，踊在虛空，承佛聖旨而發洪音，告于三千大千世界，其大響中，自然演偈而說頌曰：仁等所以處，林藪山石間；新歲時已到，心所願當成。

時諸比丘所在遊居三千大千世界，聞斯偈告，各各以神足若干方便，變現其身到祇樹園，行詣佛所，受立新歲。并在佛邊合集弟子，各從異方他土來者，一時都會，凡八十萬四千億姟，欲受新歲。……爾時十方諸菩薩、天、龍、神王，各從十方面而來合會，化作若干奇妙供具，供養世尊及比丘眾；稽首歸命、諮受經典，各復如是、等無有異，咸來稽首，皆發無上正眞道意。於是天、人，各各發心供養世尊及諸聖眾。】這已證明此時十方世界有佛弟子等，非唯此界；結集四阿含的聖凡出家二眾，信受他方世界也有佛教；受持聲聞解脫道四阿含的印順其人，反而不信受他方世界也有佛教，否定了他方淨土世界的存在，豈非反常、奇怪的心態？

又如中阿含部的《受新歲經》中亦如是記載：

【爾時世尊復更以偈報阿難曰：「

恒沙過去佛，弟子清淨心；皆是諸佛法，非今釋迦文。辟支無此法，無歲無弟子；獨逝無伴侶，不與他說法。當來佛世尊，恒沙不可計；彼亦受此歲，如今瞿曇法。」】

這也證明過去有佛及諸弟子，未來也將會有佛及諸弟子。由此緣故，聖嚴、星雲、證嚴等人，不應繼承印順的人間佛教主張，不應信受印順唯有人間方有佛教的主張，不應侷限佛教於人間，否則皆將成爲眼光狹小之短見人。佛國世界並非只有我們這個娑婆世界，他方世界亦有佛國；而這個說法，不是印順所說後來創造的**大乘經典中才提出來的**，是在聲聞佛法的四阿含經典中，就已經明文具載的，猶如前所舉證的經典都是從聲聞佛法的四阿含中列舉出來的，其餘的阿含部經典中仍有同樣的聖教，有經文爲證，佛說：【「**劫名爲災壞時，有四時因緣：一者久在地，盡便火起；二者久火，盡便水起；三者久水，盡便風起；稍生後，天地成；從成復敗，如環無端緒，故名爲劫。久極，天地運盡時，一切人罪盡者，皆上生梵天上，其天近；是時有罪者未竟者，復生他方佛國天下惡道中。劫所以有起盡者，現非常，敗故。**」】（長阿含部《大樓炭經》卷六）

亦如《增壹阿含經》卷二十九明文記載著他方世界的佛教：【是時世尊遙現

道力，使目連知意。是時目連將（東方世界）五百比丘，來至舍衛城祇樹給孤獨園。爾時世尊與數千萬眾而爲說法。時大目連將五百比丘至世尊所，然釋迦文佛弟子仰觀彼比丘。是時東方世界比丘禮世尊足，在一面坐。爾時世尊告彼比丘：「汝等比丘爲從何來？是誰弟子？道路爲經幾時？」彼五百比丘白釋迦文佛：「我等世界今在東方，佛名奇光如來，是彼弟子。然我等今日亦復不知爲從何來？爲經幾日？」世尊告曰：「汝等知佛世界乎？」諸比丘對曰：「不也！世尊！」「汝等今日欲詣彼土乎？」諸比丘對曰：「唯然，世尊！欲還詣彼土。」爾時世尊告彼比丘：「今當與汝說六界法，善思念之。」諸比丘對曰：「如是，世尊！」爾時諸比丘從佛受教。世尊告曰：「彼云何名爲六界之法？比丘當知，六界之人稟父母精氣而生。云何爲六？所謂地界、水界、火界、風界、空界、識界。是謂比丘！有此六界，人身稟此精氣而生六入。云何爲六？所謂眼入、耳入、鼻入、舌入、身入、意入，是謂比丘，有此六入，由父母而得有。以依六入便有六識身，云何爲六？若依眼識則有眼識身，耳識、鼻識、舌識、身識、意識，是謂比丘，此名六識身。若有比丘解此六界、六入、六識者，能度六天而更受形；設於彼壽終，來生此間，聰明高才；於現身上，盡於結使，得至涅槃。」爾時世尊告目連曰：「汝今還將此比丘詣彼佛土。」目連報曰：「如是，世尊！」是時目連復以絡，盛五百比丘，遶佛三匝，便退而去；如屈伸臂頃，以至彼佛土。是時目連捨此比丘已，禮彼佛足已，還來詣此忍界。是時，彼土比丘聞此六界已，諸塵垢盡，得法眼淨。」

這阿含部的經典中也是很清楚的說明：除此娑婆世界以外，還有其他的佛世界存在，並不是這個娑婆世界毀壞了以後，就沒有其他的世界存在而成爲斷滅空，這也是聲聞佛法的阿含部經典中所說的，不是只有在大乘經典中才說有他方世界的佛教。所以印順的人間佛教**否定他方世界佛教及天界佛教**的說法，是很荒唐的。因爲，他把佛教侷限在人間的地球一隅，使得佛教開闊廣大的視野變得很小，就與外教的狹窄視野相同了！這樣一來，就使一般人對佛教與外教的廣大狹小及法義的勝妙與否，產生了間接的印象：**佛教與外教的境界與法義大概都差不多吧**！於是一般人在尚未深入理解佛教的勝妙法義以前，就會對佛教的深妙與廣闊都無所知而一視同仁了！這應該正是印順提出人間佛教的主張時，私心中想要達到的目的之一吧！

但是，十方世界及天界一向都有佛教，印順不該妄說「只有此地球世間才有佛教」，今據聲聞佛法四阿含中其他經典的記載，再加以略舉如下：

中阿含部《佛為首迦長者說業報差別經》：【「若有眾生奉施寶蓋，得十種功德：一者處世如蓋，覆護眾生；二者身心安隱，離諸熱惱；三者一切敬重，無敢輕慢；四者有大威勢，五者常得親近諸佛菩薩大威德者，以為眷屬；六者恒作轉輪聖王，七者恒為上首，修習善業；八者具大福報，九者命終生天，十者速證涅槃，是名奉施寶蓋，得十種功德。」】這是說佛弟子奉施於三寶時，能生天界繼續修學佛法，故說天界也有佛法在流傳，不是只有人間才有佛教。

藉由以上全屬聲聞佛法四阿含諸經中的 佛陀金言聖教，證明天界確實有佛在弘法，也確實有佛弟子繼續在修習佛法的，以上的教證都不曾引述大乘經中的說法，印順派的大法師們應該可以接受才是。因此，行善修福、積功累德、修學佛法、熏習正見，都將會延續到未來世的天界異熟果報中而成熟的，除非您是迴向大乘而繼續出生於人間學法、修道。所以說，印順否定天界佛教的存在，是狹隘心態中產生的虛妄想，將會誤導佛教界永遠無法確實走上眞正的成佛之道。

第二節　前後有佛，非唯釋迦一佛

佛法自無量劫來，前後諸佛相繼出現於人間，並非只有 釋迦世尊一佛，譬如《增壹阿含經》卷三如是記載：【聞如是　一時佛在舍衛國祇樹給孤獨園，爾時世尊告諸比丘：「若有一人出現於世，無明大冥便自消滅。爾時凡愚之士為此無明所見纏結，生死所趣，如實不知；周旋往來今世、後世，從劫至劫無有解已；若多薩阿竭、阿羅呵、三耶三佛出現世時，無明大闇便自消滅。是故，諸比丘！當念**承事諸佛**。如是，諸比丘！當作是學。」爾時諸比丘聞佛所說，歡喜奉行。】

像這樣子教導大眾應當承事**諸佛**的開示，在《增壹阿含經》中，共有五處之多，可見前後都有佛，並非只有 釋迦世尊一佛而已。既然前佛、後佛相繼而出，而天界壽命相較於人間，都是極長遠的，所以前佛入滅於人間以後，必然會有所度的佛弟子繼續受生於天界，當然天界也因此會有長壽的佛弟子住世及弘法的。但是印順私心中，其實是很不願意承認前佛與後佛的，對於 世尊授記當來下生之佛為 彌勒菩薩，他也是不太認同的，所以他才會以佛自居，同意將自己的傳記副書名取為《看見佛陀在人間》，意味他已經成佛了。

此處又再依《長阿含經》的經文為依據，來看看聲聞佛法中有多少處，說以前曾有諸佛出現在人間，證明印順在諸書中所暗示的「唯有一佛出於人間，過去佛已斷滅而成為空無，此時的他方亦無佛」的說法是否正確：

《長阿含經》卷一說：【時諸比丘於乞食後集花林堂，各共議言：「諸賢比丘！唯無上尊為最奇特，神通遠達，威力弘大，乃知過去無數諸佛入於涅槃、斷諸結使、消滅戲論；又知彼佛劫數多少，名號、姓字、所生種族，其所飲食、壽命脩短，所更苦樂；又知彼佛有如是戒、有如是法、有如是慧、有如是解、有如是住。」】單是《長阿含經》的卷一之中，就有二十二處說到過去諸佛、或說諸佛。

《長阿含經》卷二：【爾時世尊知彼女，意柔軟和悅，陰蓋微薄，易可開化；如諸佛法（如同諸佛常法），即為彼女說苦聖諦，苦集、苦滅、苦出要諦。】

《長阿含經》卷三：【時佛知福貴，意歡喜柔軟，無諸蓋纏，易可開化，如諸佛常法，即為福貴說苦聖諦，苦集、苦滅、苦出要諦。】

《長阿含經》卷四：【爾時世尊告諸比丘：「過去諸佛給侍弟子亦如阿難，

未來諸佛給侍弟子亦如阿難；然過去佛給侍弟子，語然後知；今我阿難，舉目即知如來須是、世尊須是。此是阿難未曾有法，汝等持之。」】如是說到過去諸佛、未來諸佛者，於此第四卷中總有四處。

《長阿含經》卷八：【佛告梵志：「汝豈不從先宿梵志聞『**諸佛**、如來獨處山林，樂閑靜處』，如我今日樂於閑居？不如汝法樂於憒鬧、說無益事以終日耶？」】卷八經文中如是說到諸佛者有二處。

《長阿含經》卷九云：【「二者賢聖無愛，生內外智；三者**諸佛**賢聖之所修行，生內外智。」】

《長阿含經》卷十二云：【「云何舍利弗！汝能知過去**諸佛**心中所念：彼佛有如是戒、如是法、如是智慧、如是解脫、如是解脫法不？」】此卷中說到諸佛者共有三處。

《長阿含經》卷十三：【爾時世尊知婆羅門心已調柔、清淨、無垢，堪受道教，如**諸佛常法**，說苦聖諦、集聖諦、苦滅聖諦、苦出要諦。時婆羅門即於座上遠塵離垢，得法眼淨。】

《長阿含經》卷十五云：【爾時世尊觀彼婆羅門志意柔軟，陰蓋輕微，易可調伏；如**諸佛常法**，爲說苦諦，分別顯示。說集聖諦、集滅聖諦、出要聖諦。時究羅檀頭婆羅門，即於座上遠塵離垢，得法眼淨。】

《長阿含經》卷二十云：【佛告比丘：「我時爲彼地神次第說法，除其惡見，示教利喜：施論、戒論、生天之論，欲爲不淨，上漏爲患，出要爲上，敷演開示清淨梵行。我時知其心淨，柔軟歡喜，無有陰蓋，易可開化；如**諸佛常法**，說苦聖諦、苦集諦、苦滅諦、苦出要諦，演布開示。爾時地神即於座上遠塵離垢，得法眼淨。」】於卷二十中，總共四次說到諸佛。如是，於《長阿含經》中說到諸佛的經文聖教，已有四十處；增一阿含等諸經中，當知亦不在少數，可見聲聞佛法中已曾說到諸佛，並不是只有 釋迦一佛而已，所以印順書中常常暗示說只有一佛，滅後就無佛存在，用以暗示以往成佛的諸佛都已不存在了，都是滅度以後成爲斷滅空無。但其實都只是印順一己的妄想，都不是正確的說法。

印順又認爲：大乘法義的發揚是起源於**對佛陀永恆的懷念**。關於大乘法是否在部派佛教以後才漸漸出現的，或是 佛陀在世時就已經存在了，證據已經很明確了，前面各章節中根據聲聞佛法聖教所提出的證據，已經夠充分了，這裡暫不說它。但是他不但認爲大乘法義的弘傳只是起源於**對佛陀永恆的懷念**，他又認爲十方世界只有一佛：只有 釋迦牟尼佛，十方世界並無他佛同時存在，所以直接否定極樂世界 阿彌陀佛及東方藥師佛的存在。

但在阿含部的《央掘魔羅經》卷三中有這樣記載：【爾時一切**諸方**諸大菩薩，悉皆欲來見央掘魔羅；**諸佛**即遣而告之曰：「汝等應去，今釋迦牟尼佛興大法戰，降大師子，度無量眾。今於祇樹給孤獨園，當爲大眾說無上法。汝等佛子，應往聽受，并復瞻覲央掘魔羅。」彼諸菩薩**從諸方來**者，皆雨蓮華大如車輪；此諸眾生，聞蓮華香，悉離煩惱。】

所以印順否定天界及他方世界佛菩薩的存在，是錯誤的想法，是心性狹隘的妄想。讀者您，既然是有智慧的修行人，可千萬別中了他的遺毒，應該深信聲聞佛法四阿含諸經中的說法才是，如此能使自己眼界寬廣深妙，才能與阿含解脫道乃至大乘佛菩提道相應。若能先有寬廣眼界與心量，未來實證般若實相智慧時，就能迅速修入諸地；否則終究要在長劫中實際過完三大阿僧祇劫以後，才能成就佛道，可就眞的很冤枉了！

印順認爲娑婆世界中，只有人間才有佛教，天界是沒有佛教的，所以他堅決的主張**人間佛教**，否定天界佛教的存在，也否定他方世界有佛教存在。但是無可避免地，有些問題一定會伴隨他的錯誤主張而來，除非他的主張正確無誤：一者，釋迦牟尼既以人身在人間成佛，難道過去不可計數的時空中，都不可能有人像釋迦牟尼一樣的成佛嗎？二者，釋迦亦人，吾等亦人，爲何吾人經由釋迦的開示，在無量世、修無量行以後仍不能成佛？而竟然只有釋迦一人成佛？三者，果眞如此，則釋迦也應當如同我們一樣的不可能成佛了！然而現見釋迦已經成佛，具足宣說三乘妙法，不但教導修證阿羅漢道，也指示吾人成佛之道的般若及一切種智妙義，然後在圓滿化緣時示現進入涅槃。吾人依照指示，三大阿僧祇劫如實修行之後，又怎有可能達不到祂所達到的智慧與解脫？四者，釋迦以人身修行既可成佛，他方世界的人們以成佛之方法長期修行以後，當然也一樣可以在他方世界中成佛，印順怎會主張十方世界只有釋迦一人在此娑婆世界成佛？五者，釋迦以人身成佛，祂說明了成佛之道的內容與次第以後，我們在未來的無量世中如理作意的修行以後，當然也可以成佛；假使不是如此，則釋迦所說的成佛之道顯然是虛妄說，印順就不可以倡說世尊是實語者。六者，印順書中曾說，依照佛經法義自修也可以成佛，所以悟後所說的法義雖然不是釋迦佛所說，也算是佛法；而印順自身也以成佛自居了，那又怎有可能只有 釋迦一人成佛？假使大眾依經修學，真的可以成佛，則印順的說法顯然是虛妄說、謗 佛之說。

由這些清楚易知的邏輯，可以了知往昔世必然曾有無量佛出現過，因爲往昔的時間是無量的；而且 佛也宣示祂在無量世以前的種種修行事跡，又授記將來會有 彌勒菩薩降生在此人間成佛，那時聲聞法中的佛弟子都將以慈氏爲姓（彌勒是音譯，意思是慈仁）。同理，我們可以了知：未來的無量時間以後，必將會有許多的佛陀繼續出現在人間，包括你我在內將來成佛，所以 釋迦的成佛決非印順**暗示**說的偶發事件，而是眾生修證佛法因緣成熟之所必然。只有在一個錯誤見解及世間智慧不足的情況下，才會如印順一般認爲 釋迦的成佛是人類史中偶發的單一事件，以前及以後都不會有佛再度出現：**所有人都只有一世，沒有前世與來生**。看來印順的人間佛教主張，似乎是蘊含著這種味道的。

所以，從印順的種種思想與說法中，可以看得出來，他心中的想法是：**釋迦成佛只是十方三世人類歷史上一個偶然出現的單一事件而已，只是偶發之事，任何人都別想像 祂一樣的成佛**。因爲這個邪思，所以他應該是認爲十方世界不可能再有別的佛了！賢劫 釋迦之前的三佛說，也只是一個神話故事而已！將來成佛的 彌勒也只是安慰性、希望性的說法，目的只是在安撫佛弟子們對 佛入滅後的永恆懷念，賜給佛弟子一個繼續修行的動機而已。但是他這個暗示性的主張，卻與他自己的心想互相違背：因爲他認爲自己已經成佛了！所以同意把他的傳記命名爲《看見佛陀在人間》，顯然他是以佛位自居的。但這樣一來， 釋迦的成佛顯然就不是佛教史上、或人類史上的偶然突發單一事件了！顯然又與他的想法有衝突了！印順的思想眞是自相矛盾得很嚴重。

再從理證上來證明：人類經由修行可以成佛，不單是歷史上的 釋迦世尊一人可以成佛，而是人人都確實可行的；因爲吾人已經證明 釋迦所說的般若中道實相根本智、後得智確可證得，也已證明成佛根本所依的一切種智亦可分證，當然就可以經由道種智的漸漸圓滿而成就佛果；由此推之，未來的我們都是可以成佛的；依於此理，在往昔的無量劫之前也必然曾有無量佛出現於世。理證上如此，教證上也可以舉出證據來，在部派佛教時期的大眾部、銅鍱部、法藏部的經典或論典中，也都有他方佛正在弘法的宣示，並不是只有大乘法的經典中才有這種說法的。但是印順不承認有一個常住心可以從無量劫以前相續不斷而來到此世，也不承認這個心可以去到三大阿僧祇劫的未來無量世以後成佛，所以，歷經無量劫的修行而成佛的主張，就一定無法成立，因爲只能有一世的機會成佛，所以印順才會認爲：無量劫以來到現在，以及無量劫以後的未來，假使會有人成佛，都將只是當時的偶發事件而已，並不是所有人都能成佛的。既然不是所有人修行長劫以後都可以成佛，那麼前佛、後佛、他方佛的說法就都是虛妄說，都只是人們對 釋迦牟尼佛的**永恆懷念**下創造出來的說法。假使有人能成佛，應該都是只有在一世中來成就的，都只是少數人的偶發事件罷了，不可能豎超三世而有同一個心常住不壞的。但是他這種暗示、明示方式的講法，不但在理證上講不通，在教證上也是講不通的，從上面所舉證聲聞佛法的阿含部經文中的證據，都已證明印順的說法是邪謬的偏見，所以有智慧的您，從今日起，當然不會再信受他的邪說，不會再被他誤導。

第三節　如來一名非唯大乘方有

印順法師對於如來、如來藏、涅槃界，有如是說法：【「如來常住，恆不變易，是修念佛觀行之境，名如來藏，猶如虛空，不可壞滅，名涅槃界，亦名法界」。「三十二勝相，如來藏具有，是故佛非無，定者能觀見」。

如來藏就是如來；涅槃界 nirva'n!a-dha'tu 與法界，是如來，也就是如的異名。這是修念佛[如來]觀行者的境界。如來藏具有三十二勝相，就是佛，是「定者」(觀行者）所見的；眾生不能見，也就因此名為如來藏了。「修念佛觀行者」一句，非常重要！如來藏是佛，智慧相好圓滿，不能作理性去解說。『般舟三昧經』等，從觀想念佛見佛，理解到一切唯心造。念如來藏，是觀自身本有的佛。這是從**唯心**——（眾生）阿賴耶識所現，**進展**到阿賴耶識自性清淨，就是如來藏。】(《印度佛教思想史》p.406)

由這一段文字中，可以看得出來，印順對於如來、如來藏、如、阿賴耶識、唯心，都認為是同一法，又認為在聲聞佛法的四阿含中並沒有這些思想與法義，而是後來大乘佛教大力開展出來以後，才與外道合流而漸漸演變出來的。

所以他在別處又說「如來」本是外道所立的名號，說「如來」本非佛法，意謂眞正的佛法中只有阿羅漢，釋迦佛的證量其實與阿羅漢們相同，都是只有實證解脫道，在實質上並無大乘佛法修證內容可以與阿羅漢相異。而且，他認爲歷史上存在過的 釋迦如來並未傳授成佛之道，只有傳授過阿含解脫道，所以阿含解脫道也就是成佛之道，因此他就公然以解脫道來取代佛菩提道。這是因爲他私心中從來都不認爲大乘經眞是佛說，所以他也不承認如來名號確實是佛法的中心或是佛教中的主要思想。然而四阿含聲聞佛法中已常常有如來之名，而如來一名有時也是指稱眾生的自心如來第八識，不是印順所謂的外道神我、梵我的第六意識，這並不是只有在大乘經典中才如此說的。有阿含部經文爲證：

【佛告婆悉吒：「今者現見婆羅門種，嫁娶、產生，與世無異，而作詐稱：『我是梵種，從梵口生。現得清淨，後亦清淨。』婆悉吒！汝今當知，今我弟子種姓不同，所出各異，於我法中出家修道。若有人問：『汝誰種姓？』當答彼言：『我是沙門**釋種**子也。』亦可自稱：『我是婆羅門種，親從口生，從法化生；現得清淨，後亦清淨。』所以者何？**大梵名者即如來號**，如來爲世間眼，**法爲世間智；爲世間法，爲世間梵，爲世間法輪，爲世間甘露，爲世間法主。**

婆悉吒！若剎利種中有篤信於佛、如來、至眞、等正覺，十號具足、篤信於法，信如來法，微妙清淨、現可修行，說無時節、示泥洹要；智者所知，非是凡、愚所能及、教。篤信於僧，性善質直；道果成就，眷屬成就；佛眞弟子法法成就，所謂眾者：戒眾成就，定眾、慧眾、解脫眾、解脫知見眾成就，向須陀洹、得須陀洹，向斯陀含、得斯陀含，向阿那含、得阿那含，向阿羅漢、得阿羅漢四雙八輩，是爲如來弟子眾也！可敬可尊，爲世福田，應受人供。篤信於戒，聖戒具足，無有缺漏，無諸瑕隙亦無點污，智者所稱，具足善寂。婆悉吒！諸婆羅門種、居士、首陀羅種，亦應如是篤信於佛，信法、信眾，成就聖戒。婆悉吒！剎利種中亦有供養羅漢、恭敬禮拜者，婆羅門、居士、首陀羅亦皆供養羅漢，恭敬禮拜。】（《長阿含經》卷六《小緣經》）

這段經文中的意思是：外道所說出生一切世間的大梵，其實正是自心如來第八識如來藏，就是四阿含諸經中說的入胎識、住胎識。不論外道所說能出生世間的勝性、冥性、上帝、阿拉、因緣、自然、盤古、能量、大梵天……等法，其實都是不如理作意的虛妄想，本質上其實都是自心如來的功能；在此自心以外，別無任何能創造世間、創造五陰的天神或勝法。但因外道所知的如來、大梵天王，都是不可實證其爲創造世間者，都只是想要探求造物者的眞實相而未親證，然而卻都以妄想建立而變成迷信以後產生的錯誤說法；乃至哲學界常常對一神教提出質疑，認爲神是由人類的思想所創造出來的，這也使得部分較理性的一神教信徒開始在探討：「**上帝在哪裡？**」然而總是無法實證上帝的存在與功能，在這些想法的背後，其實都是想要求證自心如來、自心上帝、自心勝性的所在，只是知見錯誤而向心外尋求常住不壞的永恆法性。

在佛法中，若是依不如理作意的思惟，妄將自心如來的功能建立在自心如來本識以外的某一個想像法上，都將成爲心外求法的邪思妄想；心外求法的緣故，就被佛門稱爲外道（外道這個名詞是在四阿含諸經中就已經講過的）。所以　佛陀在這一段經文中說：「**大梵名者即如來號。**」也就是說，所有大梵天外道所相信的能創造五陰、創造世界的大梵天王，其實都是自心如來的另一個名號；現象界的天界中實際存在著的大梵天王，也承認自己不是創造眾生五陰世間、不是創造山河世界的造物者；他們遇見了　佛陀時，也只能承認這個事實。但是被世人宣稱爲創造世界的大梵天王，仍然不知道他自己的五陰世間是由誰創造出來的，只有諸佛與證悟的菩薩們才能現觀而證實：都是由各個有情的自心如來創造出來。

諸佛如來都是依自心如來的親證及究竟證，才能成就佛果；所以都了知世間修行者所謂的創造世間的大梵天王，其實正是自心如來——四阿含諸經中所說的本識、入胎識。由本識的實證而進修到究竟位時，具足圓滿一切種智就可以成佛。所以在最後身菩薩位時，觀察人間眾生開始探討萬法的本源時，表示眾生得度因緣成熟了，就來人間示現爲如來，宣說世間一切天、人、魔、大梵天王所不能宣講的阿羅漢道，也教導他們所不能稍知的成佛之道——佛菩提道，教導世人求證眞正的上帝、眞正的大梵天王、眞正的勝性或冥性……乃至眞正的能量，名之爲自心如來；由此而能使得世人依之修學而成就阿羅漢道或佛道，而這個道理其實是在四阿含諸經中曾經隱說或明說的，所以阿含聲聞佛法中曾經這樣說：「如來爲世間眼，法爲世間智；爲世間法，爲**世間梵**，爲世間法輪，爲世間甘露，爲**世間法主**。」這即是事相上的如來。但事相上的如來，其實都是依自心如來而圓成修證、而成就佛道、而爲有緣人說法的。

佛於此段經文中既如是言：【所以者何？**大梵名者，即如來號**；如來爲世間眼，法爲世間智；爲世間（眞正之）法，爲**世間**（眞正之）**梵**，爲世間（眞正之）法輪，爲世間（眞正之）甘露，爲世間（眞正之）法主。】當知如來一名，不是指外道之神我、梵我，也不是古印度外道所說的如來藏；所以者何？外道的神我、梵我、如來藏，如同藏密外道也說如來藏一樣，但從來都是依第六意識心體而說的，從來不曾說是第八識心體；而外道號稱創造眾生、創造世界的大梵天王，也都是不曾證得自心如來的，所以都沒有資格被奉稱爲如來。不論是由外道古時流傳下來的典籍所說，或是今天外道口中所說的神我、梵我、如來、如來藏的論述，一向都是以第六意識心體爲中心而說的，一向都與 佛所說第八識自心如來說爲如來藏的說法大不相同的。而**第六意識與第八識如來藏是同時並存的二心，並非同一心，而且體性處處互異**。是故印順……等人不可誣指第三轉法輪方等諸經中 佛所說的第八識「自心如來」，同於外道神我梵我、同於**外道如來**的第六識「意識」。

又由第八識自心如來的體性一向離六塵見聞覺知，是絕對寂靜的；而外道神我、梵我、如來都是第六意識覺知心，從來不離六塵見聞覺知，是一向叢鬧的；由此亦可證知其差異極大，本非同一心。但藏密外道宗喀巴、印順……等人由於未能實證自心如來第八識，昧於此一事實，一生誣謗 佛所說的如來藏同於外道如來、神我、梵我的第六意識；以此誣謗爲先，再根據此一誣謗，妄說第三轉法輪諸經爲後來的佛弟子接受了外道的神我、梵我思想，同於外道傳說誤會的如來，然後長期創造與結集所成，不是佛說。其實都與事實完全相違，因爲四阿含是第一次結集就全部完成了的，不是後來再於第二、第三次結集時才漸次完成的，這是明載於阿含部經典中最早記錄的史實；後來的一分日本研究者根據後人所寫的資料作爲考證的素材，而說四阿含諸經不是一次就結集完成，來佐證第二、三轉法輪的大乘經都是數百年以後的人們創造而非第二次結集之前已經成就的眞經，所以他們提出主張：四阿含諸經是歷經第二及第三次的結集才完成的。意指大乘經典是後來的第四次或部派佛教以後才長期創造而結集完成的，所以就「理直氣壯」的指稱：「如來常住思想的本質就是外道神我、梵我的外道如來思想，是後來與外道神我、梵我思想合流。」事實上都是屬於誤會佛教史實與法義的說法，都已成爲誣謗聖教誣謗菩薩藏的謗法者。但是印順卻因爲外道這種錯誤的說法，可以取來否定大乘經典八識論的法義，能符合他所繼承的藏密外道應成派中觀的六識論邪說，就取信於這種不實而且沒有根據的妄想推論而成的說法。

所以，前佛入滅很久而使佛教滅亡以後，後來的外道修行人，根據古時流傳下來的前佛所說確實有自心如來可證的傳說，建立了如來常住思想，是必然會發生的現象；如同現在的佛教將來滅亡了，自心如來常住而且可以實證的思想，一樣會存在於未來沒有佛教的人間外道中，但他們卻是無力實證的，卻不可因此就說如來常住的思想是外道法。所以不可因為佛教出現以前的外道法中，曾經主張自心如來可以實證，就說佛教出現以後所說**自心如來可以實證**的說法是外道法。前佛遺法只剩下傳說，實質上已經沒有真實法義存在了，所以當時的外道們無法親證而產生了自以為證的現象，才會有未來得度的因緣成熟，感得最後身菩薩再來人間成佛而度化之。所以如來藏或如來常住的思想，容許存在於佛教滅亡以後的外道中，容許存在於佛教出現以前的外道中，但絕對不是古今一切外道們所能親證的。

假使有外道在此世終於能經由平實的書籍教導而參究證悟了，他們在未來的十年之中，也將會漸漸發覺他們所歸依的大梵天王、上帝、老母娘等神祇，都是尚未證得自心如來的凡夫，充其量都只能說為世間法中的聖人；從佛法的證境看來，他們都只是尚未斷除我見、三縛結的凡夫；看清楚了以後，自然會漸漸轉變而不再歸依他們原來所歸命的凡夫天神，一定會漸漸轉入佛門中而成爲眞正的菩薩。所以說，外道們都是無法親證自心如來的，因爲他們親證以後終究會回歸到諸佛座下的，只是由於感情糾葛而導致回歸佛教時間會有遲速的問題而已。既然過去佛曾經宣說自心如來妙法於人間，當佛教的末法時期已過，佛教滅亡於人間以後，必定仍然會有自心如來及如來的名相繼續流傳於人間的外道法中，因爲那時已經沒有佛教，也沒有人是佛弟子了，當然一切嚮往佛法的人都屬於外道了。所以，縱使過去佛的經典失傳了，佛教不存在了，自心如來及如來藏的名相與傳說，不必然就會跟著完全消失於人間。

印順……等人根據佛教出現以前的外道也有流傳如來及如來藏思想，就將人間緣熟時示現的應身佛所說如來及如來藏妙義，當作是外道法，那就成爲臆想而說的妄語了，就與事實有很大出入了。如同一萬年後 釋迦正法滅失不傳了，經過數億年的環境大變動，經典也都不存在了，法也失傳於人間了，那時候，在聖 彌勒菩薩即將來到人間之時，難道就不容許人間仍有修行人，依於古代修行人口耳相傳的如來與如來藏名相，而以臆想之說流傳於人間？假使後時 彌勒菩薩在人間成佛時，難道因此就不可以宣講如來境界與自心如來妙義？是否未來 彌勒尊佛宣說自心如來及自心如來妙義時，當時人也可以如同印順一般：因爲 彌勒尊佛出來弘法以前的外道也曾講過如來、自心如來，便說那時 彌勒尊佛所傳的如來境界與自心如來的法即是外道法？

印順、慧廣……等人今天正是犯了這個大過失，自從他們否定了第八識如來藏正義以後，就再也沒有機會可以親證自心如來了，也斷送了他們將來親證自心如來的機會了！外道們雖然也有自心如來或修成如來果德的說法，雖然他們誤會了如來果德與自心如來的妙義，也都修證錯了，但卻不可因此就說未來成佛時的 彌勒尊佛所說眞正的如來果德與自心如來的妙法即是外道神我、外道如來之法；因爲外道雖有如來果德與自心如來或如來藏的傳說與修證，可惜的是他們傳說的法義已經失眞，可惜的是他們的如來證境與自心如來、如來藏都是誤會、都是錯證的；得要繼續流傳到有佛出於人間，才能再度出現佛教，才能有人親證眞正的如來境界與自心如來、如來藏，才能有人宣說眞正的自心如來妙義，將那些外道收歸佛教。但是到了那時，不應因爲某佛出現於人間宣說眞正的如來果德與自心如來妙義，就說是與先前外道所說的如來是相同的。

追究印順……等人故意否定如來、如來藏思想，目的無非是要把阿羅漢的證境拉高到等同於諸佛的境界罷了！然後再建立阿羅漢的解脫證境似乎與印順他們所理解的一樣。這樣一來，甲等同於乙，乙等同於丙，丙就等同於甲了！所以，丙（印順）的證境就可以等同於甲（諸佛）了！於是印順就可以被他的繼承人高推爲同於佛陀的證境了！因此，他的傳記被命名爲《看見佛陀在人間》，也就可以合理化了！

這本是他原來的期望，不料人間卻還是有一些人頗有智慧，單憑經典文義，就知道他錯了！所以他的著作流通五、六十年以後，仍然不能使佛教界的多數人信服他。如今平實依據聲聞佛法解脫道聖教的法義，以及解脫道的實際理證，在在處處證明印順的「解脫證境」根本只是思想研究，而且是完全誤會阿羅漢解脫證境的；平實也依據道種智而證明印順的般若思想，都只是斷滅見的藏密外道應成派的無因論邪見而已，根本就沒有佛菩提智慧可說。他來人間百來年，以學術方法全心研究佛法的結果，寫出四十一本著作，如今都只成了一場戲論；而他的徒眾們大力張揚他的證境，說是有修有證的聖人，高推爲佛地的證境，結果都只是笑鬧一場。這件現成的事例，可以作爲今人及後人的殷鑑，千萬不要再學他專作經典的研究與著述；因爲經典佛學研究與著述，畢竟不同於眞修實證。而現在、未來的人間，必定會繼續有人乘願再來護持正法、弘揚正法，菩薩們終究不會畏懼辛苦而捨棄人間的學佛人，所以一定會有人繼續不斷的受生於人間、破斥邪說，以顯示正法與相似佛法之間的大差異，令學人普得回歸正法，終能親證。

復次，佛法不是印順……等人所說的唯有人間才有。過去有佛出於人間，說法圓滿之後便入滅度；人間佛法後時雖滅，然猶留存於諸天法界中，諸天仍然會繼續持念修習之；人間眾生若與某天人、天神往世曾經有緣者，往往得聞諸天神、天人偶降於人間而爲他們宣說之。由是緣故，在佛教出現於人間以前，外道歷代書論之中，常有佛名、如來名，這也是一般學佛人所能理解的。但因外道們聽聞如來與如來藏之名，卻不能親證如來法道，終究不能實證自心如來，不能進入佛法之中，故名外道；要待有佛觀察因緣成熟之後，來到人間示現成佛而解說如來妙義時，人間方能有佛教出現，方能眞有如來妙義繼續弘傳。但如來一名仍然會在將來正法消失以後，繼續流傳於人間；以是緣故，不可以說：**「佛教出現以前的外道既有如來一名，則如來一法便是外道之法。」**

今由阿含經中多處說到一切種智之名，也可證實此一論點：**【「四者菩薩初**

生，從右脅出，故大地動。五者菩薩捨於王宮，出家學道，成**一切種智**，故大地動。六者如來成道，始爲人天轉妙法輪，故大地動。」】（長阿含部《大般涅槃經》卷一）

又如同經卷三中一再的提到**一切種智**：【爾時鳩尸那城，有一外道年百二十，名須跋陀羅；聰明多智，誦四毘陀經；一切書論無不通達，爲一切人之所宗敬。其聞如來在娑羅林雙樹之間將般涅槃，心自思惟：「我諸書論，說佛出世極爲難遇，如優曇缽花，時一現耳。其今在於娑羅林中，我有所疑，試往請問；瞿曇若能決我疑者，便是實得**一切種智**。」】（長阿含部《大般涅槃經》卷三）於卷三經文中，這樣一再提及一切種智之處，共有九次之多。

然而**一切種智**的內涵，乃是自心如來所蘊藏的**一切種子**——一切功能差別——的智慧；這必須要先證**自心如來**——第八入胎識如來藏——以後，才有可能進修而實證圓滿的，絕非二乘聖人所能親證的。既然在四阿含聲聞佛法中就已經講過**一切種智**了，由此可見自心如來、如來藏妙義，其實早在四阿含諸經結集時就已經存在了！不是佛陀入滅以後才由後人長期創造結集出來的。也由此經文中的明證，確定佛陀在世時早已講解過大乘經典了！而二乘聖人也都常常參與法會而熏習聽聞的，才會有大乘法中的種種修證名相出現在聲聞佛法的四阿含二乘解脫道經典中。所以，第一次共同結集四阿含諸經的二乘聖人與凡夫僧，顯然是曾經聽聞 世尊宣說一切種智的大乘經典的；但是由於對大乘法的般若與種智都沒有實證，所以無法對所聞的大乘一**切種智**等法具備**念心所**，當然只能列出一切種智的名相，無法講出一切種智的內容。由此也證實：能講出名相的人，不一定是能證的人。所以，能講出如來名相的外道們，當然也不一定是能證如來的人。如同今天有大法師宣稱已經證得如來藏了，但是其實仍只是意識心；若有人因此就說**平實也宣稱是親證如來藏的，所證當然是與彼大法師一樣**；事實卻不然，大法師所證的「如來藏」是第六意識離念靈知心，正與外道的神我、梵我相同，而平實所證的如來藏卻是第八識入胎識、阿賴耶識心體，其一是第六意識，另一是出生第六意識的第八識阿賴耶識，二者截然不同。所以印順以佛教出現以前的外道說過如來藏法，就說大乘經中的如來藏法義是外道神我、梵我思想的轉化或合流，只是他個人的淺見之言。

同理，在佛教滅失於人間以後，所有修行人當然都是外道，那些外道經由天人、天神來人間，而在修行人的定境中或夢中宣說佛法的法義，但是聽聞者當然是無法聽懂及親證的；就如同出現於增一阿含部的經典中所記載的事實，二乘聖人確實曾聽聞 佛陀在大乘法會中所講的一切種智等大乘法，但是都不能親證。假使有二乘聖人自以爲親證了，後來被證實是誤會一場，然而我們絕對不可以因爲二乘聖人所認知的一切種智錯誤，就說佛經裡所講的一切種智等同於二乘聖人誤會後的一切種智一樣。

當然，外道們聽過如來及涅槃名相，也常常會誤以爲自己已經親證如來及涅槃了，但其實都是錯誤的；後來終於因爲大家都想親證如來與涅槃，所以得度的因緣成熟了，最後身菩薩就出現在人間來度化，在人間受生而示現成佛，而傳授親證自心如來、親證涅槃的法門；但我們絕對不可誤引而主張說：「**如來與涅槃都是外道所說的法，所以後來佛經中所說的如來與涅槃，都是外道法。**」因爲如來與涅槃都是唯一而絕待的法，外道證錯了，並不能表示後來佛教出現以後的佛經中所說如來與涅槃也同樣是錯誤的；也不可因爲外道曾說過如來與涅槃的法相，就說佛經中說的如來與涅槃即是外道法。印順不知這個道理，或是知而故意妄說，誤導佛教界，是有過失的。

所以，在 釋迦佛出現之前，如來及如來藏之名相，是有可能、也是必然可能會在外道之間流傳的；那時還沒有佛教出現在人間，所以這是正常的現象，本不足怪。古時外道婆羅門教固然有如來及如來藏之名，然而所說皆墮於意識心的變相中，都不能取證眞正的自心如來或如來藏，並不是眞正實證自心如來的人。但印順不應因爲外道法中也有自心如來或如來藏的名稱，就說那些外道所傳的自心如來或如來藏，即是佛教中眞正的自心如來或如來藏，因爲佛教與外道所證大不相同，外道所證的是印順所墮的第六意識故，佛教中所證的則是第八識如來藏故。譬如外道亦有說涅槃者，佛教亦說涅槃，但不應因外道亦有說涅槃，便說佛教經中所講的涅槃就是外道的涅槃；若依印順所說**如來藏思想富有外道神我思想的邏輯**，則應同時成立另一種邪理：「**釋迦佛所說的涅槃富有外道涅槃的思想，因爲涅槃是佛教出現以前的外道中早就講過的，所以是外道法**。」此理既如是，彼亦如是故，不可同一類事而有不同的邏輯故。

是故聲聞佛法四阿含所說：**如來即是大梵天**、**即是冷**、**無煩**、**無熱**、**不離如**者，都是自心如來的異名；而外道所說的如來，都是本於古佛遺法失傳後的傳說而流傳的法相，所以不可因爲外道也有如來一名，便主張說：「**如來即是外道法，只有緣起性空才是眞正的佛法**。」外道們一定會誤解如來、涅槃、阿羅漢的實質，乃至佛門中的大師印順及聖嚴、證嚴、星雲等人，尚且誤解粗淺的解脫道而自以爲已證，何況是更深妙的自心如來妙法？更何況是佛教滅亡很久以後的外道修行人？當然一定也會誤解極深妙的如來法，所以他們所說的如來與涅槃，當然是誤會後的如來與涅槃，與今日佛門大師一樣都不曾親證如來本心，當然異於後來 佛陀出現而宣講的自心如來，這是印順所不能推翻的事實；假使印順今天還在世，自認爲已經成佛的他，仍將會如同生前一樣，對於尚未成佛的平實所說的質疑，完全無能置喙。由此緣故，外道一定會成爲外道而不能成爲菩薩，不因他們也主張有如來可證及已親證如來而有所不同；也由此緣故，印順一定會成爲佛門中的外道（心外求法），這道理都是一樣的。

這種同一法相而修證不同的事，佛世就已經有了，佛陀如是開示說：【「婆私吒！若有無量惡不善法，一向剎利、居士行，非梵志者；若有無量善法，一向梵志行，非剎利、居士者，彼諸梵志可作是說：『我等梵志是梵天子，從彼口生，梵梵所化。』所以者何？婆私吒！見梵志女始婚姻時，婚姻已後見懷妊身時，懷妊身已後見產生時，或童男、或童女，婆私吒！如是諸梵志亦如世法，隨產道生，然彼妄言誣謗梵天而作是說：『我等梵志是梵天子，從彼口生，梵梵所化。』婆私吒！若族姓子，若干種姓、若干種名，捨若干族，剃除鬚髮、著袈裟衣，至信捨家、無家，從我學道，應作是說：『我等梵志是梵天子，從彼口生，梵梵所化。』所以者何？婆私吒！彼族姓子入我正法、律中，受我正法、律，得至彼岸，斷疑度惑，無有猶豫，於世尊法得無所畏，是故彼應作是說：『我等梵志是梵天子，從彼口生，梵梵所化。』婆私吒！**彼梵天者，是說如來**、無所著、等正覺。**梵是如來**，冷是如來。**無煩、無熱，不離如者，是如來也！」**（《中阿含經》卷三十九）

這是 佛陀在初轉法輪時期的阿含部經典中所說的如來，所以如來一名，佛陀明說：一切人所說的創造器世間、創造眾生五陰的大梵天王，其實就是眾生各有的自心如來；而眾生若是轉入佛教中，依照 佛陀的教導而實證的話，他便可以公然稱說是「大梵天王所生，是梵天口中所生，不由產道而生」，因為能出生眾生名色的大梵天王，其實就是自心如來，所以 佛說：「**彼梵天者，是說如來**、無所著、等**正覺**。**梵是如來**，**冷是如來**。無煩無熱，**不離如**者，是**如來也**！」外道所說的如來、大梵天王，都是意識境界，而 佛陀所說的出生萬物、出生五陰世間的大梵天王——自心如來，則是一向清淨的自心如來，一向**無煩無熱**而**不離如**的第八識心，這與外道根據傳說而修行以後，卻是只能證得第六意識而妄說為親證自心如來，根本就不是同一回事。

如同有人聽說某一產品極好，但是他單憑自己的想像而僞造出那個他自己都沒有見過的產品，可是自心確信他根據聽聞而製造出來的產品就是眞正的產品，向人大力推銷；大眾也因爲聽說過，但是同樣都未見過、使用過，所以也都相信了！經過多年，忽然有人親從國外原廠帶來了眞正的產品，可是愚癡人在還沒有親見後來出現的眞產品時，卻大膽的說：「**您的產品是外道已經做過的產品，所以您這個產品是和外道一樣的，根本就是外道產品。**」但事實上是這樣子嗎？因爲經過親證而比對以後，才會知道後來出現的產品才是眞正的原廠產品，二者是截然不同的；也只有經過現前比對過二個產品以後，才有能力確定他們的不同處，才能認定後者是眞實無欺的產品，而這個眞實無欺的產品其實是更早以前（前佛時）就生產出來的，外道產品只是後來的仿冒品而已。但是愚人卻在還沒有比對過二者之時，就直接否定了後來聽見的早已出產卻一直都沒有看見過的眞產品，就直接宣稱：「**如來一名本是外道法，後來大乘佛教採用了外道法的如來常住思想，所以如來常住之說是與外道法合流。**」那個愚人就是印順法師……等人。

法界實相本來就是指**萬法**（包括意識的細心、極細心）**都是從入胎識如來藏中出**

生的，這是萬法的根源，正是一切法中最早的法，這是法界中的事實眞相。在佛教出現前，外道們根據古佛遺留下來的傳說而想要修證祂，但都誤會而無法實證，卻都如同今時的海峽兩岸大師們一般誤以爲自己確實已經實證了！直到佛陀出現人間以後，才終於有人能在 佛的教導下親證祂；所以如來一名可以在佛教出現以前就一直流傳於外道的傳說中，但是眞實如來不必然就是外道法中所傳說的如來，而大乘經中及聲聞佛法中所說的如來也不必然等同外道所證的如來。如今由上面《中阿含經》的舉證，也證明聲聞佛法中早就曾以大梵之名而說自心如來了；但是《中阿含經》中所說的自心如來，畢竟不同於外道所說的梵我、神我、自心如來也！因爲外道的神我、梵我、自心如來都是第六意識，這與後來 佛陀出現在人間以後宣揚出來的第八阿賴耶識自心如來，是大不相同的：一爲第六識、一爲第八識，而兩個識是同時同處並行運作著的，不論是從理證或教證來說，都是如此的，怎能說是同一個心？

此外，印順說：【**富有神我色彩的如來藏我**，與佛法傳統不合。】（《印度佛教思想史》頁 286），他又這樣說：【外道說有**神我異名的如來**；佛教說**如來出世說法**，因此也有人執如來是實有。既所執是同樣的真實有，微妙有，所以現在要考察他，是不是有他們所想像的**真實如來**。】（《中觀論頌講記》p.404～405）他認爲**如來其實是外道法**，所以他認爲：古時佛教出現以前外道傳說中的如來，就是「後來出現」的大乘佛教弘揚的如來，本質仍然是外道的神我；他又認爲大乘佛教中弘傳的如來，也不是常住法，釋迦世尊出現後因爲緣起性空，所以入滅後也就不再存在了！由於不再有一個常住的心體存在，所以是斷滅空，所以緣起性空才是眞正的佛法，如來常住的說法不是眞正的佛法。但是卻仍然有人認爲如來是常住的，這是他所不能認同的，「所以現在要考察他」，因此他這樣子提出建議：「是不是有他們所想像的**真實如來**？」而他考察後認爲沒有常住的如來，所以 釋迦佛入滅後就已經是灰飛煙滅而不再存在了，只剩下滅相，滅相就是眞如。或許有人認爲平實這樣的斷定，可能不正確，可能已經誤會了印順的想法，那麼我們再來看他另一種說法：

【五門中諦實尋求都無所有，那裡還「有如來」呢？所以**外道神我的如來**，不可得；**佛法中的如來，也決不能妄執是真實妙有的存在**。】（《中觀論頌講記》p.406）

這就很清楚的表達出他的想法了： 釋迦如來入滅以後就不再有任何一法存在了！不可能會有一個常住不壞心繼續存在不滅。意思是釋迦如來已經沒有任何一法存在，成爲斷滅空了！但是滅相不可再滅，滅相即是眞如。他恐怕大家會責備他是斷滅見者，所以又發明了「滅相不滅」的「滅相眞如」說，說滅相是不會再滅壞的，所以不是斷滅空。但是他有沒有想過：**假使斷見外道也這樣子說，那麼斷見外道是否因此就和他一樣不是斷滅見了**？事實上滅相的本質仍然是斷滅法，因爲滅相是依「蘊處界有」才能存在的，是相對於蘊處界有的存在而說有將來的滅相：一定要相對於現前蘊處界有的存在，才能說有未來的滅相。若到未來捨壽後，蘊處界既然滅盡了，這個相對於蘊處界而存在的滅相觀念，當然也就隨之滅失而不再存在了！所以說印順……等人正是斷滅見的外道見者。然而悲哀的是，這個斷滅見其實是依於常見而存在的；若離常見法的意識覺知心，這個斷滅見的滅相是不可能存在的，所以印順創見的**滅相眞如說**是一無可取的，是無法依之親證解脫道的，連初果都不可能實證。

印順又說：【瑜伽派的**本識**，也在說明它是隨業感果的輪迴主體（「去後來先作主公」）；因本識的執持熏習，才能保存過去的經驗，明記不忘：本識是六識生起的所依；因本識的入胎，名色、六處等才能增長廣大。(註)建立本識的動機，和建立不可說我，豈不有同樣的意趣嗎？難怪有人說**阿賴耶是神我的變**

相。】（《唯識學探源》p.55～p.56）（平實註：「本識入胎，名色、六入才能生長、增長廣大」的說法是阿含部聲聞佛法經中，佛陀親口開示的聖教。但印順特地放在唯識瑜伽派的前提下來說，意欲使大家誤以為這是瑜伽派的菩薩們創說而非佛說，希望大眾因此而不信受 佛陀的聖教，改信他的邪說，其「方便善巧」乃至於此。）所以，他反對《瑜伽師地論》中所說的阿賴耶識心體常住的說法，所以他註解無著菩薩的《攝大乘論》時，把論中舉出很多個理由**證明確實有阿賴耶識存在**的說法，強行扭曲以後作了這樣的結論出來：「**所以《攝大乘論》主張沒有阿賴耶識存在。**」但是瑜伽行派的聖 彌勒菩薩、聖 無著菩薩、世親菩薩、聖 玄奘菩薩所說的阿賴耶識眞的不存在嗎？若眞的不存在，為何今天的正覺同修會中許多菩薩們在平實的指導下卻已親證了？為何古今的禪宗眞悟祖師們卻都已經親證了？

在理證上也許無法說服印順、聖嚴、證嚴、星雲、惟覺等人，因為他們都不曾證得自心如來——第八識如來藏；但是本書在前面數章中所舉示的四阿含諸經中的「原始佛法」 佛陀金言，已以聖教證明聲聞佛法的四阿含諸經中，確實是常常講到第八入胎識之功能的；譬如「**名色由識生**」，又如「**識不入胎者，有名色耶？**」「**若識入胎不會精者，有名色耶？**」「**若識入已即出，有名色**

耶？嬰孩名色不敗壞耶？得生長耶？」這些聲聞佛法中的聖教金言，印順並非沒有讀過，所以印順才會說：「因本識的入胎，名色、六處等才能增長廣大。」但他卻故意把這幾句話放在講解瑜伽行派法義的前提下來說，讓人誤會是瑜伽行派的菩薩說的，故意不說這是四阿含諸經中的佛示金言，故意要讓他的信徒們讀後誤以為 佛陀沒有這樣子講，誤以為：本識入胎出生名色六處的說法只是瑜伽行派的 彌勒菩薩們所說，所以不一定正確。他的讀者們就會被他矇蔽而不再信受正確的解脫道法義了！他也已經成功的使星雲、證嚴、聖嚴等人相信了！他確實有許多的邪方便、邪善巧，使他可以免責；因為當別人提出質疑時，他可以解釋說：「我只是沒有說明那是誰講的，我無意主張『不是佛說』。」但您讀過他這一段文字時，一定會誤認為只是瑜伽行派的菩薩們獨有的說法，一定誤以為聲聞佛法中 佛陀不曾說過這些話！他眞的太聰明了！只是不把聰明用在求證入胎識的正道上，不把聰明用在如實體解阿含解脫道的正道上，一心用在藏密外道應成派中觀的邪見上。

印順其實很清楚知道意識攝在名色的名中，而名中的識陰六識以外還有另一個心，就是意根，當然是第七識；但是他卻故意誤導眾生說：意根就是大腦。

意根與意識都是由另一個識出生的，這是印順在聲聞佛法四阿含諸經中所讀過的；因爲他在這一段文字中所舉示的文句，正是《阿含經》中 佛陀開示的原文，可見他是在《阿含經》中讀來的。既然在原始佛法中就已經由 佛陀講出**本識出生名色**、**意識**的聖教了，不單只是唯識瑜伽行派的 彌勒菩薩們同樣提出這個主張；而且唯識派祖師及禪宗歷代眞悟者，乃至今時的正覺同修會中證悟者，都能實證這個能出生名與色的本識眞心，那麼常住的本心如來又怎麼可以說是不存在的呢？而這個入胎識——本識，是在四阿含聲聞佛法中常常講的，並不是沒有講過的，不是印順講的**到後來的犢子部時期才提出來的**；所以犢子部「不可說我」的說法並沒有錯，只是犢子部的聲聞羅漢們無法親證罷了！所以才會立名而說爲**不可說的我**；但印順卻爲了迎合藏密外道應成派中觀的六識論邪見，而故意加以扭曲及漠視，否定阿含中的佛語聖教及犢子部的「不可說我」本識，謗爲外道的神我、梵我，謗爲實無本識的存在。

假使他說意識不是**名**所攝的法，而是常住不壞法，那麼他又將成爲新創佛法的人了！證嚴法師也是這樣的一類人。印順新創的法當然不是佛法，而是他個人的創見，當然應該說爲**印順法**而不是**佛法**；因爲既不是佛所說的法，也就不是成佛的法。所以入胎識當然不可能是意識，因爲入胎後當世意識已經滅失而永遠不會再生起或存在了，出胎時的意識則是下一世全新的意識，與此世的意識並不是同一個心：每一世的意識都是只有存在一世，都無法來往三世；如前面章節中舉證的 佛語聖教中，也說意識心只能存在一世，不能去到未來世，所以入胎識當然不可能是意識，所以入胎識、住胎識當然不是意識覺知心。

必須入胎識入胎後住胎不離，才能製造出五色根，因爲五色根是入胎識所製造的；這不但是 佛陀的聖教，也是法界中的眞相，是眞悟的人都能現前觀察出來而證實的。入胎識住胎不離而製造出五色根以後，祂再以五色根及意根爲緣，才能再度由祂出生六塵，然後才能有意根觸法塵而從入胎識中出生了意識，所以入胎識——六界中的識界——絕無可能是意識心。既然不是意識覺知心，而是意根與意識之外的另一個識，這個入胎識不正是自心如來、不正是本識嗎？當阿羅漢入滅後，這個入胎識獨存而離見聞覺知，成爲無餘涅槃，當然是繼續存在的，印順怎能說自心如來是外道神我、梵我的意識呢？因爲入無餘涅槃時，只須滅除十八界法，而入胎識——本識——卻不是十八界法所攝的心，反而是出生十八界的眞識，所以當然是存在著的，當然也是入無餘涅槃時不必滅除的；而且，在法界的眞相上來說，也是沒有任何一法可以滅除祂的。

佛在聲聞佛法中明明白白提出**本識出生名**（含意識）**色**的說法，印順卻故意曲解而向佛教界說謊，暗示爲原始佛法中沒有講到自心如來入胎識；他誤導大家，讓佛門四眾誤以爲入胎識的出生名色，只是唯識瑜伽行派的菩薩們在後來的論典中新提出的說法；但是本書前面多章多節中都已舉述 佛說金言，證明聲聞佛法就已經說有眞我入胎識、住胎識、本識出生名與色了，所以 佛陀才會在聲聞佛法中常常主張：「五蘊非我、非異我、不相在。」這**不相在**及**非異我**，不就很清楚的說明確實有自心如來（本識眞我）常住不滅了嗎？但是印順卻一味的曲解及否定，一味將自心如來入胎識（本識）扣上外道神我的大帽子，他的心態究竟如何呢？您可能已經有所了知了！也就不勞平實再說了！

印順又說：【人人有永恆生命的願望，這是外道神我說的特色。人類意識中的永恆存在的欲求，無論是否確實如此，但確是眾生的共欲。**這在大乘佛法中，攝取而表現為佛不入涅槃的思想**。不入涅槃，即是常住，也即是對於眾生要求無限生命的適應。】（《淨土與禪》p.24）所以他確實是在否定諸佛如來常住的謗佛者。假使他的說法正確，那麼平實此世悟後就不該被 釋迦世尊召見，說明往世因與此世果等事相，又說明此世之所應爲。此類感應 釋迦世尊的事情，在同修會中並非只有平實一人，也常常有因緣特殊的同修們，感應 釋迦世尊給予禪門的機鋒而開悟的，印順怎能說**釋迦如來已經灰飛煙滅**了？

所以，大乘佛法中所說「佛不入涅槃、眞常唯心、如來常住」的思想，其實才是正確的；而且，如同前一節中所舉示 阿難尊者的說法：「**導師此寶身，往詣梵天上；如是大神力，內火還燒身。五百疊纏身，悉燒令磨滅；千領細疊衣，以衣如來身；唯二領不燒，最上及襯身。**」這樣子明說 世尊入滅後前往色界利樂眾生，是第一次結集完成的四阿含聲聞佛法中就已經是如此明說的了！這難道會是後來部派佛教時期的犢子部才有的說法嗎？其實正是第一次結集成的四大阿含部經典中的說法，至今仍可考證的聖教，印順爲何卻視而不見、不加以考證？卻專取更後期的後人寫的錯誤說法作爲考證的素材呢？

印順常常以推論而說爲考證，矇騙世人；也常常以第二手資料來作考證，極少引用第一手資料來作考證；因爲第一手資料的聲聞佛法四阿含諸經中的證據，都不利於他所崇奉的藏密外道應成派中觀邪見；所以他一向不從佛教最早期、最正確的文獻——第一次結集完成的四阿含諸經——中的法義來考證，總是依照後來的外國學術研究者——特別是依一分否定如來藏、否定《大乘起信論》的日本人——所說錯誤的、第二手資料的考證來提出他的主張，以便於符合藏密應成派中觀的邪見，所以印順又說：

【大乘分化之因甚複雜，而「**如來**」**傾向**之潛流，實左右之（多陀阿伽陀，華語如來，有二義：一、**外道神我之異名**，即如如不變而流轉解脫之當體。如來死後去或死後不去，即此。二、佛陀之異名，可譯為如來、如解或如說。即（是）證如如之法性而來成正覺者，如法相而解者，如法相而說者；佛具此三義，故曰如來，與後期佛教之如來義頗不同）。如來者，一切有情有如來性，無不可以成佛。如來性真常不變，即清淨本具之心體。離幻妄時，證覺心性，而圓顯如來之本體也。此真常淨心，易與婆羅門之梵我相雜，而其時又適為婆羅門教復興，梵我論大成之世，**佛陀漸與梵天同化矣**。其見於辯論者，有生滅心與真常心之諍；有唯心與有境之諍；有性空與不空之諍；有三乘與一乘之諍。此第四期之佛教，可曰「**傾向如來之菩薩分流**」。】（《佛教史地考論》p.100～p.101）

然而，印順說的「即（是）證如如之法性而來成正覺者，如法相而解者，如法相而說者」，說具足這三個條件時，才能說是如來；但他這三個條件，其實與他所謂的「後來」的第八識「如來義、如來常住」是相同的，只是從不同的面向來講解罷了，絕對不是印順所說的「**與後期佛教之如來義頗不同**」。這是至今都仍存在的三乘經典中可以考證出來的，但印順卻故意違背事實而說，可謂其人心地不直。正因爲仍可從三乘經典中考證出來而證實印順的說法完全與法義事實相違背，所以在平實不斷寫書證明出來以後，印順終其一生，都只能閉嘴不言、默然以對，無所能爲，而他的所有繼承人也都將如此，無一能自外於此。印順向來都是眼裡容不下一顆極微細沙子的人，當他被評論時，從來都是很快速反應的，不管評論他的人是多麼微不足道的人，他都是立即寫文章回應的；卻在他仍耳聰目明而能爲潘煊寫的印順傳記修改錯別字的健康情況下，對於平實多年以來不斷以書籍寫出來評論他的事情，一直能夠視而不見，顯然他已知道一己的私心——維護藏密外道應成派中觀六識論邪見的私心——已被平實勘破了！所以一向極爲強勢而不容許任何負面評論的印順，從平實開始評論直到他捨壽時，印順都無所能爲，由此可見他的思想是如何邪謬了！

他說**如來是外道神我的異名**，意思是說 釋迦佛爲我們教導的自心如來，其實只是外道神我罷了！不值得效法與學習，大家都應該像定性聲聞的阿羅漢們一樣，個個都在證得緣起性空觀以後，趕快入滅而不要繼續在人間弘揚佛法了！希望大家都別再把最勝妙的如來藏、自心如來妙法弘揚下去；只要沒有人實證自心如來，就不會有菩薩再來人間弘傳最勝妙的自心如來，就不會有一大堆人證悟後繼續在人間廣弘如來之法，能夠因此而得度的人就會越來越少了。這就是他私心中想要達成的目標，而他也幾乎要成就這個目標了！因爲當代的大道場沒有一位大師出來破斥他，卻反而大加讚歎與學習、推廣。假使後來沒有平實出來說法、寫書、弘法而加以辨正，並且度化許多人悟入的話，他的願望一定會實現。

但是，外道神我從來都是第六意識覺知心，自心如來卻是第八識入胎識、住胎識、如來藏、阿賴耶識心體，這是《阿含經》中 佛所說的出生第七識意根與第六意識的第八識、本識心體，怎會與外道神我的第六意識相同呢？所以，印順的說法眞的很荒唐，但卻能假藉考證之名而使人產生權威感，由此就能使人盲目的迷信盲從、始終不捨，所以印順眞的是指鹿爲馬、移花接木的高手，善能迷惑無智大師與學人。由以上的教證與理證而作的辨正，可知如來不是入滅後就成爲斷滅空，而是有自心如來常住的；不但諸佛如來都是如此，而且是所有入滅後的阿羅漢們也都是如此的，因爲阿羅漢們入滅度以後，仍有入胎識獨存不滅，所以 佛在四阿含中常說無餘涅槃是眞實、寂靜、清涼、常住不變，從來不曾說無餘涅槃境界是緣生、虛假、六塵喧鬧、思想熱惱、斷滅，這都是因爲無餘涅槃中其實就是入胎識如來藏獨存而離見聞覺知的境界。

此外，不論是從自心如來理體的第八識來說，或是過往應身已經入滅的諸佛來說，都是常住不滅的，而且是確實可以感應得到的，並且也會在適當的因緣下，入於定中或夢中來指導因地菩薩的，絕對不是印順所說的死後斷滅。又如前面略說的四種涅槃眞義中，也已經顯示佛位的無住處涅槃，是不住於生死也不住於無餘涅槃的，印順怎能妄說釋迦滅後空無所有？

而且 佛陀在世時從來不許有人說如來滅後是有、是無、是斷滅，這在前面也都舉證 佛陀的阿含金言聖教而證明過了！並且，釋迦世尊入滅，只是應身的五陰、十八界滅除，但是仍有意生身存在，仍有莊嚴報身存在，如同聲聞佛法阿含部經中的 阿難尊者所說，是轉往色界諸天中爲諸弟子說法，當然不是斷滅空；因爲，應身五陰入滅後，第八識自心如來連同已經究竟清淨的意根都仍存在著，怎會成爲斷滅空呢？縱使印順不信佛位的究竟清淨意根不滅，至少他總該相信聲聞佛法阿含諸經中說的第八住胎識常住不滅、寂靜、清涼、眞實吧？除非他眞的認爲阿羅漢們入無餘涅槃以後都是斷滅空！

印順又說：「**外道說有神我異名的如來**。」又說：「**外道神我之異名**，即如如不變而流轉解脱之當體。」如來一名，自古即有，並不是外道所創者，實因過去佛入滅以後，法傳至末法期過後而滅失了，只剩下如來一名存在於傳說中，那時已無佛教存在了，當然是仍在外道法中流傳著。當佛教已經不存在了，所有的修行人卻依照古時祖師傳下來的說法，或是依天人來人間對有緣人傳授的說法，繼續想要求證自心如來；這些人相對於後來妙覺菩薩受生人間而重新創立的佛教時，在還沒有轉入佛教之前當然就是外道。但是當這些外道們善根若漸成熟時，爲欲探求如來眞實義，便有種種沙門繼續出家修行，欲求實證自心如來而不可得或錯證了，當然會有這些外道們繼續傳說自心如來的法義流傳著。後時再由 釋迦菩薩觀察因緣成熟，所以受生示現於人間，宣說如來法；平實這個說法，是有聲聞佛法中的阿含部經文可以佐證的：

【佛告般遮翼曰：「爾時大典尊，豈異人乎？莫造斯觀，即我身是也！爾時，舉國男女行來舉動，有所破損，皆尋舉聲曰：『南無大典尊七王大相，南無大典尊七王大相。』如是至三。般遮翼！時大典尊有大德力，然不能為弟子說究竟道，不能使得究竟**梵行**，不能使至安隱之處；其所說法，弟子受行，身壞命終，得生梵天；其次行淺者，生他化自在天；次生化自在天、兜率陀天、焰天、忉利天、四天王、剎利、婆羅門、居士大家，所欲自在。般遮翼！彼大典尊弟子皆無疑出家，有果報，有教誡，然非究竟道，不能使得究竟**梵行**，不能使至**安隱**之處，其道勝者，極至梵天爾。今我為弟子說法，則能使其得究竟道、**究竟梵行**、**究竟安隱**，終歸**涅槃**。我所說法，弟子受行者，捨有漏成無漏，心解脱、慧解脱，於現法中自身作證：生死已盡、梵行已立、所作已辦、更不受有。其次行淺者斷五下結，即於天上而般涅槃，不復還此；其次三結盡，薄婬怒癡，一來世間而般涅槃。其次斷三結，得須陀洹，不墮惡道；極七往返，必得涅槃。般遮翼！我諸弟子不疑出家，有果報、有教誡，究竟道法，究竟梵行，究竟安隱，終歸滅度。」爾時般遮翼聞佛所說，歡喜奉行。】《長阿含經》卷五〈典尊經〉

由此聲聞佛法的經文證明，**如來**一名其實是往昔久遠以前，前佛正法滅失以後繼續流傳於人間的名相；由於佛教已經滅亡而不存在了，所以一切想要修學佛法的人當然都是外道，如來一名也就繼續流傳於外道中；但不能因為 佛陀出世以前常有外道在提倡、求證，就說後來佛教中修證的如來就是外道的如來。譬如佛教出現在人間以後，各時代的外道們也不斷有人在求證不生不滅的涅槃及阿羅漢果；但他們都對涅槃與阿羅漢誤解了，所以總是落在五現見涅槃中；乃至今時海峽兩岸北傳大乘佛法的大法師、大居士們，都仍難免落入五現見涅槃中；印順如是，台灣的四大山頭如是，大陸某些大法師、大居士們也如是，都不能自外於五現見的外道涅槃；何況是佛陀尚未出現在人間以前，有誰能自外於外道涅槃及外道阿羅漢呢？但是 佛陀出現在人間時，卻提出了親證涅槃的法義與實證方法。若依印順的說法：「因爲**如來**是外道們本來就提出的說法，所以如來一名其實是外道法。」那麼印順也應該這樣說：「阿羅漢與涅槃二名本是外道法，所以後來的釋迦所講的阿羅漢與涅槃，其實就是外道法；佛教中不該有阿羅漢與涅槃，因爲那是外道法。」印順若仍在世，面對這個問題，也將會不知所措、無法回應的，儘管他一向都是很強勢而不許評論的。

印順忽略了一個事實：**如來**一義，佛教以前的外道們，乃至佛教出現時的外道們，都可以各有主張；但是不同的主張之中，在親證者出現以後，親證者所說的如來，絕不會與外道們所說的如來相同；因爲 佛陀主張的**如來**是第八識，而外道主張的如來則是第六意識覺知心，與印順所主張的眞心——直覺——並無不同，卻與 佛陀主張的第八識自心如來大異其趣。涅槃也是一樣，外道所主張的涅槃都是不生不滅的，但是他們所證都是生滅性的意識境界，卻都自認爲是不生不滅的涅槃而自稱已證阿羅漢果。後來 佛陀出現在人間，眞的親證涅槃了，卻與外道們所證的第六意識生滅境界不同：外道們都以生滅法的意識境界誤認爲是不生不滅的涅槃境界，而 佛陀所傳的涅槃卻是滅除意識覺知心，改以常住的第八識獨存境界認定爲涅槃，這是完全不同的。若是依照印順的邏輯，應該如此說：涅槃與阿羅漢本來都是外道法，所以後來三乘佛教中所主張的阿羅漢與涅槃其實是與外道合流。但是，您能認同他這樣的邏輯嗎？

印順的想法與說法，在在處處都不能使有智慧的人對他生起信心；只有沒智慧而不肯如理作意思惟的愚人，又加上缺乏多聞熏習，不肯聞熏眞善知識說法，也不肯閱讀眞善知識弘法的書籍，才會信受他的邪說。因爲他的說法在世間邏輯上就已經講不通了，更何況 釋迦世尊三轉法輪之後，已經把成佛之道的內容與次第一一鋪陳，清楚的顯示在我們面前。並且，後世的菩薩們經由累世、累劫的修行，在此世顯示出一個事實：有人已證道種智，有人已證後得無分別智，有人已證根本無分別智，都非二乘聖人所知。這就是從理證上來證明：釋迦世尊可以成佛，佛弟子依其教導而努力修行，在滿足三大阿僧祇劫應修的無量行以後，一樣可以成佛，所以 釋迦世尊的成佛決非人類史上偶發的單一事件，絕對不會是空前與絕後的。

印順以**釋迦成佛為地球世界偶發事件**的說法，想要使人建立錯誤觀念：前無諸佛已成佛，後無諸佛能成佛，若有人能成佛，都屬於某一人類的偶發事件。所以他不信前佛與後佛實有的說法，他也想要使人如此誤信。但是他的最終目的無非是想要抹殺大乘法義的勝妙，令人不再信受大乘法義的中心思想與實證本質：**一切成佛之道的修行，都以如來藏實相心為主體而次第進修，終能達到成佛的目標**。當大家都不相信大乘經中 佛說的如是聖教以後，也因為信受印順的緣故而導致對於聲聞佛法四阿含聖教的信心滅失了以後，不但成佛之道永遠無法確實修習，連阿含解脫道的修習也會跟著他走偏或懷疑！就會繼續走向藏密外道所支持意識為常住法的邪見中，那麼他的目的就達到了！

第四節　佛非不責人也

把佛法講錯而誤導了眾生的人，本來就應該在被人指正以後，隨時檢查自身是否確有錯誤；如果沒有錯誤，就應當出來宣示正確的佛法內涵，使誤評的人因此能有改正的機會，才能使誤評者有實證解脫或般若的可能；也藉著指出他人誤會己意之處，讓其他人可以有校正的機會。若是自己的說法確實有錯誤，就應當承受而感謝指正的人；因爲藉著別人的指正，自己可以改往修來，將來就必然會有見道的機會。然而今天的錯悟大師們，在誤導廣大學人十餘年、二十餘年以後，遇到有人提出法義辨正，並且已經舉證歷歷而證明確實錯得很離譜了，卻都不想改正過來，也不想補救學人廣被自己誤導的後果，反而總是顧左右而言他：「佛陀很慈悲，從來都不責備別人，不是像蕭平實一樣常常批評別人。大家都來說好話、做好事，都不要批評別人。」然而說好話、做好事，與法義辨正有關嗎？**法義辨正是說壞話、做壞事嗎？**

說好話、**做好事是世間法言行舉止上的事**，無關佛法命脈的存亡，法義辨正卻事關佛法命脈存亡，也是佛弟子法身慧命之所繫，更是錯說佛法的大師們是否能消除誤導眾生惡業的機會，必須將**法義辨正**與**說壞話**之間的分際講清楚！百丈禪師遇到過去佛時代的大法師，只因不昧因果錯說一字爲不落因果，墮落長壽野狐身竟然如此之久，直到百丈禪師爲他轉變一字之後方得脫離長壽野狐身，諸方大師爲何都不記取這個現成的教訓？難道一世的名聞、利養眞的重於未來的無量世惡報嗎？而佛陀眞的像他們說的那樣嗎？都沒有悲心指正犯錯的凡夫而縱令被誤導的大眾繼續錯下去嗎？我們請出大乘、二乘的經典，結果卻顯示與那些大法師們所說的大不相同，反而是處處破斥邪說，不留情面的。這才是救護眾生的悲心，才能救護被誤導的眾生及錯說佛法的大師們。所以，若已被證明自己確實是誤導別人了，就應當自責及公開改過，救護被自己誤導的人；假使自己不能自責而改過，眞善知識就應該指名糾正，以求誤導眾生的人可以儘速改過，這是因爲顧念被誤導的廣大學佛人，出之以大悲的緣故：

【佛告婆悉吒：「汝觀諸人**愚冥無識**，**猶如禽獸**，虛假自稱：『婆羅門種最爲第一，餘者卑劣；我種清白，餘者黑冥；我婆羅門種出自梵天，從梵口生，現得清淨，後亦清淨。』婆悉吒！今我無上正眞道中，**不須種姓**，**不恃吾我**、**憍慢之心**。俗法須此，我法不爾；若有沙門、婆羅門自恃種姓，懷憍慢心，於我法中終不得成無上證也！若能捨離種姓，除憍慢心，則於我法中得成道證，堪受正法。人惡下流，我法不爾。」佛告婆悉吒：「有四姓種，善惡居之；智者所舉，智者所責。何謂爲四？一者剎利種，二者婆羅門種，三者居士種，四者首陀羅種。婆悉吒！汝剎利種中，有殺生者、有盜竊者、有婬亂者、有欺妄者、有兩舌者、有惡口者、有綺語者、有慳貪者、有嫉妒者、有邪見者；婆羅門種、居士種、首陀羅種，亦皆如是，雜十惡行。婆悉吒！夫不善行，有不善報；爲黑冥行，則有黑冥報；若使此報獨在剎利、居士、首陀羅種，不在婆羅門種者，則婆羅門種應得自言：『我婆羅門種最爲第一，餘者卑劣；我種清白，餘者黑冥。我婆羅門種出自梵天，從梵口生，現得清淨，後亦清淨。』若使行不善行，有不善報；爲黑冥行，有黑冥報，必在婆羅門種、剎利、居士、首陀羅種者，則婆羅門種不得獨稱：『我種清淨，最爲第一。』婆悉吒！若剎利種中有不殺者，有不盜、不婬、不妄語、不兩舌、不惡口、不綺語、不慳貪、不嫉妒、不邪見；婆羅門種、居士、首陀羅種，亦皆如是，同修十善。夫行善法必有善報，行清白行必有白報，若使此報獨在婆羅門，不在剎利、居士、首陀羅者，則婆羅門種應得自言：『我種清淨，最爲第一。』若使四姓同有此報者，則婆羅門不得獨稱我種清淨、最爲第一。」

佛告婆悉吒：「今者現見婆羅門種嫁娶、產生，與世無異，而作詐稱：『我是梵種，從梵口生，現得清淨，後亦清淨。』婆悉吒！汝今當知：今我弟子種姓不同，所出各異，於我法中出家修道，若有人問：『汝誰種姓？』當答彼言：『我是沙門釋種子也。』亦可自稱：『我是婆羅門種，親從口生，從法化生，現得清淨，後亦清淨。』所以者何？大梵名者，即如來號；如來爲世間眼，法爲世間智；爲世間（眞正之）法，爲世間（眞正之）梵，爲世間（眞正之）法輪，爲世間（眞正之）甘露，爲世間（眞正之）法主。」】（《長阿含經》卷六《小緣經》）

假使有人必須由於當面斥責才能悔過而進入正法時，佛陀也都不會吝於責備人的，佛陀就是如此。今時若有外教的外道或是佛門中的常見、斷見外道者，誹謗於平實，乃是常事，也是必然之事；若有佛門未證二乘菩提的凡夫大師們，以及未悟般若實義的憍心者共同誹謗平實，也是必然而平常之事，本來就不應當作奇怪之事；因爲看重世俗有爲法的弘法大師與居士們，由於**異學**、**異見**、**異忍**，不服平實的指正，本屬平常事；他們既然未見大乘道、既未斷我見，要求他們信服歸信，本來就是很困難的事。然而那些錯悟、未悟者注重名聞、利養，不知菩薩、祖師之責備他人，本來就不是爲了爭勝負，本來就不是爲了要降伏別人，都只是憐憫錯悟者妄說佛法而誤導眾生以後，捨壽將得大惡報，所以出之以善心而作法義辨正，想要挽救他們；不料被辨正法義的錯悟、未悟者，反將惡行回報眞善知識的好心。佛陀責備弟子與外道，本來即是出於大悲的緣故，從來不曾有諍勝之心，但外道們每每認作 世尊想要奪取外道本有的供養，眞的沒有智慧。平實今日的宣示正法、破邪顯正，也一樣是出於悲心，想要救護那些大師們出離我見、邪見深坑，想要救護已被誤導的廣大我見眾生，無意爭勝負或供養，因爲平實本就不求名聞亦不受供養故。

佛爲攝受眾生的緣故，並非不責備人；這種事實具載於阿含諸經中，譬如《長阿含經》卷十三《阿摩晝經》所載，甚至五次責備外道摩納，有文爲證：【摩納答言：「**我姓聲王**。」佛告摩納：「**汝姓爾者，則爲是釋迦奴種**。」時彼五百摩納弟子皆舉大聲而語佛言：「**勿說此言，謂此摩納爲釋迦奴種**。所以者何？**此大摩納眞族姓子，顏貌端正，辯才應機，廣博多聞，足與瞿曇往返談論**。」爾時世尊告五百摩納：「**若汝師盡不如汝言者，當捨汝師，共汝論義。若汝師有如上事如汝言者，汝等宜默，當共汝師論**。」時五百摩納白佛言：「**我等盡默，聽共師**

論。」時五百摩納盡皆默然。……摩納答言：「我信曾聞，實有是事。」時五百摩納弟子，皆各舉聲自相謂言：「此阿摩晝，實是**釋迦奴種**也！沙門瞿曇所說眞實，我等無狀，懷輕慢心。」……佛告摩納：「**汝自卑微**，不識眞僞而便誹謗，輕罵釋子，自種罪根，**長地獄本**。復次，摩納！有人不能得無上明行具足，而手執澡瓶、持杖筭術，入山林中食自落果，是爲摩納：不得無上明行具足而行第二方便。云何摩納，汝及汝師行此法不？」答曰：「不也。」佛告摩納：「**汝自卑微**，**不識眞僞而便誹謗**，輕慢釋子、自種罪根，**長地獄本**。復次，摩納！不得無上明行具足，而捨前採藥及拾落果，還來向村依附人間，起草菴舍，食草木葉，摩納！是爲不得明行具足而行第三方便。云何摩納！汝及汝師行此法不？」答曰：「不也。」佛告摩納：「**汝自卑微**，不識眞僞而便誹謗，輕慢釋子、自種罪根，**長地獄本**，是爲第三方便。復次，摩納！不得無上明行具足，不食藥草、不食落果、不食草葉，而於村城起大堂閣，諸有東西南北行人過者隨力供給，是爲不得無上明行具足而行第四方便。云何摩納！汝及汝師行此法不？」答曰：「不也。」佛告摩納：「**汝自卑微**，不識眞僞而便誹謗，輕慢釋子、自種罪根，**長地獄本**。云何摩納！諸舊婆羅門及諸仙人多諸伎術，讚歎稱說本所誦習，如今婆羅門所可諷誦稱說：一、阿吒摩，二、婆摩，三、婆摩提婆，四、鼻波密多，五、伊兜瀨悉，六、耶婆提伽，七、婆婆婆悉吒，八、迦葉，九、阿樓那，十、瞿曇，十一、首夷婆，十二、損陀羅。如此諸大仙、婆羅門，皆掘塹建立堂閣，如汝師徒今所居止不？」答曰：「不也！」「彼諸大仙頗起城墎，圍遶舍宅居止其中，如汝師徒今所止不？」答曰：「不也。」「彼諸大仙頗處高床重褥、綩綖細軟，如汝師徒今所止不？」答曰：「不也。」「彼諸大仙頗以金銀、瓔珞、雜色花鬘、美女自娛如汝師徒不？彼諸大仙頗駕乘寶車、持金戟導引、白蓋自覆、手執寶拂、著雜色寶屐，又著全白疊如汝師徒今所服不？」答曰：「不也。」「摩納！**汝自卑微**，不識眞僞而便誹謗，**輕慢釋子**，自種罪根，**長地獄本**。」」（《長阿含經》卷十三）

佛尚且當面五次斥責外道卑微，又說外道摩納是釋迦族的奴婢種姓；何況身爲佛門僧寶的顯教大法師，竟將外道邪淫、亂倫的雙身法說爲佛教正法；何況密宗喇嘛自稱是佛教正法，卻用外道男女合修、師徒合修的邪淫亂倫妄想樂空雙運法，取代佛教的清淨正法，而諸大師在平實舉證廣斥藏密外道邪淫本質後，竟然繼續推崇其爲佛教正法；更何況自稱證悟的大法師、大居士，竟將常見外道的離念靈知意識心，來取代佛教第八識如來藏勝妙正法，誤導廣大的末法時代學佛人，斷人法身慧命，也害人同犯大妄語地獄罪，云何平實不應責之？設使世尊今在人間，亦必當面斥責彼諸大法師、大居士也！平實體解佛之本懷，正應如是而行，豈能畏懼大師勢力而退縮？

平實極力驅逐外道法遠離佛教，曾有錯悟的大法師出來說話：「大家說好話、做好事，都不要批評別人。」有時說：「開悟了不必讓別人知道，否則就是自我標榜。」然而佛陀並非不自稱說的，既然成佛了就說自己已經成佛了，有何不可呢？否則的話，有誰會知道世尊確已成佛了？因爲世間一切天主、天人、阿羅漢，尚且沒有能力驗知大乘第七住位菩薩粗淺的般若總相智，更何況平實的道種智及諸佛的一切種智？尚在凡夫位的大法師們又怎能理解？更何況能知世尊已經成佛了呢？只是證悟後所說必須是眞實語，所以【佛告梵志：「汝豈不念瞿曇沙門能說菩提，自能調伏，能調伏人；自得止息，能止息人；自度彼岸，能使人度；自得解脫，能解脫人；自得滅度，能滅度人？」時彼梵志即從座起，頭面作禮，手捫佛足，自稱己名曰：「我是尼俱陀梵志！我是尼俱陀梵志！今者自歸，禮世尊足。」】（長阿含部卷八《散陀那經》）今時大師多說籠罩之語，若不妄謗平實爲邪魔、外道、不如法，平實可以不必自稱法勝；但在諸大法師私心作祟而謗平實正法爲邪法時，則平實應當效法 世尊自稱己法爲眞，只是不得妄作超過之言；以前如是，於今、於後亦當如是，都不作超過之言。然而諸方大師都不應制止平實作如是言：「我正覺同修會如來藏妙法，正眞超勝。」謂平實如是之語，都無絲毫妄言故，字字都是如實語故。

常常有大師教導座下弟子：「假使遇到有信徒讚歎平實居士時，若是直接否定，恐有謗法之罪，但你可以方便善巧而說：『蕭平實精通於法義，他讀過很多的經典，組識能力很好，所以很會說法，但是談到實證，就沒什麼了！所以他寫的書都是因爲多讀經典而寫出來的。』這樣子回答信徒們，就沒有謗法的問題存在了！」意思是說平實並沒有實證，如此就能使信徒對平實不生信心，他們的目的就達到了。然而，這仍然是違背事實的，依阿含中的佛語開示，這仍然是謗法及謗賢聖。假使眞的因爲多聞、多讀就能寫出好的佛法書籍來，那麼，那些主持佛學研究所十餘年、二十餘年乃至三十餘年的大法師、大居士們，應該更有能力寫出好書來，卻又爲何一本接著一本都是妄說佛法、誤導眾生而與 佛陀聖教相違的錯誤法義？可見都是私心作祟而妄說的不實語。

諸方大師常常縱令徒眾在背後以言語責斥平實，妄謂平實是好辯之人。然而正法命脈已如懸絲、岌岌可危之時，若不出之以言語辯解、法義辨正，焉能令學人了知法義之正邪差別所在？又怎能令正法長久住世？豈可強令平實對於唯一勝妙正法廣被誣衊之時而不辯解？欲使正法命脈斷於一時乎？欲使佛子法身慧命斷絕乎？彼等何不思之：世尊非唯苦責不受法之弟子，有時顧慮正法之弘傳故，亦對事相上之誣衊而作辯解，以起學人之信，如是以度學人也：

【如是我聞，一時佛在冥寧國阿耨夷土，與大比丘眾千二百五十人俱。爾時世尊著衣持鉢，入阿耨夷城乞食。爾時世尊默自念言：「我今乞食，於時如早，今宜往詣房伽婆梵志園觀。比須時至，然後乞食。」爾時世尊即詣彼園，時彼梵志遙見佛來，即起奉迎，共相問訊，言：「善來！瞿曇！不面來久。今以何緣乃能屈顧？唯願瞿曇就此處坐。」爾時世尊即就其座。時彼梵志於一面坐，白世尊言：「先夜，隸車子善宿比丘來至我所，語我言：『大師！我不於佛所修梵行也，所以然者，佛疏外我。』彼人見向說瞿曇過，雖有此言，我亦不受。」佛告梵志：「彼善宿所言，知汝不受耳。昔我一時在毗舍離獼猴池側、集法堂上，時此善宿來至我所，語我言：『如來外我，我不於如來所修梵行也。』我時告曰：『汝何故言〈我不於如來所修梵行、如來外我〉耶？』善宿報我言：『如來不為我現神足變化。』時我語言：『吾可請汝於我法中淨修梵行，當為汝現神足耶？』復當語我『如來當為我現神足變化，然後我當修梵行』耶？時善宿報我言：『不也！世尊！』我告善宿：『我亦不語汝言：〈汝於我法中淨修梵行，當為汝現神足變化。〉汝亦不言：〈為我現神足者，當修梵行。〉云何善宿！如汝意者，謂如來能現神足？為不能現耶？我所說法，彼法能得出要、盡苦際不耶？』善宿白我言：『如是！世尊！如來能現神足，非為不能。所可說法，能得出要，盡諸苦際，非為不盡。』『是故，善宿！我所說法修梵行者，能現神足，非為不能。出要離苦，非不能離。汝於此法，欲何所求？』善宿言：『世尊不能隨時教我。我父祕術世尊盡知，吝不教我。』我言：『善宿！我頗曾言〈汝於我法中修梵行者，教汝父術〉耶？汝頗復言〈教我父術者，當於佛所修梵行〉耶？』答曰：『不也！』『是故善宿！我先無此言，汝亦無言，今者何故作此語耶？云何善宿！汝謂如來能說汝父祕術？為不能說耶？所可說法能得出要，盡苦際不耶？』善宿報言：『如來能說父之祕術，非為不能。說法出要，能盡苦際，非為不能。』我告善宿：『若我能說汝父祕術，亦能說法出要離苦，汝於我法中復欲何求？』又告善宿：『汝先於毗舍離跋闍土地，無數方便稱歎如來、稱歎正法、稱歎眾僧。

譬如有人八種稱歎彼清涼池，使人好樂：一冷，二輕，三柔，四清，五甘，六無垢，七飲無饜，八便身。汝亦如是，於毘舍離跋闍土，稱歎如來、稱歎正法、稱歎眾僧，使人信樂。善宿！當知今汝退者，世間當復有言：〈善宿比丘多有知識，又是世尊所親，亦是世尊弟子，不能盡形淨修梵行，捨戒就俗處、卑陋行。〉』梵志！當知我時備語，不順我教，捨戒就俗。」

「梵志！一時我在獮猴池側法講堂上，時有尼乾子，字伽羅樓；在彼處止，人所宗敬，名稱遠聞，多有知識，利養備具。時善宿比丘著衣持鉢，入毗舍離城乞食，漸漸轉到尼乾子所；爾時善宿以深遠義問尼乾子，彼不能答，便生瞋恚。善宿自念：『**我觸嬈此人，將無長夜有苦惱報耶？**』（註：外道苦行者無有果證，斥責其法錯誤，絕無來世苦報，善宿比丘愚癡而不知此，故有此慮）梵志！當知，時善宿比丘於乞食後，執持衣鉢來至我所，頭面禮足在一面坐，善宿爾時亦不以此緣告我。我語之曰：『愚人！汝寧可自稱爲沙門釋子耶？』善宿尋報我言：『世尊！何故稱我爲愚？不應自稱爲釋子耶？』我告之曰：『愚人！汝曾往至尼乾子所，問深遠義。彼不能報，便生瞋恚。汝時自念：〈我今觸此尼乾，將無長夜有苦惱報耶？〉汝有是念不？』善宿白我言：『彼是羅漢，何緣（佛陀）乃有此嫉恚心？』

我時答曰：『愚人！羅漢何緣有嫉恚心？非我羅漢有嫉恚心。汝今自謂彼是羅漢，彼有七苦行，長夜執持。何謂七？一、盡形壽不著衣裳。二、盡形壽不飲酒食肉，而不食飯及與麨麵。三、盡形壽不犯梵行。四、盡形壽毗舍離有四石塔，東名憂園塔、南名象塔、西名多子塔、北名七聚塔，盡形不離四塔，爲四苦行。而彼後當犯此七苦行已，於毗舍離城外命終；譬如野干疥癩衰病，死丘塚間，彼尼乾子亦復如是，自爲禁法，後盡犯之；本自誓言盡形不著衣服，後還著衣；本自誓言盡形壽不飲酒噉肉、不食飯及麨麵，而後盡食；本自誓言，不犯梵行，而後亦犯。本言不越四塔：東憂園塔、南象塔、西多子塔、北七聚塔，今盡遠離，不復親近。**彼人自違此七誓已，出毘舍離城，塚間命終。**』我告善宿曰：『**愚人！**汝不信我言，汝自往觀，自當知耳。』」

佛告梵志：「一時比丘善宿，著衣持缽入城乞食。乞食已，還出城，於空塚間，見尼乾子於彼命終。見已，來至我所，頭面禮足，在一面坐，不以此事而語我言。梵志！當知我爾時語善宿曰：『云何善宿，我先所記尼乾子，如我語不？』對曰：『如是，如世尊言。』梵志！當知我與善宿現神通證，而彼言：『世尊不爲我現。』又一時，我在冥寧國白土之邑，時有尼乾子，名究羅帝，在白土住，人所宗敬，名稱遠聞，多得利養。時我著衣持鉢入城乞食；時善宿比丘隨我後行，見究羅帝尼乾子在糞堆上伏舐糠糟，梵志當知，時善宿比丘見此尼乾子在糞堆上伏舐糠糟已，作是念言：『世間諸有阿羅漢、向阿羅漢道者，無有及此；此尼乾子其道最勝，所以者何？此人苦行乃能如是，除捨憍慢，於糞堆上伏舐糠糟。』梵志！時我右旋告善宿曰：『汝意、**愚人**！寧可自稱爲釋子耶？』善宿白我言：『世尊！何故稱我爲愚？不應自稱爲釋子耶？』我告善宿言：『**汝愚人**！觀此究羅帝蹲糞堆上伏食糠糟，汝見已，作是念：〈諸世間阿羅漢及向羅漢者，此究羅帝最爲尊上，所以者何？今此究羅帝乃能苦行，除捨憍慢，蹲糞堆上伏舐糠糟。〉汝有是念不？』答我言：『實爾！』善宿又言：『何故、世尊於阿羅漢所，生嫉妒心？』我告曰：『**愚人**！我不於羅漢所生嫉妒心，何爲於羅漢所生嫉妒心？**汝今愚人**，謂究羅帝眞阿羅漢。此人卻後七日，當腹脹命終，生起屍餓鬼中，常苦飢餓。其命終後，以葦索繫，抴於塚間。汝若不信者，可先往語之。』時善宿即往詣究羅帝所，說言：『彼沙門瞿曇記汝：卻後七日當腹脹命終，生起屍餓鬼中，死已以葦索繫，抴於塚間。』善宿復白：『汝當省食，勿使彼言當也！』梵志當知，時究羅帝至滿七日，腹脹而死，即生起屍餓鬼中，死屍以葦索繫，抴於塚間。

細說愚比丘善宿的許多事，為自己有所辯護；這目的當然不是為了名聞與利養，因為名聞是 世尊早已有了，利養也只不過一日一餐之資，不值得為外道梵志講那麼多的話。但是 世尊畢竟做了，都是為了建立眾生對 佛的信心，所以謗法之事絕不可輕忽之，被作人身攻擊雖可不必理會，但是誣謗者及所謗之事，若可能引起眾生誤會而退轉於信心時，則應該如同 世尊一樣詳細的說清楚、講明白，以免眾生誤信而退轉道心。 世尊破外道以攝弟子、以護正法，有時乃至以外道法廣破外道法，並非不主動破斥外道邪見；何況今時海峽兩岸大師們嚴重誤導眾生，同將常見、斷見外道法，乃至密宗以印度教性力派男女雙身合修的樂空雙運、師徒亂倫等淫穢法，全面取代清淨、涅槃的二乘解脫法，全面取代大乘勝妙深廣無比的如來藏妙法，焉可要求平實坐視不理？正應效法世尊之行而廣破佛門中的外道法。譬如阿含部《佛說尼拘陀梵志經》所載：

【如是我聞 一時世尊在王舍城迦蘭陀竹林精舍。時彼城中有一長者名曰和合，於一日中飯食事訖，出王舍城，詣迦蘭陀竹林精舍佛世尊所，瞻禮親近。是時長者其出未久，作是思惟：「今日已過清旦，佛及苾芻各處自房，宜應且止，勿詣佛所瞻禮親近，我今當往尼拘陀梵志聚集之所。」時彼梵志在烏曇末梨園中，與諸梵志圍繞而住，高舉其聲發諸言論，所謂王論、戰論、盜賊之論，衣論、食論、婦女之論，酒論、邪論、繁雜之論，如是乃至海等相論，此等言論皆悉繫著世間之心。是時尼拘陀梵志遙見和合長者自外而來，即告眾言：「止！止！汝等宜各低小其聲。此所來者，是沙門瞿曇**聲聞弟子**，爲大長者；處王舍城，名曰和合。此人本性少語，其所傳受亦復寂靜，是故汝等小聲言論。彼既知已，乃可斯來。」時梵志眾聞是語已，咸各默然。

爾時和合長者來詣尼拘陀梵志所，到彼會已，時尼拘陀相與承迎，歡喜言論。彼言論已，各坐一面。時和合長者白尼拘陀梵志言：「汝此眾會，有所別異。向聞汝等高舉其聲、發諸言論，所謂王論、戰論，如是乃至海等相論。此等言論皆悉繫著世間之心，有異於我世尊如來應供正等正覺。佛世尊者，於曠野中隨自所樂，坐臥居止遠離憒鬧，絕於人跡；寂守是相，身住一處；心不散亂，專注一境，隨應所行。」時尼拘陀梵志告和合長者言：「長者！彼沙門瞿曇，我今云何相與議論？若我以事發其問端，彼種種慧而不能轉。以沙門瞿曇處於空舍，慧何能轉？既於空舍、慧不能轉，乃於曠野坐臥居止，遠離憒鬧絕於人跡，寂守是相，身住一處；心不散亂專注一境，隨應所行。長者！譬如一目之牛周行邊際，當知彼牛其何能行？沙門瞿曇亦復如是，處於空舍，慧何能轉？長者！若或沙門瞿曇來此會中，我時必當相與議論；建立勝義，發一問端而爲叩擊；我應得勝，彼必墮負；如擊空缾，易爲破壞。」

是時世尊處於自房寂默宴坐，以清淨天耳，遙聞和合長者與尼拘陀梵志所共集會如是言論。爾時世尊於日後分，從自房出；是時天雨方霽，晴光煥若；漸次行詣善無毒池，到池岸已，徐步經行。時尼拘陀梵志遙見世尊在彼池岸，即告眾言：「沙門瞿曇即今在此善無毒池岸徐步經行，彼或來此會中，汝等云何，爲起承迎邪？或相與言論邪？或但離座邪？或復輟己所坐而召命邪？」作是言時，自然有來爲佛世尊敷設其座，復聞是言：「尊者瞿曇！來此有座。隨自所樂，當就是座。」爾時世尊於善無毒池岸經行事已，來詣尼拘陀梵志之所。時彼梵志遙見世尊自外而來，即告眾言：「沙門瞿曇來此會時，我當發問：『而汝瞿曇法、律之中，以何法行，能令修聲聞行者到安隱地？止息內心、清淨梵行？』」

爾時世尊到彼會已，諸梵志眾自然咸生踴躍歡喜，各從座起，前向承迎。時尼拘陀梵志合掌向佛，頂禮白言：「善來！瞿曇！汝具遍知，是汝所座，汝應就座。」佛告尼拘陀梵志言：「汝但就座，所應爲我施設之座，而我自知，我自當坐。」是時諸梵志眾高聲唱言：「希有！難有！此沙門瞿曇，今此會中無人說示，以神通力自知其座。」時尼拘陀梵志與佛世尊歡喜言論，彼言論已，退坐一面。佛告尼拘陀梵志言：「如來今到此會，汝等有何言論分別？」尼拘陀梵志白佛言：「**我向見汝自遠而來，見已，我時輒告眾言**：『沙門瞿曇來此會時，我當發問：〈而汝瞿曇法、律之中，以何法行，能令修聲聞行者到安隱地？止息內心、清淨梵行？〉』瞿曇！汝既到此，我以是事便為問端，是即與汝言論分別。」爾時世尊告尼拘陀梵志言：「尼拘陀！汝於是事而實難知，何以故？異法、異見、異師、異行。**但應於汝自法教中隨應發問**。」是時諸梵志眾高聲唱言：「希有！難有！沙門瞿曇！此所問事，不以自教而為見答，返能於他教中令發問端，隨問當遣。」

時尼拘陀梵志白佛言：「若我**異法**、**異見**、**異師**、**異行**，於汝法、律，我難知者；我今於其自法教中請問於汝：『云何修行？能得出離清淨，得最上潔白及得眞實，得清淨眞實中住？』」佛告尼拘陀梵志言：「如汝尼拘陀法中所修行者，我今略說。汝謂能得四戒具足，謂能修行、能得最上增勝、於前修行出離、不滅諸欲。尼拘陀！云何是汝修行所持四戒？謂不自殺生、不教他殺、不隨喜殺，不自偷盜、不教他盜、不隨喜盜，不自妄語、不教他妄語、不隨喜妄語，不自邪染、不教他邪染、不隨喜邪染，汝尼拘陀以如是等，謂『我能得四戒具足』。尼拘陀！云何是汝能得修行？汝所修行，謂高處遊止，施設座位，或翹足而立以爲法行，或常受苦澀粗惡飲食而爲法行，或寂止空地而爲法行，或不去鬚髮而爲法行，或偃臥棘刺、或臥編椽而爲法行，或居止常處凌雲高顯而爲法行，或繫著一處而爲法行，乃至一日三時沐浴其身，如是多種逼切苦惱治療於身而爲法行；如是等事，是汝尼拘陀修行之法。」

「云何是汝尼拘陀修行者計爲出離？尼拘陀！如汝所修出離行者，謂裸露身體、計得出離；又於飲食事訖，舐手取淨；不受顰蹙面人及瞋恚面人所施飲食，不於街巷中食，不於刀杖兵器中住；周行城邑杜默不語，不說所從來，不說所向詣，不說所住止；不出違順語，不出多種語，亦無所說授。或受一家食，或受二家、三家乃至七家食；或但受一家，不受餘家食；或一日不食，或二日、三日乃至七日，或復半月、一月不食；或於食中不食其麨，不食其飯，不食豆及魚肉牛乳酥酪油及蜜等；不飲酒，不飲甘漿，不飲醋漿，但飲糠粃清潔之水而爲活命。又常食菜，或食稊稗，或食瞿摩夷，或食藥苗藥根，或食乾生米穀，或食諸餘粗惡草菜。或但著一衣，或著草衣，或著吉祥草衣，或著樹皮衣，或柴木爲衣，或果樹皮爲衣，或以棄屍林中亂髮爲衣，或以羊毛、鹿毛、鹿皮爲衣，或以底哩吒鳥翅爲衣，或以鵂鶹翅爲衣；如是等事，是汝尼拘陀修行者，計爲出離之行。」

「尼拘陀！此等所行，而還實得出離清淨邪？得最上潔白邪？得眞實邪？得清淨眞實中住邪？」時尼拘陀梵志白佛言：「如是！如是！沙門瞿曇！我此修行是得出離清淨，得最上潔白，及得眞實，得清淨眞實中住。」佛告尼拘陀梵志言：「尼拘陀！汝所修行如是等事，非爲出離，非得出離清淨，非得最上潔白，非得眞實，非得清淨眞實中住，但於修行法中而得少分。」尼拘陀梵志白佛言：「沙門瞿曇！如汝所說雖爲甚善，然我此修行，是得最上出離，是得眞實，是得無上。」

佛告尼拘陀梵志言：「復次，汝所修行，謂『我能得四戒具足』，謂能修行，謂得最上增勝，於前修行出離不減諸欲，持四戒時與慈心俱，先於東方起慈心觀，具足所行，廣大周普，無二無量，無寃無害；然後南西北方、四維上下一切世界與慈心俱，具足所行亦復如是。尼拘陀！汝作是意，謂『我能如是修行、得出離清淨』邪？得最上潔白邪？得眞實邪？得清淨眞實中住邪？」時尼拘陀梵志白佛言：「如是！如是！沙門瞿曇！我此修行實得出離清淨，得最上潔白及得眞實，得清淨眞實中住。」佛告尼拘陀梵志言：「尼拘陀！此如是等汝所修行，非得出離清淨，非得最上潔白，非得眞實，非得清淨眞實中住。汝謂有所得，此亦非眞。」尼拘陀梵志白佛言：「沙門瞿曇！如汝所說雖爲甚善，然我修行是得出離清淨，是得眞實，是得無上。」

佛告尼拘陀梵志言：「尼拘陀！復次，如汝修行，謂『我能得四戒具足，我能修行，我得最上增勝，於前修行出離不減諸欲』，謂以宿住通，能知過去一、二、三生乃至百生之事。尼拘陀！汝作是意，謂『我能如是修行』，得出離清淨邪？得最上潔白邪？得眞實邪？得清淨眞實中住邪？」時尼拘陀梵志白佛言：「如是！如是！沙門瞿曇！我此修行，實得出離清淨，得最上潔白及得眞實，得清淨眞實中住。」佛告尼拘陀梵志言：「尼拘陀！此如是等汝所修行，非得出離清淨，非得最上潔白，非得眞實，非得清淨眞實中住。雖有所得，而非眞實。」尼拘陀梵志白佛言：「沙門瞿曇！如汝所說雖爲甚善，然我此修行是得出離清淨，是得眞實，是得無上。」

佛告尼拘陀梵志言：「尼拘陀！復次，如汝修行，謂『我能得四戒具足，我能修行，我得最上增勝』，於前修行出離，不減諸欲，能以清淨天眼，觀見世間一切眾生若生若滅、若好若醜，或生善趣、或生惡趣，若貴若賤，隨業報應，悉能觀見。尼拘陀！汝作是意，謂『我能如是修行』，得出離清淨邪？得最上潔白邪？得眞實邪？得清淨眞實中住邪？」時尼拘陀梵志白佛言：「如是，如是，沙門瞿曇！我此修行，實得出離清淨，得最上潔白及得眞實，得清淨眞實中住。」佛告尼拘陀梵志言：「尼拘陀！如是等事，以汝所修雖爲清淨，然我所說：如汝修行未離種種煩惱隨增。」尼拘陀梵志白佛言：「沙門瞿曇！云何我所修行雖爲清淨，汝瞿曇說未離種種煩惱隨增？」

佛告尼拘陀梵志言：「尼拘陀！汝等修行，爲欲彰其修行功業：『以我修成如是行故，彼國王、大臣、剎帝利、婆羅門等，必當尊重、恭敬、供養於我尼拘陀。』此即是爲汝所修行煩惱隨增。復次，尼拘陀！汝雖修行，恃己所修，起貢高相，凌蔑於他，此即是爲汝所修行煩惱隨增。復次，尼拘陀！汝等修行，起我慢心及增上慢，此即是爲汝所修行煩惱隨增。復次，尼拘陀！汝等修行，於餘沙門、婆羅門輕毀凌辱，作如是言：『汝諸沙門、婆羅門，以多種食而爲活命，普食世間五種種子，所謂根種子、身種子、虛種子、最上種子、種子中種子，如是五種以資其命。』汝尼拘陀如是周行，出輕辱言，伺求諍論；迅疾快利，其猶電轉，摧伏破壞，又如霜雹。尼拘陀！此即是爲汝所修行煩惱隨增。復次，尼拘陀！汝等修行，或見餘沙門、婆羅門爲他同類等眾之所尊重、恭敬、供養，乃生種種憎嫉之心，即作是言：『汝諸沙門、婆羅門貪多種食而爲活命，返爲他眾之所尊重、恭敬、供養。我常但以苦澀虛淡之物而爲活命，何故他眾不作恭敬、供養於我尼拘陀？』此即是爲汝所修行煩惱隨增。復次，尼拘陀！汝等修行，若於如來或於如來弟子之所，方伸請問，嫌恚旋生；瞋惱既興，障礙斯作；以障礙故起諸過失，尼拘陀！此即是爲汝所修行煩惱隨增。復次，尼拘陀！汝等修行，若於如來或於如來弟子之所，詢問正法；時佛如來正以一心，善爲開說，決定如應，除遣所疑；而汝等輩乃以外論而來指說，互相違背，欲奪其理，返謂所問不正分別，尼拘陀！此即是爲汝所修行煩惱隨增。復次，尼拘陀！汝等修行，知佛如來或如來弟子實有最上增勝功德，所應敬仰而不敬仰，尼拘陀！此即是爲汝所修行煩惱隨增。復次，尼拘陀！有修行者，於饒益事或生厭離，或損害事不起厭離，汝等以是二事中，若於損害事不生厭離者，尼拘陀！此即是爲汝所修行煩惱隨增。復次，尼拘陀！汝等修行，謂起慢相，有所表示：『我能修行。』尼拘陀！此即是爲汝所修行煩惱隨增。復次，尼拘陀！汝等修行，或得珍妙飲食，耽著其味而生簡別：『我此所樂，我此不樂。若所樂者，我即可受。』由是取著，隨生耽染；以耽染故隱覆過失，是故勝慧不得出離。所餘飲食若不樂者，猶故貪惜，俛仰而捨，尼拘陀！此即是爲汝所修行煩惱隨增。復次，尼拘陀！汝等修行，於深隱處，以如善相寂然而坐；有來問言：『汝於何法而能解了？復於何法而不解了？』而汝等輩，於處、了處，言我不解；於不了處，而言我解；如是多種皆謂正知，起諸妄語，尼拘陀！此即是爲汝所修行煩惱隨增。復次，尼拘陀！汝等修行，常時發起忿恚尤蛆，尼拘陀！此即是爲汝所修行煩惱隨增。復次，尼拘陀！汝等修行，於一切處無慚無愧，尼拘陀！此即是爲汝所修行煩惱隨增。復次，尼拘陀！汝等修行，常起懈怠及劣精進，尼拘陀！此即是爲汝所修行煩惱隨增。復次，尼拘陀！汝等修行，而常失念及不正知，尼拘陀！此即是爲汝所修行煩惱隨增。復次，尼拘陀！汝等修行，其心散亂，諸根減劣，尼拘陀！此即是爲汝所修行煩惱隨增。復次，尼拘陀！汝等修行，起於損害，堅固前心，不求出離，一向自見；於此等法，實生取著，尼拘陀！此即是爲汝所修行煩惱隨增。復次，尼拘陀！汝等修行，邪見深厚，行顛倒法，尼拘陀！此即是爲汝所修行煩惱隨增。復次，尼拘陀！汝等修行，於無邊際計爲有邊，起見亦然，尼拘陀！此即是爲汝所修行煩惱隨增。復次，尼拘陀！汝等修行，常起貪愛及瞋恚心，尼拘陀！此即是爲汝所修行煩惱隨增。復次，尼拘陀！汝等修行，於諸所行愚癡暗鈍，尼拘陀！此即是爲汝所修行煩惱隨增。復次，尼拘陀！汝等修行，不能聽受；既如聾者無所說示，又類啞羊，尼拘陀！此即是爲汝所修行煩惱隨增。復次，尼拘陀！汝等修行，樂作罪業，又樂親近作罪業者，爲他惡友之所繫屬及爲攝伏，尼拘陀！此即是爲汝所修行煩惱隨增。復次，尼拘陀！汝等修行，起增上慢，計有得想；未見謂見，未作謂作，未得謂得，未知謂知，未證謂證，尼拘陀！此即是爲汝所修行煩惱隨增。」

「尼拘陀！於汝意云何？如上所說諸煩惱法，彼有一類修行之者具是事邪？」尼拘陀梵志白佛言：「沙門瞿曇！豈獨一類修行之者具是煩惱，如我意者其數甚多。」佛告尼拘陀梵志言：「如我上說，汝等修行爲欲彰其修行功業：『以我修成如是行故，令彼國王、大臣、刹帝利、婆羅門等尊重、恭敬、供養於我。』尼拘陀！汝等若或如是爲欲彰其修行功業，令彼國王、大臣等恭敬供養；乃至起增上慢：計有得想，未見謂見，未作謂作，未知謂知，未得謂得，未證謂證。此如是等，皆不清淨，一切悉爲煩惱隨增，當知皆是染分所攝。尼拘陀！於汝意云何？如我上說如是等事，如是修行，謂得出離清淨邪？得最上潔白邪？得眞實邪？得清淨眞實中住邪？」尼拘陀梵志白佛言：「如是，如是，沙門瞿曇！如我等輩如是修行，是得出離清淨，是得最上潔白，是得眞實，是得清淨眞實中住。」

佛告尼拘陀梵志言：「我今爲汝如實而說。如汝向者問於我言：『沙門瞿曇法、律之中，以何法行？能令修聲聞行者到安隱地，止息內心，清淨梵行？』如是所問乃爲眞實。當知聲聞止息處者上中最上，極爲高勝，是諸聖者止息之所。」爾時諸梵志眾咸共讚言：「奇哉！奇哉！沙門瞿曇法、律之中，所作清涼。」爾時和合長者聞是言已，知彼在會諸梵志眾，於佛世尊少（稍）生向慕，即告尼拘陀梵志言：「尼拘陀！汝向所言：『與佛世尊互相議論，建立勝義；發一問端而爲叩擊，我應得勝，彼必墮負，如擊空瓶易爲破壞。』汝今何故不發問邪？」

佛告尼拘陀梵志言：「於汝意云何？汝實曾發斯語言邪？」尼拘陀梵志白佛言：「沙門瞿曇！我實曾說如是語言。」佛告尼拘陀梵志言：「尼拘陀！汝豈不聞古師、先德、耆年、宿舊智者所說『諸佛如來應供正等正覺亦如汝等今時集會，高舉其聲發諸言論，所謂王論、戰論、盜賊之論，衣論、食論、婦女之論，酒論、邪論、繁雜之論，如是乃至海等相論』邪？尼拘陀！或復曾聞古師所說『諸佛如來應供正等正覺如我今時於曠野中坐臥居止，遠離憒鬧，絕於人跡，寂守是相，身住一處；心不散亂，專注一境，如應所行』邪？」尼拘陀梵志白佛言：「如是，瞿曇！我亦曾聞古師、先德、耆年、宿舊智者所說：『諸佛如來應供正等正覺，非如我等今時集會高舉其聲，發諸言論，所謂王論、戰論、盜賊之論，衣論、食論、婦女之論，酒論、邪論、繁雜之論，如是乃至海等相論。』我復曾聞古師所說：『諸佛如來應供正等正覺，如汝今時於曠野中坐臥居止，遠離憒鬧，絕於人跡；寂守是相，身住一處；心不散亂，專注一境，如應所行。』」

佛告尼拘陀梵志言：「尼拘陀！汝等昔聞古師說時，豈不作是思惟：『彼諸佛世尊能隨宜說法，自覺悟已，復為他說覺悟之法；自解脫已，復為他說解脫之法；自安隱已，復為他說安隱之法；自得涅槃已，復為他說涅槃之法。』尼拘陀！汝等爾時而返謂言：『沙門瞿曇作如是說，於師法事業有所分別。』又復說言：『沙門瞿曇作如是說，於寂靜住善事業有所分別。』又復說言：『沙門瞿曇作如是說，彼尼拘陀師法之中罪不善法有所合集。』又復說言：『沙門瞿曇作如是說，彼尼拘陀師法之中多種善法有所離散。』又復說言：『沙門瞿曇

專注趣求。我說是人見法知法，超初、二果，直進第三有餘依位阿那含果。」爾時世尊作是說時，會中所有諸梵志眾，障累深重、無所曉悟，身心惑亂、沈迷昏懵；彼諸辯才不能施設，俛首寂然，憂思而住。爾時世尊知是事已，顧謂和合長者言：「長者！**今此等輩誠為癡者，既昧見聞，復絕言說，如人以物自杜其口，罪垢斯深，是大魔事**。彼等不能於佛如來發是問言：『而汝沙門法、律之中，以何法行？能令修聲聞行者到安隱地，止息內心、清淨梵行？』」爾時世尊乃爲和合長者隨應說法，示教利喜已，身放光明，廣大熾盛普遍照耀；即於會中踴身虛空，還迦蘭陀竹林精舍。」（長阿含部《佛說尼拘陀梵志經》）

佛陀對外道眾一向以和平、慈悲之心看待，但外道若太過分的謗佛、謗法，有可能導致眾生喪失對佛法的正信時，　佛陀就會前去辨正，使外道顯示其粗略與膚淺；是故，佛弟子眾，若見外道法對佛教正法已經產生了負面影響時，則應破斥之，不應一心當濫好人去巴結外道、攀附外道以增長自己在世間法中的勢力，否則就不是眞正的佛弟子；此數年來每見佛門大法師常與外教互通情誼，以博世法名聲，都屬違佛聖教身行之人。若是已知藏密等理論與行門，自始至終都是外道性力派的邪淫謬理邪行，卻反而高推於諸佛之上，並且處處貶抑正法，全面用來取代佛教的正法，全面誤導佛弟子四眾走向外道法中；已知其事實之大法師，竟然縱令藏密外道繼續破壞正法、誤導眾生的法身慧命，並且或明或暗加以支持，其心可謂不善、其行可謂愚癡、其說可謂鄉愿，有智之人、有慈之人，對此等事件，都應有以思之！都應有以行之！方能救護藏密外道中的學人，方能預防顯教學人不慎誤入藏密法中共同成就破壞正法的大惡業；如是而行，方能符契 佛陀一向所行破邪顯正、救護眾生的正行與正教也！

復次，根據此一段經文中的 佛陀聖教，想要親證解脫果的學人，必須特別注意這一段佛語：「**或有正士，不諂、不曲及不虛誑，正修行者，我即爲彼說法教示，如應開導，令彼正士如我正說及正教示，於七年中，或復六年，五、四、三、二、一年之中一向不亂，離諸熱惱；清淨身心，專注趣求。我說是人見法知法，超初、二果，直進第三有餘依位阿那含果。**」意思是說：假使確實是心地正直的人，不諂媚，心中的種種想法都不彎曲，說話都不虛誑，眞正是想要修行的人，而不是想要與人比高下，不是想要表現自己超勝的人，只要獲得 佛陀（或如眞善識—經典）的教導，一定能在七年或六年，或五、四、三、二、一年中，心得決定而專注於解脫道中，終於可能超過初果、二果，進到第三果中，證得心解脫、有餘依涅槃。

假使心地更加的正直、清淨，都不諂曲的人，甚至能「於七月中，或復六月，**五、四、三、二、一月、半月，一向不亂離諸熱惱，清淨身心專注趣求**」可以「**見法知法，超初、二果，直進第三有餘依位阿那含果**」。若是心地絲毫都不諂曲，無比的正直，當他聽聞正確的解脫道法義時，**絕對**「不虛誑」的不妄謗正法而「**正修行者**」，當佛陀或眞善知識爲他「**說法教示，如應開導**」以後，「**於七日中，或復六日，五、四、三、二、一日、半日，乃至食前食後**」的極短時間中，可以「**一向不亂，離諸熱惱；清淨身心，專注趣求。我說是人見法知法，超初、二果，直進第三有餘依位阿那含果。**」

由此聖教，顯示直心才是最重要的，若不能直心，口說修學解脫道，身體雖已出家而力行解脫道，都是沒有可能成功證果的，都是不可能斷結證聖的。直心的意思就是心地正直，心地正直的要件有三：一、心中對一切人都沒有諂媚巴結的心態。二、心中種種想法或觀念，都不彎曲，對正理絕不會加以扭曲。三、凡所說言語都是誠實而不虛誑，誠實而不欺誑善知識。不諂，一定是正直的人；即使是面對眞善知識而欲求法時，也仍然沒有諂媚之心，只有恭敬奉侍之心。當他面對至親的剃度師、歸依師、親教師時，假使後來遇到正法，知道他們的法義錯誤了，絕不會爲了顧慮自己在道場中的地位或利益，而諂媚的繼續護持悟錯的師父。一定依止正確的心態，心中不生起諂媚的心態來；也在證得正法果證以後，以正當的方法而設法回報至親師尊。

不曲，則是正直而行的人，一定不會「應行而不行、不應行而行」；當他知道以前或現在所依止的師父、老師，原來是悟錯了，或是正在誤導眾生，一定會向前諫言，不會曲從其餘心地諂媚的人，一起曲意維護師父、老師，以免他們繼續誤導眾生，這就是應行而行。至親的師父、老師若是正在誤導眾生，則應面見、析論法義正訛，使其知所改進、棄捨誤導眾生之惡業，正是應行而行者。若是有人依於諂媚其師的心態，故意妄謗眞善知識或其正法，吾人豈只不應加以附和，而且應該起而維護正法，這就是應行而行、不應行則不行。譬如有人專門蒐集眞善知識以鉅資印行出來救護學人的書籍去燒掉，或是撕毀作廢紙送去回收廠；正直的人就會上前制止，並且特地加以流通，成就救護學人回歸正道的身行，這才是不曲。

不虛誑，則是說話誠實、都不遮隱、都不假說，也不會只說一半或是掐頭去尾、只說中間。當有人妄謗正法時，當有人妄說事相而謗眞善知識時，正直的人一定會起而制止，並且依事實眞相而提出說明與辨正。當有人妄將錯悟大師的法義狡辯爲眞正佛法時，就應起來據理而說，讓眾人不會繼續沈迷於大師表相而更加深入錯誤的理論與行門中，永遠難以實證解脫，或是斷送法身慧命。凡是說話不虛也不誑的人，他必定能因正見而成就正語、正志、正業，於此一世之中，不證聲聞果也難。

在佛法中修行的人，若能心地不諂、身行不曲、言語不誑，他就是正直之士。這樣的正直之士，佛說：只要**親遇眞善知識**時（親遇解脫道中證果斷結的人，或是親遇佛菩提道中證悟的人），他一定可以斷結證果或是悟入般若乃至種智之道。佛說正直之士若遇佛陀時，聽聞正法以後，或**七年**、或**七月**、或**七日**、或**一日**，乃至只有**食前或食後**的短暫時間中，就能**取證三果**。所以，親遇眞善知識時，若是自己心地正直，都不諂曲、虛誑時，一定能與眞善知識相應而得證果。佛陀如此說，都無虛誑；即如正覺同修會禪三開始時，平實先爲參加者宣講蘊處界的無常空，十有九人都能斷除我見與三縛結，並能自作檢查，確定自己是否已斷三縛結、得須陀洹；若是先已具足四禪、四空定者，當時即能取證滅盡定，可見 佛陀說法絲毫無謬；您應當篤信而實行之，以利自身。若是聽聞眞善知識宣說解脫道以後仍然不能證果，一定是心地仍不夠正直，所以對眞善知識、對正法都不能如實接受，更不能如理作意的思惟與現觀，於是證果就不可能了！這是 佛陀慈悲，爲我們特地說明這個事實。

假使心地不夠正直，縱使聽聞了確實可以使人親證初果、二果、三果的法義時，聽了也不會信受的，反而會繼續相信自己所依止的仍然未斷我見、常見的師父或老師所說的錯誤法義，也會繼續曲意維護他們誤導眾生，然後狡辯說他們是在度眾生，沒有誤導眾生。即使心中明知事實與自己所說、所行不符，也會因爲情執而繼續維護及諂媚下去，那麼證果就變成永無可能了！因爲證果不是有果可得，而是斷結，是失去了我見與三縛結。當他心中想要維護尚未證果的師父、老師時，就一定會墜落於我所見、我見、常見之中。這種結使是非常深重的，怎能斷結呢？既不能斷結，當然就是無法證果的人了！所以，證果只是表相，證果的實質其實是斷結：**斷了對於自己覺知心的貪愛，斷了對於覺知心的自己所貪愛的師父或老師的感情執著。**這才是眞正的證初果。

凡是心地不直者，聽說覺知心虛妄，聽說覺知心的功能（能見之性、能聞之性乃至能知、能覺之性）是虛妄的，心中明知都是緣生必滅之法，但不能接受，又怎能斷結呢？他根本就不知道覺知心的六種功能性，都只是覺知心識陰所擁有的內我所罷了！覺知心自我尚且虛假，何況覺知心的內我所呢？當覺知心自我及覺知心的內我所等六種自性，都已知道是虛假的，又怎會繼續愛戀身外的尚未斷結的師父、老師呢？師父或老師都只是自己五陰的外我所罷了！當他們已被自己證實是尚未斷結的人，而且是堅持要繼續誤導眾生、繼續未證言證時，我們怎能再曲意維護呢？若是還想要繼續曲意維護，那我們又怎有可能拒絕正法所破斥的我見與邪見呢？又怎能轉依正見而得斷結呢？所以說心地正直的人，才有可能實事求是，才有可能聽聞正法以後確實信受而得斷結。

若是您的師父、老師聽聞正法的解說以後，已經停止誤導眾生的行爲，已經停止未證言證、未悟示悟的愚行以後，您可就得要好好的護持他們了！因爲他們已經是心地正直的人，在他們繼續聽聞正法或閱讀正法書籍而作觀行以後，遲早一定會成爲斷我見、斷三縛結的初果人；這一世中也有可能進而取證二果、三果的。您既是心地正直的人，從此以後可就要好好的護持他們，讓他們有機會把正法傳授給有緣的弟子四眾，那麼的您的證量將會比他們更高，因爲您是完全沒有私心，完全沒有慢心的，您將可能取證更高的解脫果。以上是依據 佛陀在四阿含聲聞佛法中的教示，加以明白解說，讓您可以增上自己的解脫果證量。

聲聞佛法中的事實眞相是：**佛陀對於妄說解脫道、妄評正法的佛門學人或外道，一定會加以破斥的**。這是四阿含諸經中常常可以見到的事實，這並不是爲了諍勝，而是爲了救護眾生，不讓眾生繼續沈迷於外道法或佛門凡夫知見中。所以，當佛門中的鄉愿大師極力主張：「各人說各人的法就好，不要評論別人。」或是說：「大家說好話、做好事，都不要評論別人。」意圖影響別人停止法義正訛的辨正時，您應該如同 世尊一樣的詳審觀察：**說這些話的大師們是否仍然在誤導眾生？是否在繼續把勝妙的佛法加以淺化、世俗化、外道化、商業化**？然後再判斷他們說那些話的用意是否正直或是諂曲？

假使法義辨正、破邪顯正救護眾生的正事不應該做，那麼 佛陀以人天至尊的最高貴身分，又何必特地前去外道所在而對凡夫外道加以辨正及破斥呢？這一點，可能是一般人所沒有想到的，所以在這裡提出來，讓大家都瞭解了以後，就不會再被有心人以表相言語而掩蓋了他們背後的私心，才能使救護眾生爲目的的破邪顯正事業，繼續踵隨 世尊足後而不中斷，就不會有極多數的人繼續被錯悟大師或未證言證的假名善知識所誤導。當您效法 世尊破邪顯正、救護眾生的善行時，您就已經是心地正直的佛弟子了！那麼您一定會遵循一個原則：**正法就是正法，不論是誰說的；邪法就是邪法，不論是誰說的。**能這樣子做，您一定已經是實事求是的正直之人，那麼您一定會依照法義眞假的事實去實地加以研讀及判斷，對雙方所說的法義都深入加以實地理解，然後做出您認爲最正確的決定，而不是**人云亦云**的隨便說話與做事。

人云亦云而不能實地加以理解，正是古今學佛人的大病；繼續深入凡夫我見中，繼續遠離正知與正見，都是由**人云亦云**而來的。當您成爲正直的佛弟子以後，一定會實地加以閱讀及聽聞以後，才做出正確的決定，不會單憑別人依據傳說而轉告您的言語，就篤信不疑。當您確實這樣去作以後，您一定會從法義的辨正及理解中，獲得正知與正見，那麼您這一世中，想要不斷我見、不斷三縛結，絕對是很困難的。

第五節　說法錯謬者，得無量罪

說法錯謬者，即是謗佛，這是四阿含諸經中常可親見的聖教：【爾時有聚落主，名如意珠頂髮，往詣佛所、頂禮佛足，在一面坐。即白佛言：「世尊！我於往日在王宮殿，與諸輔相共一處坐，群臣眷屬詳議講論：『所謂作沙門者，爲得捉於錢寶以不？得捉金不？』時彼眾中有一人言：『縱令捉者，竟有何過？應當得捉。』有一人言：『不應得捉。沙門釋子不捉金寶。』世尊！如是二語，爲得名爲『稱法而說』，爲『不稱說』？若作斯語，**非爲毀佛**、**非過言耶**？爲是佛說、爲非是乎？」佛告聚落主：「**若作是說，斯名謗我**，爲不稱說，名爲過說。然我所說，實不同彼，何以故？爲比丘者、沙門釋子法，不應捉金等錢寶。若捉金等錢寶，彼非沙門釋子之法。佛之教法，轉勝端嚴，佛如是說：『爲比丘者，不應捉於金等錢寶；設有捉者，非沙門法。』」村主言：「我於彼時，於大眾中亦作是說：『沙門釋子，實不應捉金等錢寶。若有捉者，宜應自恣：**放逸五欲**。』」時彼村主聞佛所說，頂禮而去。】（《別譯雜阿含經》卷七）

是故，說法時異於佛說者，都屬於謗佛之說；謗佛之說，其罪不輕。在阿含部諸經中一向都如此開示的。譬如《雜阿含經》卷五，亦如是記載云：【佛告阿耨羅度：「**作如是說者，隨順諸記，不謗如來，非為越次。**」】換句話說，若是說法違背 佛陀原來的聖意，就是謗佛。因為 佛陀不曾如此說，而說法者主張錯誤的說法確實是佛說，故名謗佛。復有多經亦如是記載：

【爾時羅陀，晡時從禪覺，往詣佛所，稽首禮足，退坐一面，以其上事具白佛言：「**世尊！我得無謗世尊耶？不令他人來難問詰責、墮負處耶？不如說說、非如法說、非法次法說耶？**」佛告羅陀：「**汝眞實說，不謗如來，不令他人難問詰責、墮負處也！如說說、如法說、法次法說。**」】（《雜阿含經》卷六）

又如：【爾時尊者浮彌，知諸外道出家去已，往詣尊者舍利弗所；到已，與舍利弗面相慶慰，慶慰已，以彼諸外道出家所問事，具白尊者舍利弗：「**我作此答，得不謗毀世尊？如說說、不如法說、不為是隨順法行法？得無『為餘因法論者來難詰呵責』不？**」尊者舍利弗言：「**尊者浮彌！汝之所說，實如佛說；不謗如來，如說說、如法說、法行法說。**」】（《雜阿含經》卷十四）

【爾時尊者富隣尼，諸外道去已，往詣佛所，稽首禮足，退坐一面，以向諸外道出家所說具白世尊：「**世尊！我向答諸外道說，得無謗毀世尊耶？為是**

法說、如佛所說、如法說、隨順法說，得不為諸論議者所見嫌責耶？」佛告富隣尼：「如汝所說，**不謗如來**，不失次第；如我記說，如法法說，隨順法說。」】（《雜阿含經》卷三十四）說法錯謬者，不但是謗佛而已，也將獲得無量罪，這也有聲聞佛法阿含部經文為證：

【一時佛遊舍衛國，在勝林給孤獨園。爾時世尊告諸比丘：「我以淨天眼、出過於人，見此眾生死時生時，好色惡色或妙不妙，往來善處及不善處：隨此眾生之所作業，見其如眞。若此眾生成就身惡行、口意惡行：**誹謗聖人，邪見成就邪見業**。彼因緣此，身壞命終必至惡處，生地獄中。若此眾生成就身妙行、口意妙行：不誹謗聖人，正見成就正見業；彼因緣此，身壞命終必昇善處，乃生天上。」

「猶大雨時，水上之泡或生或滅；若有目人住一處觀生時、滅時，我亦如是以淨天眼出過於人，見此眾生死時生時，好色惡色或妙不妙，往來善處及不善處，隨此眾生之所作業，見其如眞。若此眾生成就身惡行、口意惡行：**誹謗聖人，邪見成就邪見業**。彼因緣此，身壞命終必至惡處，生地獄中。若此眾生成就身妙行、口意妙行：不誹謗聖人，正見成就正見業。彼因緣此，身壞命終必昇善處，乃生天上。猶大雨時，雨墮之渧或上或下，若有目人住一處觀上時、下時，我亦如是，以淨天眼出過於人，見此眾生死時生時，好色惡色或妙不妙，往來善處及不善處；隨此眾生之所作業，見其如眞。若此眾生成就身惡行、口意惡行：**誹謗聖人，邪見成就邪見業**。彼因緣此，身壞命終必至惡處，生地獄中。若此眾生成就身妙行，口、意妙行：不誹謗聖人，正見成就正見業；彼因緣此，身壞命終必昇善處，乃生天上。

「猶琉璃珠清淨自然，生無瑕穢；八楞善治，貫以妙繩或青或黃或赤黑白。若有目人住一處觀此琉璃珠清淨自然，生無瑕穢，八楞善治，貫以妙繩或青或黃或赤黑白；我亦如是，以淨天眼出過於人，見此眾生死時生時，好色惡色或妙不妙，往來善處及不善處：隨此眾生之所作業，見其如眞。若此眾生成就身惡行、口意惡行：**誹謗聖人，邪見成就邪見業**。彼因緣此，身壞命終必至惡處，生地獄中。若此眾生成就身妙行、口意妙行：不誹謗聖人，正見成就正見業。彼因緣此，身壞命終必昇善處，乃生天上。」

「猶如兩屋共一門，多人出入；若有目人住一處觀出時入時，我亦如是，以淨天眼出過於人，見此眾生死時生時，好色惡色或妙不妙，往來善處及不善處：隨此眾生之所作業，見其如眞。若此眾生成就身惡行、口意惡行：**誹謗聖人，邪見成就邪見業**。彼因緣此，身壞命終必至惡處，生地獄中。若此眾生成就身妙行，口意妙行：不誹謗聖人，正見成就正見業。彼因緣此，身壞命終必昇善處，乃生天上。」

「若有目人住高樓上，觀於下人往來周旋、坐臥走踊；我亦如是，以淨天眼出過於人，見此眾生死時生時，好色惡色或妙不妙，往來善處及不善處：隨此眾生之所作業，見其如眞。若此眾生成就身惡行、口意惡行：**誹謗聖人，邪見成就邪見業**。彼因緣此，身壞命終必至惡處，生地獄中。若此眾生成就身妙行，口意妙行：不誹謗聖人，正見成就正見業。彼因緣此，身壞命終必昇善處，乃生天上。」

「若有眾生生於人間，不孝父母，不知尊敬沙門、梵志，**不行如實**，不作福業，不畏後世罪。彼因緣此，身壞命終生閻王境界；閻王人收，送詣王所，白曰：『天王！此眾生本爲人時，不孝父母，不知尊敬沙門、梵志，**不行如實**，不作福業，不畏後世罪，唯願天王處當其罪。』」（《中阿含經》卷十二）

如是所言者，意謂錯說佛法而毀謗聖人所說法爲邪法，或毀謗眞悟之聖人為邪魔者，即是身口意都行於惡業，死後必將下墮惡處受苦。人間往往有這種人，尚未實際瞭解善知識所說、所弘的法義時，單憑錯悟的法師或居士所說的謗賢聖言語，誤信為眞，跟著別有用意的法師或迷信的居士所作妄評，直接加以否定或評論，其實是仍未讀過被謗的眞善知識的任何一本書籍，全不瞭解眞善知識所說、所教、所行，就直接根據有心人士的無根誹謗，對眞善知識大力加以誣謗；如是所行就是不如實，難免死後下墮三惡道中。若是明知善知識所說法是正法、正理，卻為了想要維護自己的名聲與利養、徒眾不會散失，故意以種種方便而謗善知識所說法義為不如法說，這更是「**不行如實**」的大法師。依 佛所斷：捨壽後必將下墜地獄中。

這是由於眞善知識所說法義，在在處處都是要教導眾生斷我見、離常見、離斷見的緣故，而錯悟大師加以否定時，就一定會引導眾生繼續住於我見與常見、斷見中，這是在戕害弟子們的法身慧命，其惡行是極重大的，遠超過殺害世人、鴆殺世人無量倍的；因為殺人不過是害人一世，而誤導他人謗勝法、謗賢聖者，將會害人無量世墮在地獄中受大苦惱。如此行事的大師們，不但是殘害弟子無量世，也都是在與 佛為敵的人，當然也是「**不行如實**」的人；佛說這類人，將來捨壽時，難免會因爲無根誹謗賢、聖，以及把佛法轉易成外道常見、斷見法而下墮地獄中。以是緣故，一切人說話及說法時都應當謹慎小心，萬勿自作聰明，一定要**所行如實**，不要妄說佛法、妄做惡事，千萬別把自己未來的無量世當作兒戲，更別把自己此世及未來無量世的道業，拿來換取短短一世而無常的名聞、利養與眷屬。

亦如長阿含《清淨經》云：【世尊告周那沙彌曰：「如是，周那！彼非法中不足聽聞，此非三耶三佛所說，猶如朽塔難可汙色。彼雖有師，盡懷邪見；**雖復有法，盡不真正，不足聽採**，不能出要，非是三耶三佛所說，猶如故塔不可汙也。彼諸弟子有不順其法，捨彼異見、行於正見，周那！若有人來語彼弟子：『諸賢！汝師法正，當於中行，何以捨離？』其彼弟子信其言者，則二俱失道，獲無量罪。所以者何？彼雖有法，然不眞正故。周那！若師不邪見，其法眞正，善可聽採，能得出要，三耶三佛所說，譬如新塔易可汙色；然諸弟子於此法中，不能勤修，不能成就；捨平等道，入於邪見。若有人來語彼弟子：『諸賢！汝師法正，當於中行，何以捨離，入於邪見？』其彼弟子信其言者，則二俱見眞正，獲無量福。所以者何？其法眞正。」

佛告周那：「彼雖有師，然懷邪見；雖復有法，盡不眞正，不足聽採。不能出要，非三耶三佛所說，猶如朽塔不可汙色。彼諸弟子法法成就，隨順其行，起諸邪見，周那！若有人來語其弟子言：『汝師法正，汝所行是。今所修行勤苦如是，應於現法成就道果。』彼諸弟子信受其言者，則二俱失道，獲無量罪。所以者何？以法不眞正故。周那！若師不邪見，其法眞正，善可聽採，能得出要，三耶三佛所說，譬如新塔易爲汙色。又其弟子法法成就，隨順修行而生正見；若有人來語其弟子言：『汝師法正，汝所行是。今所修行勤苦如是，應於現法成就道果。』彼諸弟子信受其言，二俱正見，獲無量福。所以者何？法眞正故。」（《長阿含經》卷十二）

如 佛所言：「彼雖有師，盡懷邪見；**雖復有法，盡不真正，不足聽採**，不能出要。」自己的師父所說法義，若是懷有邪見者，雖然他是有法的，但由於法不眞正的緣故，所以不應該採信，因爲他的法不能使您斷我見、我執，不能使您出離生死的緣故。假使有人來勸說您繼續相信師父的錯誤法義，而您信受了，繼續修學下去，那麼您不但是害了自己，也害了來向您勸說的人，也害師父繼續留在我見深坑中，所以 佛說：「則二俱失道，**獲無量罪**。所以者何？**彼**

雖有法，然不真正故。」這是二人俱害的事，假使不想害對方，您可千萬別接受他人前來勸說的錯誤法義。

無意錯說佛法的大法師們，依照阿含諸經的標準來說，已是得無量罪了；何況是爲了維護名聞、利養、眷屬而故意毀謗正法的大法師們，又怎能免除無量重罪呢？單只是毀謗聲聞法的正法時，就已經是地獄罪了！更何況是誣謗最勝妙法如來藏、一切種智唯識增上慧學，而能沒有地獄罪嗎？在諸大乘經中 佛說，這是**謗菩薩藏**的大惡業，不只是地獄罪而已；實際上是當他正在謗菩薩藏如來藏勝法時，已經成爲斷善根人了，名爲一闡提人， 佛說這是**無間**地獄罪，是世間所有罪業中最深重的，未來無量世的果報是不可思議的長劫無間慘痛。

縱使一世實行世間善，如同慈濟人一般的每週乃至每天都去行善，但是一旦毀謗最勝妙的**菩薩藏第八識**正法時，若具足了根本、方便、成已罪時，就無法免除無間地獄罪了！年老捨壽後將會先受最重罪之報，然後是在無量世以後再領受行善的果報：先入無間地獄中，受盡五種無間之苦；然後次第上生到上層地獄中，歷經數十劫一一受報完畢以後，才能轉生於餓鬼道中受種種苦，再轉生於旁生道中受種種苦，直到成爲人類的寵物以後，已是數十大劫以後的事了！這時就是即將受完謗法大惡業的果報時，才能在經過一段時間領受畜生道中的不可愛苦果以後，再受生於欲界天中享受以前所造的善業福報，而且將仍然是愚癡無智、不能分辨正法與邪法的，所以未來數十大劫以後成爲天人或人類時，仍有可能重新再謗正法及賢聖，重新又再下墮三惡道中。

由此可知：**正法的熏習與正見的建立，才是所有學佛人最重要的事情**，是一切學佛人都必須特別重視的正事。千萬別只是聽聞他人所說就直接信受了，必須確實加以深入理解以後，再做正確的判斷，否則後果一定是不堪設想的。

就如同淨土經典中，佛陀向 彌勒菩薩所開示的：**【「慈氏！汝見愚癡之人，不種善根，但以世智聰辯，妄生分別，增益邪心，云何出離生死大難？復有眾生雖種善根，供養三寶作大福田；取相分別、情執深重，求出輪迴終不能得。」】**（《佛說大乘無量壽莊嚴經》卷三）這意思是說：假使造作許多的善業，乃至能在三寶身上大作供養，這是種植大福田；但是，一旦**取相分別**（譬如攝取外相而作分別：這是出家法師，這是在家居士；這是大法師，這是小法師），就不可能獲得出離生死輪迴的智慧了！又如情執深重的人，總是這樣子想：「**我跟隨師父十幾年了！師父對我也很好，從來都不會罵我、嫌我。雖然師父的法已經被證明錯**

第六節　證有三世

阿含經中已經證實一切有情都有三世的生死，由此緣故就可以證實確定是有第八識存在的；若是沒有第八識心體存在，就一定不可能成立三世因果的，也是無法成立四種涅槃修證的。關於三世的實有，阿含部聲聞佛法的經典中，早就已經明確的記載著，這是 迦葉菩薩（迦葉菩薩是 佛世時出家而受菩薩戒，但是不受聲聞戒的童女，但在佛世時就已帶領五百比丘遊行於人間、弘揚大乘法，所以也被記錄在第一次結集的四阿含經典中）的眞實故事：

【婆羅門言：「汝雖引喻，說**有他世**；如我所見，必無有也。」迦葉言：「汝復有何緣？知**無他世**？」婆羅門答言：「我有親族，遇患篤重，時我到彼語言：『扶此病人，令右脅臥。』視瞻屈伸，言語如常。又使左臥，反覆宛轉，屈伸視瞻，言語如常。尋即命終，吾復使人扶轉，左臥右臥，反覆諦觀，不復屈伸視瞻言語，吾以是知：必無他世。」迦葉復言：「諸有智者，以譬喻得解。今當爲汝引喻：昔有一國（從來）不聞貝聲，時有一人善能吹貝，往到彼國入一村中，執貝三吹，然後置地。時村人男女聞聲驚動，皆就往問：『此是何聲？哀和清徹乃如是耶？』彼人指貝曰：『此物聲也！』時彼村人以手觸貝曰：『汝可作聲！汝可作聲！』貝都不鳴。其主即取貝三吹，置地。時村人言：『向者美聲，非是貝力；有手有口，有氣吹之，然後乃鳴。』人亦如是，有**壽**、有**識**、有**息出入**，則能屈伸視瞻語言；無**壽**、無**識**、無**出入息**，則無屈伸視瞻語言。」又語婆羅門：「汝今宜捨此惡邪見，勿為長夜自增苦惱。」婆羅門言：「我不能捨，所以然者：我自生來，長夜諷誦，翫習堅固，何可捨耶？」迦葉復言：「諸有智者，以譬喻得解。我今當更為汝引喻：乃行久遠，有一國土，其土邊疆，人民荒壞。彼國有二人，一智一愚，自相謂言：『我是汝親，共汝出城採佀求財。』即尋相隨詣一空聚，見地有麻，即語愚者：『共取持歸。』時彼二人各取一擔。復過前村，見有麻縷，其一智者言：『麻縷成功，輕細可取。』其一人言：『我已取麻，繫縛牢固，不能捨也。』其一智者即取麻縷，重擔而去。復共前進，見有麻布，其一智者言：『麻布成功，輕細可取。』彼一人言：『我以取麻，繫縛牢固，不能復捨。』其一智者即捨麻縷，取布自重。復共前行，見有劫貝，其一智者言：『劫貝價貴，輕細可取。』彼一人言：『我已取麻，繫縛牢固，齎來道遠，不能捨也。』時一智者即捨麻布而取劫貝。如是前行，則劫貝縷，次見白疊，次見白銅，次見白銀，次見黃金，其一智者言：『若無金者，當取白銀；若無白銀，當取白銅乃至麻縷；若無麻縷，當取麻耳。今者此村大有黃金，眾寶之上。汝宜捨麻，我當捨銀，共取黃金，自重而歸。』彼一人言：『我取此麻，繫縛牢固，齎來道遠，不能捨也。汝欲取者，自隨汝意。』其一智者捨銀取金，重擔而歸其家。親族遙見彼人大得金寶，歡喜奉迎；時得金者，見親族迎，復大歡喜。其無智人，負麻而歸居家，親族見之不悅，亦不起迎，其負麻者倍增憂愧。婆羅門！汝今宜捨惡習邪見，勿為長夜自增苦惱；如負麻人執意堅固，不取金寶，負麻而歸，空自疲勞，親族不悅，長夜貧窮，自增憂苦也。」婆羅門言：「我終不能捨此見也，所以者何？我以此見，多所教授，多所饒益；四方諸王皆聞我名，亦盡知我是斷滅學者。」」（長阿含部卷七《弊宿經》）

說無三世常住心的人，就是斷滅見者。斷滅見者總是有諸邪見的，這在佛門中也是常可看見的，只是他們都會以種種花言巧語、施設方便而說；愚癡無智的人或是淺學的初機學人，往往信受其言而不知已被欺矇，並且往往會極力加以護持；就如同這一段經文中的弊宿婆羅門一般，認為自己信受的斷見本質的理論，既然已經信受很久了，如今一朝就要改變，豈不是要被人恥笑？於是就堅執不捨，繼續認定斷滅見是眞實法，印順派的法師、居士就是這類人。舉例而言：否定四阿含聲聞佛法中 佛所說的本識常住的前提，而說一切法緣起性空的人，正是斷滅見者。最具體的現代事例就是印順法師所崇奉的藏密外道應成派中觀邪見，藏密奉行雙身法的達賴喇嘛正是他的同路人。但是達賴喇嘛會奉行應成派中觀邪見，其實是另有原因的，這也是印順私心所熟知的事，只是他一直隱藏在心中不說出來罷了。今分述如下：

印順承襲自藏密外道的應成派中觀見，爲何是斷滅見呢？這是由於印順此生出家不久，初始修習佛法時，由於尚無進路而茫茫於佛法大海中，忽然有因緣遇見法尊法師翻譯宗喀巴的著作爲漢文，他擔任法尊法師翻譯後的文字校對工作，於是就被宗喀巴的邪見誤導了！當他初入佛法中而茫無頭緒時，看到宗喀巴有系統的著作時，當然會被宗喀巴所迷惑，這是難以責怪他的。也由於這個緣故，所以他就把宗喀巴的《菩提道次第廣論》後半部止觀雙身法摒棄，將前半部加以濃縮而成爲他的著作《成佛之道》了！接著就由於先入爲主的因素作祟，又由於禪宗般若禪的證悟極爲困難，翻閱禪宗祖師開悟的公案，總是覺得沒頭沒腦而無絲毫頭緒，所以就放棄禪宗，進而厭惡禪宗的開悟，開始極力弘揚藏密外道黃教應成派中觀所說的六識論，極力否定三乘經中的八識說。

由於沒有能力親證七、八二識，否定了七、八二識，所以也不想弘揚八識法，一生極力誣衊第八識自心如來爲外道的神我、梵我，並且有時也會謗爲自性見。但是他由於否定七、八二識的緣故，就必須堅執意識是不生滅心，然而佛在聲聞佛法及大乘經典中都說：「**意根、法塵相觸爲緣出生意識。**」顯然意識心是有生必滅之法，當然不能說是常住法；所以他弘揚的「否定第八識本識的緣起性空」，當然就成爲斷滅見了，這與斷見外道的主張是完全相同的；當他弘揚「否定第八識本識的緣起性空」時，恐怕佛教界會斥責他是斷滅見的外道，所以只能新創佛法而說：「**意識細心不是一般的意識，祂是常住法，所以能執持一切善惡業種子及六識心的種子，來往三世而使善惡業因果如實現行。**」但是，後來他又考慮到意識細心常住說可能也會被人質問而無法回答，因爲佛陀在聲聞佛法四阿含中曾經說過：「**諸所有意識，一切皆意、法爲緣生。**」爲了避免別人對他提出意識心是否常住的問難，所以他就新創佛法說：「**般若就是一切法空的性空唯名說，並無實質。**」再接著主張：「**蘊處界滅盡了就成爲滅相，滅相不會再度被滅除，所以滅相是不會再滅的，所以滅相是常住的，這**

個滅相就是般若法義中講的眞如。」這就是他新創的名聞四海的滅相不滅、滅相眞如說，這樣自以爲完成了圓滿的思想體系，就不再理會眞修實證的事了。

然而，一切有智慧的人，都可以了知他其實只是虛言狡辯罷了！其實都只是不死矯亂的言論，與不死矯亂的外道並無二致。所以他的學說只是學說而非佛法義學，並且是斷見外道法，了無新意。但他爲何會堅決的認定意識心是常住的？這就要探討他所認爲的眞實不壞心是什麼了！他認爲眞實不壞心就是直覺，但這其實是具有意根與意識的成分，是完全不具備眞心成分的妄心；這是由於直覺有意根相應的部分，也有意識相應的部分，都只是六、七識的心所法罷了！直覺是絕對不可能實住於無餘涅槃中的。只有能安住於無餘涅槃中的心——入胎識本識——才是能出三界的心，才是常住不壞的心。由於他認同禪宗錯悟祖師的「悟境」，而且又不承認有第七識意根的存在，所以就同意以意識心作爲常住心了，剛好又有藏密外道宗喀巴大力主張意識是常住法，就這樣一拍兩合的信到老死、絕不改變。但他又因爲意識心在聲聞佛法及大乘經中的聖教，都是明文記載爲生滅法，並且在醫學上及常識上都被認定爲生滅法、有間等法，所以他就只好再方便施設種種言論、不死矯亂的種種辯解，讓人越讀越迷糊，於是在讀不懂他的著作時，就誤認為他的證量確實很高，只能接受他的說法而盲目的推崇他了！這就是如今的印順派法師與居士的落處。

然而，他所崇信的藏密外道應成派中觀見，只認定有六識心，認定意識是常住的，反對第七識意根的存在，更反對阿含部諸經中佛說的**能生名色的入胎識本識**的存在，這在藏密黃教或其他教派來講，當然是不得不如此的；因為藏密外道不論哪一個教派，一向都以雙身法作為主軸、作為究竟境界；而雙身法的境界都是意識境界，都與般若及種智的親證本識無關，當然不得不維護生滅性的意識心，辯稱是常住不壞心，否則雙身法的樂空雙運說，就不能成立了。但是印順對這一點或是無所知，或是由於一種他自己所預設而不可為人說明的私心，所以雖知而不願探究，便無條件的支持藏密外道專以意識為常住心的應成派中觀的無因論邪見了！從此就對聲聞佛法四阿含諸經處處宣說「意識是藉緣而生的生滅法」的聖教，故意視而不見，從來不提出來辨正。

到這個地步，我們當然得要瞭解：藏密外道的四大教派為何總是要支持意識心？到目前為止，藏密外道的有名修學者中，只有一個人是在近年開始大力支持第八識如來藏本識的人，那就是旅居加拿大的談錫永先生。談上師支持第八識本識的說法，平實當然認同，也非常讚歎他的大勇氣；在藏密外道一切法王都普遍認定意識是常住心時，他敢出面寫書公然支持如來藏妙義，想要把藏密外道拖回佛教正法中，想要挽救藏密於危急存亡之秋，其膽識確實令人生敬。可是，談先生繼續走上修習如來藏妙義及支持如來藏妙義的道路時，這條路對他而言是遠比平實更爲辛苦的。這是因爲藏密外道四大教派的理論與行門，自始至終一直都是圍繞著雙身法的樂空雙運而合修的；始從初入門的灌頂觀想、上師觀想，就已經是以雙身法的男女合修第四喜淫樂爲主旨了；其後並且把雙身法的樂空雙運、雌雄等至，作爲畢生求證的終極目標。悲哀的是：這個境界縱使修成了，也只是意識心的境界罷了！都與第八識本識的般若及唯識種智無關，般若智慧及一切種智的修證，都是要依本識入胎識的修證來起步、來完成的；所以藏密外道實證樂空雙運、雌雄等至以後，仍都無法發起般若實相智慧，更無法發起一切種智的增上慧學修證，連初禪都不可得；所以雙身法的生起次第修法，乃至最後的實證雌雄等至，男女雙方都能同得第四喜樂觸時，仍都只是意識境界，都只是欲界世間現象界中的境界，都是無常而生滅的虛妄境界，與本識如來藏的修證所引生的般若與種智，從來就不曾有過絲毫的關聯；過去無量劫以來如是，現在如是，未來的無量劫以後仍將如是。

那麼，談先生究竟要如何圓成他所認同的本識如來藏妙義呢？又要如何救護藏密外道行人而將他們拉回佛教正法來呢？假使他有朝一日親證本識了，發覺本識是離意識六塵見聞覺知境界的，不住於三界六塵境界中，任他怎麼努力，都無法使本識墜入三界六塵境界中，那麼雙身法樂空雙運淫樂境界，不論是初喜乃至第四喜的淫樂覺觸都只是六塵中的境界，又怎能與本識離六塵的修證產生絲毫的關聯呢？那麼談先生假使將來親證如來藏而現觀祂的離六塵、離見聞覺知性時，有朝一日必然是要出來否定雙身法的，否則將無法圓成本識如來藏常住的思想，也將難以面對外人對藏密樂空雙運法的質疑，這是談先生遲早都無法迴避的問題！平實有道種智，容易面對藏密所有法王的質疑。可是談先生在還沒實證如來藏的情況下，只有相似般若而無實相般若智慧，更無種智，想要以理證來回應而廣說藏密雙身法淫樂四喜的虛妄，可就困難了！談先生是否由於考慮到這個問題，所以沿用密宗天竺及中國祖師移花接木的手法，暗地裡仍以意識的變相境界而妄稱爲第八識如來藏？值得佛教界注意。

由上面的敘述中，您當然已經知道藏密爲何要大力破斥本識如來藏妙法了！一則因爲祂很難實證，二則因爲藏密外道的法理與行門的究竟目標，自始至終都是圍繞著雙身法的意識六塵境界而運轉的，豈能承認離六塵境界的第八識實有？所以他們一定要極力否定本識如來藏的存在，不論他們是否正在極力否定本識，他們各自的本識則仍然是在極力擁護他們、支援他們的所有行爲的，也一直在擁護及支援他們繼續修證樂空雙運的，因爲本識是離六塵、離見聞覺知、離智慧也離無明的。最大的問題是：藏密外道大師們，還沒有智慧能像印順法師一般的探討到意識心如何執持善惡業種子的問題！當他們被人質疑而不得不探討這個問題時，他們就不得不像印順一般施設「意識細心不壞說」，或如達賴一般施設「意識極細心不壞說」，來支撐他們的緣起性空觀及雙身法境界了！但是他們卻沒有想到 佛陀早就防到二千五百年後的他們會來這一招，所以在四阿含聲聞佛法中早就講過了：「**諸所有意識，一切皆意、法爲緣生。**」這就使他們無法振振有詞的主張意識細心、極細心是常住不壞心了！這是藏密外道永遠都無法逃離的窘境。

關於三世因果報償的原理與實證，正是藏密外道應成派中觀者的一個大罩門，他們都已困死在這裡而無法動彈了！不論他們如何說法、如何施設與建立，都會產生無量無邊的大問題出來，除非他們回歸法界眞相的本識如來藏妙義來！這不是因爲別人比他們更有力量、更有智慧能破斥他們，而是別人親證本識以後，發覺三世法界正是由本識如來藏來聯貫的，正是由本識來執行因果律的；因爲法界中的實相本來就是如此的，不是親證本識的人發明出來的一**種說法**，而是**法界的事實眞相**。所以，親證本識的人依據所現觀的法界眞實相而說明出來時，否定七、八識的未斷我見者是絕對無法破斥及否定的。就如同今時平實極快速的寫出許多書籍，極力破斥藏密外道的應成派中觀見以後，自古以來就號稱最勝妙法的應成派中觀弘傳者，都無法在法義上稍加回應。

由前面諸章、節舉證的阿含聲聞佛法**聖教**中，多處證明實有本識以外，平實也在其他許多書中，依據**理證**而舉出許多道理，證明本識確實存在；也有許多正覺同修會的佛弟子們，實證本識如來藏而年年都有人寫出見道報告，證實本識的**存在**及可以**實證**；在此一**教證**與**理證**俱存的情況下，有智者當然是要信受教證與理證而實修、親證。正由於有本識的存在及其功能，所以能出生器世間及有情的名色，所以能實現三世因果，能出生及顯示三界萬法及出世間法，也能顯示無餘涅槃確實可以親證，建立三乘菩提的不可破壞性與眞實性。

三世實有的聖教，其實早在長阿含部的《弊宿經》中，佛陀在世時的童女 迦葉菩薩遊行人間時早就講解過了！所以在 佛陀捨壽後被二乘人結集在長阿含部中。您若有興趣，可以直接請閱恭讀。 迦葉菩薩曾經為弊宿婆羅門講解了許多妙理，使他後來完全信受而成為歸依三寶的佛弟子。童女 迦葉菩薩在這部經中，也強調必須有本識存在，並且是在壽命尚未終了時，有呼吸存在著，才能有人間眾生的有情住世的；並且舉出許多的事例，很清楚的證明一切有情都是有三世的。既然有一個常住心可以三世聯貫，當然業果的酬償就成為必然會實現的事了！而意識心是只住一世的，入胎後就永滅而不能再現前了，下一世的意識卻已經是另一個全新的、與此世意識不聯貫的意識了，這也可以算是四阿含中的為人悉檀吧！這個道理，平實十餘年來依據理證的智慧，已經講過無數遍了，卻都不被大法師們採信；如今在《阿含正義》中，舉出 佛陀明確的聖教說：**意識或識陰六識全部，都不能去到下一世**。顯示世世的意識都只是存在一世而已，當然不可能是善惡業種及一切法種的執藏者，那麼本識第八識的實存，當然才是三乘菩提一切佛法的根本了！了知這一點，對於您在三乘菩提中的實修親證，是極為重要的，除非您打算永遠都只在外門修學。

佛教正覺同修會〈修學佛道次第表〉

第一階段

* 以憶佛及拜佛方式修習動中定力。
* 學第一義佛法及禪法知見。
* 無相拜佛功夫成就。
* 具備一念相續功夫—動靜中皆能看話頭。
* 努力培植福德資糧，勤修三福淨業。

第二階段

* 參話頭，參公案。
* 開悟明心，一片悟境。
* 鍛鍊功夫求見佛性。
* 眼見佛性〈餘五根亦如是〉親見世界如幻，成就如幻觀。
* 學習禪門差別智。
* 深入第一義經典。
* 修除性障及隨分修學禪定。
* 修證十行位陽焰觀。

第三階段

* 學一切種智真實正理—楞伽經、解深密經、成唯識論…。
* 參究末後句。
* 解悟末後句。
* 透牢關—親自體驗所悟末後句境界，親見實相，無得無失。
* 救護一切眾生迴向正道。護持了義正法，修證十迴向位如夢觀。
* 發十無盡願，修習百法明門，親證猶如鏡像現觀。
* 修除五蓋，發起禪定。持一切善法戒。親證猶如光影現觀。
* 進修四禪八定、四無量心、五神通。進修大乘種智，求證猶如谷響現觀。

佛菩提二主要道次第概要表——二道並修，以外無別佛法

佛菩提道——大菩提道

遠波羅蜜多

資糧位

十信位修集信心——一劫乃至一萬劫

初住位修集布施功德（以財施爲主）。

二住位修集持戒功德。

三住位修集忍辱功德。

四住位修集精進功德。

五住位修集禪定功德。

六住位修集般若功德（熏習般若中觀及斷我見，加行位也）。

外門廣修六度萬行

七住位明心般若正觀現前，親證本來自性清淨涅槃。

八住位起於一切法現觀般若中道。漸除性障。

十住位眼見佛性，世界如幻觀成就。

見道位

一至十行位，於廣行六度萬行中，依般若中道慧，現觀陰處界猶如陽焰，至第十行滿心位，陽焰觀成就。

一至十迴向位熏習一切種智；修除性障，唯留最後一分思惑不斷。第十迴向滿心位成就菩薩道如夢觀。

內門廣修六度萬行

初地：第十迴向位滿心時，成就道種智一分（八識心王一一親證後，領受五法、三自性、七種第一義、七種性自性、二種無我法）復由勇發十無盡願，成通達位菩薩。復又永伏性障而不具斷，能證慧解脫而不取證，由大願故留惑潤生。此地主修法施波羅蜜多及百法明門。證「猶如鏡像」現觀，故滿初地心。

二地：初地功德滿足以後，再成就道種智一分而入二地；主修戒波羅蜜多及一切種智。滿心位成就「猶如光影」現觀，戒行自然清淨。

解脫道：二乘菩提

→ 斷三縛結，成初果解脫

→ 薄貪瞋癡，成二果解脫

→ 斷五下分結，成三果解脫

入地前的四加行令煩惱障現行悉斷，成四果解脫，留惑潤生。分段生死已斷，煩惱障習氣種子開始斷除，兼斷無始無明上煩惱。

近波羅蜜多 —— 大波羅蜜多 —— 圓滿波羅蜜多

修道位 —— 究竟位

三地：二地滿心再證道種智一分，故入三地。此地主修忍波羅蜜多及四禪八定、四無量心、五神通。能成就俱解脫果而不取證，留惑潤生。滿心位成就「猶如谷響」現觀及無漏妙定意生身。

四地：由三地再證道種智一分故入四地。主修精進波羅蜜多，於此土及他方世界廣度有緣，無有疲倦。進修一切種智，滿心位成就「如水中月」現觀。

五地：由四地再證道種智一分故入五地。主修禪定波羅蜜多及一切種智，斷除下乘涅槃貪。滿心位成就「變化所成」現觀。

六地：由五地再證道種智一分故入六地。此地主修般若波羅蜜多——依道種智現觀十二因緣一一有支及意生身化身，皆自心眞如變化所現，「非有似有」，成就細相觀，不由加行而自然證得滅盡定，成俱解脫大乘無學。

七地：由六地「非有似有」現觀，再證道種智一分故入七地。此地主修一切種智及方便波羅蜜多，由重觀十二有支一一支中之流轉門及還滅門一切細相，成就方便善巧，念念隨入滅盡定。滿心位證得「如犍闥婆城」現觀。

八地：由七地極細相觀成就故再證道種智一分而入八地。此地主修一切種智及願波羅蜜多。至滿心位純無相觀任運恆起，故於相土自在，滿心位復證「如實覺知諸法相意生身」故。

九地：由八地再證道種智一分故入九地。主修力波羅蜜多及一切種智，成就四無礙，滿心位證得「種類俱生無行作意生身」。

十地：由九地再證道種智一分故入此地。此地主修一切種智——智波羅蜜多。滿心位起大法智雲，及現起大法智雲所含藏種種功德，成受職菩薩。

等覺：由十地道種智成就故入此地。此地應修一切種智，圓滿等覺地無生法忍；於百劫中修集極廣大福德，以之圓滿三十二大人相及無量隨形好。

妙覺：示現受生人間已斷盡煩惱障一切習氣種子，並斷盡所知障一切隨眠，永斷變易生死無明，成就大般涅槃，四智圓明。人間捨壽後，報身常住色究竟天利樂十方地上菩薩；以諸化身利樂有情，永無盡期，成就究竟佛道。

七地滿心斷除故意保留之最後一分思惑時，煩惱障所攝色、受、想三陰有漏習氣種子全部斷盡。 ←

煩惱障所攝行、識二陰無漏習氣種子任運漸斷，所知障所攝上煩惱任運漸斷。 ←

斷盡變易生死
成就大般涅槃

圓滿成就究竟佛果

佛子蕭平實 謹製
（二〇〇九、〇二 修訂）
（二〇一二、〇二 增補）

佛教正覺同修會 共修現況 及 招生公告　2017/12/21

一、共修現況：（請在共修時間來電，以免無人接聽。）

台北正覺講堂 103 台北市承德路三段 277 號九樓 捷運淡水線圓山站旁
Tel..**總機** 02-25957295（晚上）（**分機：九樓**辦公室 10、11；知客櫃檯 12、13。 **十樓**知客櫃檯 15、16；書局櫃檯 14。 **五樓**辦公室 18；知客櫃檯 19。**二樓**辦公室 20；知客櫃檯 21。）
Fax..25954493

第一講堂　台北市承德路三段 277 號九樓

禪淨班：週一晚班、週三晚班、週四晚班、週五晚班、週六下午班、週六上午班（共修期間二年半，全程免費。皆須報名建立學籍後始可參加共修，欲報名者詳見本公告末頁。）

進階班：週一晚班、週三晚班、週四晚班、週五晚班（禪淨班結業後轉入共修）。

增上班：瑜伽師地論詳解：每月單數週之週末 17.50～20.50。平實導師講解，2003 年 2 月開講至今，預計 2019 年圓滿，僅限已明心之會員參加。

禪門差別智：每月第一週日全天　平實導師主講（事冗暫停）。

大法鼓經詳解　詳解末法時代大乘佛法修行之道。佛教正法消毒妙藥塗於大鼓而以擊之，凡有眾生聞之者，一切邪見鉅毒悉皆消殞；此經即是大法鼓之正義，凡聞之者，所有邪見之毒悉皆滅除，見道不難；亦能發起菩薩無量功德，是故諸大菩薩遠從諸方佛土來此娑婆聞修此經。平實導師主講，定於 2017 年 12 月底起，每逢周二晚上開講，第一至第六講堂都可同時聽聞，歡迎已發成佛大願的菩薩種性學人，攜眷共同參與此殊勝法會現場聞法，不限制聽講資格。本會學員憑上課證進入第一至第四講堂聽講，會外學人請以身分證件換證進入聽講（此為大樓管理處安全管理規定之要求，敬請諒解）；第五及第六講堂（B1、B2）對外開放，不需出示任何證件，請由大樓側門直接進入。

第二講堂　台北市承德路三段 267 號十樓。

禪淨班：週一晚上班。

進階班：週三晚班、週四晚班、週五晚班、週六下午班。禪淨班結業後轉入共修。

大法鼓經詳解：平實導師講解。每週二 18.50~20.50 影像音聲即時傳輸

第三講堂　台北市承德路三段 277 號五樓。

禪淨班：週六下午班。

進階班：週一晚班、週三晚班、週四晚班、週五晚班。

大法鼓經詳解：平實導師講解。每週二 18.50~20.50 影像音聲即時傳輸

第四講堂　台北市承德路三段 267 號二樓。

進階班：週一晚上班、週三晚上班、週四晚上班（禪淨班結業後轉入共修）。

大法鼓經詳解：平實導師講解。每週二 18.50~20.50 影像音聲即時傳輸

第五、第六講堂

念佛班　每週日晚上，第六講堂共修（B2），一切求生極樂世界的三寶弟子皆可參加，不限制共修資格。

進階班：週一晚班、週三晚班、週四晚班。

大法鼓經詳解：平實導師講解。每週二 18.50~20.50 影像音聲即時傳輸。第五、第六講堂爲**開放式講堂**，不需以身分證件換證即可進入聽講，台北市承德路三段 267 號地下一樓、地下二樓。每逢週二晚上講經時段開放給會外人士自由聽經，請由大樓側面梯階逕行進入聽講。**聽講者請尊重講者的著作權及肖像權，請勿錄音錄影，以免違法；若有錄音錄影被查獲者，將依法處理。**

正覺祖師堂　大溪區美華里信義路 650 巷坑底 5 之 6 號（台 3 號省道 34 公里處　妙法寺對面斜坡道進入）電話 03-3886110　傳眞 03-3881692 本堂供奉 克勤圓悟大師，專供會員每年四月、十月各三次精進禪三共修，兼作本會出家菩薩掛單常住之用。除禪三時間以外，每逢單月第一週之週日 9:00~17:00 開放會內、外人士參訪，當天並提供午齋結緣。教內共修團體或道場，得另申請其餘時間作團體參訪，務請事先與常住確定日期，以便安排常住菩薩接引導覽，亦免妨礙常住菩薩之日常作息及修行。

桃園正覺講堂（第一、第二講堂）：桃園市介壽路 286、288 號 10 樓（陽明運動公園對面）電話：03-3749363（請於共修時聯繫，或與台北聯繫）

禪淨班：週一晚上班（1）、週一晚上班（2）、週三晚上班、週四晚上班、週五晚上班。

進階班：週四晚班、週五晚班、週六上午班。

增上班：雙週六晚上班（增上重播班）。

大法鼓經詳解：平實導師講解。每週二晚上，以台北正覺講堂所錄 DVD 放映；歡迎會外學人共同聽講，不需出示身分證件。

新竹正覺講堂　新竹市東光路 55 號二樓之一　電話 03-5724297（晚上）

第一講堂：

禪淨班：週一晚上班、週五晚上班、週六上午班。

進階班：週三晚上班、週四晚上班（由禪淨班結業後轉入共修）。

增上班：單週六晚上班。雙週六晚上班（重播班）。

大法鼓經詳解：平實導師講解。每週二晚上，以台北正覺講堂所錄 DVD 放映。歡迎會外學人共同聽講，不需出示身分證件。

第二講堂：

禪淨班：週三晚上班、週四晚上班。

大法鼓經詳解：每週二晚上與第一講堂同時播放佛藏經詳解 DVD。

第三、第四講堂：裝修完畢，即將開放。

台中正覺講堂　04-23816090（晚上）

第一講堂　台中市南屯區五權西路二段 666 號 13 樓之四（國泰世華銀行樓上。鄰近縣市經第一高速公路前來者，由五權西路交流道可以快速到達，大樓旁有停車場，對面有素食館）。

禪淨班：週三晚上班、週四晚上班。

進階班：週一晚上班、週六上午班（由禪淨班結業後轉入共修）。

增上班：**增上班**：單週六晚上班。雙週六晚上班（重播班）。

大法鼓經詳解：平實導師講解。每週二晚上，以台北正覺講堂所錄 DVD 放映。歡迎會外學人共同聽講，不需出示身分證件。

第二講堂　台中市南屯區五權西路二段 666 號 4 樓

禪淨班：週一晚上班、週三晚上班、週六上午班。

進階班：週五晚上班（由禪淨班結業後轉入共修）。

大法鼓經詳解：每週二晚上與第一講堂同時播放佛藏經詳解 DVD。

第三講堂、第四講堂：台中市南屯區五權西路二段 666 號 4 樓。

嘉義正覺講堂　嘉義市友愛路 288 號八樓之一　電話：05-2318228

第一講堂：

禪淨班：週一晚上班、週四晚上班、週五晚上班、週六上午班。

進階班：週三晚上班（由禪淨班結業後轉入共修）。

增上班：單週六晚上班。雙週六晚上班（重播班）。

大法鼓經詳解：平實導師講解。每週二晚上，以台北正覺講堂所錄 DVD 放映。歡迎會外學人共同聽講，不需出示身分證件。

第二講堂　嘉義市友愛路 288 號八樓之二。

台南正覺講堂

第一講堂　台南市西門路四段 15 號 4 樓。06-2820541（晚上）

禪淨班：週一晚上班、週三晚上班、週四晚上班、週五晚上班、週六下午班。

增上班：**增上班**：單週六晚上班。雙週六晚上班（重播班）。

大法鼓經詳解：平實導師講解。每週二晚上，以台北正覺講堂所錄 DVD 放映。歡迎會外學人共同聽講，不需出示身分證件。

第二講堂　台南市西門路四段 15 號 3 樓。

大法鼓經詳解：每週二晚上與第一講堂同時播放佛藏經詳解 DVD。

第三講堂　台南市西門路四段 15 號 3 樓。

進階班：週三晚上班、週四晚上班、週六上午班（由禪淨班結業後轉入共修）。

大法鼓經詳解：每週二晚上與第一講堂同時播放佛藏經詳解 DVD。

高雄正覺講堂　高雄市新興區中正三路 45 號五樓 07-2234248（晚上）

第一講堂（五樓）：

禪淨班：週一晚班、週三晚班、週四晚班、週五晚班、週六上午班。

增上班：單週週末下午，以台北增上班課程錄成 DVD 放映之，限已明心之會員參加。

大法鼓經詳解：平實導師講解。每週二晚上，以台北正覺講堂所錄 DVD 放映。歡迎會外學人共同聽講，不需出示身分證件。

第二講堂（四樓）：

進階班：週三晚上班、週四晚上班、週六上午班（由禪淨班結業後轉入共修）。

大法鼓經詳解：每週二晚上與第一講堂同時播放佛藏經詳解 DVD。

第三講堂（三樓）：

進階班：週四晚班（由禪淨班結業後轉入共修）。

香港正覺講堂　☆**已遷移新址**☆

九龍觀塘，成業街 10 號，電訊一代廣場 27 樓 E 室。

（觀塘地鐵站 B1 出口，步行約 4 分鐘）。電話：(852) 23262231

英文地址：Unit E，27th Floor, TG Place, 10 Shing Yip Street, Kwun Tong, Kowloon

禪淨班：雙週六下午班 14:30-17:30，已經額滿。
雙週日下午班 14:30-17:30。
單週六下午班 14:30-17:30，已經額滿。

進階班：雙週五晚上班（由禪淨班結業後轉入共修）。

增上班：單週週末上午，以台北增上班課程錄成 DVD 放映之。

增上重播班：雙週週末上午，以台北增上班課程錄成 DVD 放映之。

大法鼓經詳解：平實導師講解。雙週六 19:00-21:00，以台北正覺講堂所錄 DVD 放映；歡迎會外學人共同聽講，不需出示身分證件。

美國洛杉磯正覺講堂　☆**已遷移新址**☆

825 S. Lemon Ave Diamond Bar, CA 91789 U.S.A.

Tel. (909) 595-5222（請於週六 9:00~18:00 之間聯繫）

Cell. (626) 454-0607

禪淨班：每逢週末 15：30~17：30 上課。

進階班：每逢週末上午 10：00~12：00 上課。

大法鼓經詳解：平實導師講解。每週六下午 13：00~15：00 以台北所錄 DVD 放映。歡迎各界人士共享第一義諦無上法益，不需報名。

二、招生公告 本會台北講堂及全省各講堂、香港講堂，每逢**四月、十月**下旬開新班，每週共修一次（每次二小時。開課日起三個月內仍可插班）；但美國洛杉磯共修處之禪淨班得隨時插班共修。各班共修期間皆爲二年半，全程免費，欲參加者請向本會函索報名表（各共修處皆於共修時間方有人執事，非共修時間請勿電詢或前來洽詢、請書），或直接從本會官方網站(http://www.enlighten.org.tw/newsflash/class)或成佛之道網站下載報名表。共修期滿時，若經報名禪三審核通過者，可參加四天三夜之禪三精進共修，有機會明心、取證如來藏，發起般若實相智慧，成爲實義菩薩，脫離凡夫菩薩位。

三、新春禮佛祈福 農曆年假期間停止共修：自農曆新年前七天起停止共修與弘法，正月 8 日起回復共修、弘法事務。新春期間正月初一～初七 9.00～17.00 開放台北講堂、正月初一~初三開放桃園、新竹、台中、嘉義、台南、高雄講堂，以及大溪禪三道場（正覺祖師堂），方便會員供佛、祈福及會外人士請書。美國洛杉磯共修處之休假時間，請逕詢該共修處。

密宗四大派修雙身法，是外道性力派的邪法；又以生滅的識陰作為常住法，是常見外道，是假的藏傳佛教。

西藏覺囊巴以他空見弘揚第八識如來藏勝法，才是真藏傳佛教

佛教正覺同修會　弘法行事表

2017/12/07

1、**禪淨班**　以無相念佛及拜佛方式修習動中定力，實證一心不亂功夫。傳授解脫道正理及第一義諦佛法，以及參禪知見。共修期間：二年六個月。每逢四月、十月開新班，詳見招生公告表。

2、**進階班**　禪淨班畢業後得轉入此班，進修更深入的佛法，期能證悟明心。各地講堂各有多班，繼續深入佛法、增長定力，悟後得轉入增上班修學道種智，期能證得無生法忍。

3、**增上班 瑜伽師地論**詳解　詳解論中所言凡夫地至佛地等 17 師之修證境界與理論，從凡夫地、聲聞地……宣演到諸地所證無生法忍、一切種智之眞實正理。由平實導師開講，每逢一、三、五週之週末晚上開示，僅限已明心之會員參加。2003 年二月開講至今，預定 2019 年講畢。

4、**大法鼓經**詳解　詳解末法時代大乘佛法修行之道。佛教正法消毒妙藥塗於大鼓而以擊之，凡有眾生聞之者，一切邪見鉅毒悉皆消殞；此經即是大法鼓之正義，凡聞之者，所有邪見之毒悉皆滅除，見道不難；亦能發起菩薩無量功德，是故諸大菩薩遠從諸方佛土來此娑婆聞修此經。平實導師主講。定於 2017 年 12 月底開講，歡迎已發成佛大願的菩薩種性學人，攜眷共同參與此殊勝法會聽講。

本經破「有」而顯涅槃，以此名爲眞實的「法」；眞法即是第八識如來藏，《金剛經》《法華經》中亦名之爲「此經」。若墮在「有」中，皆名「非法」，「有」即是五陰、六入、十二處、十八界及內我所、外我所，皆非眞實法。若人如是俱說「法」與「非法」而宣揚佛法，名爲擊大法鼓；如是依「法」而捨「非法」，據以建立山門而爲眾說法，方可名爲眞正的法鼓山。此經中說，以「此經」爲菩薩道之本，以證得「此經」之正知見及法門作爲度人之「法」，方名眞實佛法，否則盡名「非法」。本經中對法與非法、有與涅槃，有深入之闡釋，歡迎教界一切善信（不論初機或久學菩薩），一同親沐 如來聖教，共沾法喜。由平實導師詳解。不限制聽講資格。

5、**精進禪三**　主三和尙：平實導師。於四天三夜中，以克勤圓悟大師及大慧宗杲之禪風，施設機鋒與小參、公案密意之開示，幫助會員剋期取證，親證不生不滅之眞實心——人人本有之如來藏。每年四月、十月各舉辦二個梯次；平實導師主持。僅限本會會員參加禪淨班共修期滿，報名審核通過者，方可參加。並選擇會中定力、慧力、福德三條件皆已具足之已明心會員，給以指引，令得眼見自己無形無相之佛性遍佈山河大地，眞實而無障礙，得以肉眼現觀世界身心悉皆如幻，具足成就如幻觀，圓滿十住菩薩之證境。

6、**不退轉法輪經**詳解　本經所說妙法極爲甚深難解，時至末法，已然無有知者；而其甚深絕妙之法，流傳至今依舊多人可證，顯示佛學眞是義學而非玄談，其中甚深極妙令人拍案稱絕之第一義諦妙義，平實導師將會加以解說。待《大法鼓經》宣講完畢時繼續宣講此經。

7、**阿含經**詳解　選擇重要之阿含部經典，依無餘涅槃之實際而加以詳解，令大眾得以現觀諸法緣起性空，亦復不墮斷滅見中，顯示經中所隱說之涅槃實際—如來藏—確實已於四阿含中隱說；令大眾得以聞後觀行，確實斷除我見乃至我執，證得**見到**眞現觀，乃至**身證**……等眞現觀；已得大乘或二乘見道者，亦可由此聞熏及聞後之觀行，除斷我所之貪著，成就慧解脫果。由平實導師詳解。不限制聽講資格。

8、**解深密經**詳解　重講本經之目的，在於令諸已悟之人明解大乘法道之成佛次第，以及悟後進修一切種智之內涵，確實證知三種自性性，並得據此證解七眞如、十眞如等正理。每逢週二 18.50~20.50 開示，由平實導師詳解。將於《大法鼓經》講畢後開講。不限制聽講資格。

9、**成唯識論**詳解　詳解一切種智眞實正理，詳細剖析一切種智之微細深妙廣大正理；並加以舉例說明，使已悟之會員深入體驗所證如來藏之微密行相；及證驗見分相分與所生一切法，皆由如來藏—阿賴耶識—直接或展轉而生，因此證知一切法無我，證知無餘涅槃之本際。將於增上班《瑜伽師地論》講畢後，由平實導師重講。僅限已明心之會員參加。

10、**精選如來藏系經典**詳解　精選如來藏系經典一部，詳細解說，以此完全印證會員所悟如來藏之眞實，得入不退轉住。另行擇期詳細解說之，由平實導師講解。僅限已明心之會員參加。

11、**禪門差別智**　藉禪宗公案之微細淆訛難知難解之處，加以宣說及剖析，以增進明心、見性之功德，啓發差別智，建立擇法眼。每月第一週日全天，由平實導師開示，僅限破參明心後，復又眼見佛性者參加（事冗暫停）。

12、**枯木禪**　先講智者大師的《小止觀》，後說《釋禪波羅蜜》，詳解四禪八定之修證理論與實修方法，細述一般學人修定之邪見與岔路，及對禪定證境之誤會，消除枉用功夫、浪費生命之現象。已悟般若者，可以藉此而實修初禪，進入大乘通教及聲聞教的三果心解脫境界，配合應有的大福德及後得無分別智、十無盡願，即可進入初地心中。親教師：平實導師。未來緣熟時將於正覺寺開講。不限制聽講資格。

註：本會例行年假，自 2004 年起，改為每年農曆新年前七天開始停息弘法事務及共修課程，農曆正月 8 日回復所有共修及弘法事務。新春期間（每日 9.00~17.00）開放台北講堂，方便會員禮佛祈福及會外人士請書。大溪區的正覺祖師堂，開放參訪時間，詳見〈正覺電子報〉或成佛之道網站。本表得因時節因緣需要而隨時修改之，不另作通知。

佛教正覺同修會　贈閱書籍 目錄　2015/09/29

1.**無相念佛**　平實導師著　回郵 10 元
2.**念佛三昧修學次第**　平實導師述著　回郵 25 元
3.**正法眼藏—護法集**　平實導師述著　回郵 35 元
4.**真假開悟簡易辨正法**&**佛子之省思**　平實導師著　回郵 3.5 元
5.**生命實相之辨正**　平實導師著　回郵 10 元
6.**如何契入念佛法門**（**附**：印順法師否定極樂世界）平實導師著　回郵 3.5 元
7.**平實書箋**—答元覽居士書　平實導師著　回郵 35 元
8.**三乘唯識**—如來藏系經律彙編　平實導師編　回郵 80 元
（精裝本　長 27 cm　寬 21 cm　高 7.5 cm　重 2.8 公斤）
9.**三時繫念全集**—修正本　回郵掛號 40 元（長 26.5 cm×寬 19 cm）
10.**明心與初地**　平實導師述　回郵 3.5 元
11.**邪見與佛法**　平實導師述著　回郵 20 元
12.**菩薩正道**—回應義雲高、釋性圓…等外道之邪見　正燦居士著 回郵 20 元
13.**甘露法雨**　平實導師述　回郵 20 元
14.**我與無我**　平實導師述　回郵 20 元
15.**學佛之心態**—修正錯誤之學佛心態始能與正法相應 孫正德老師著 回郵35元
附錄：平實導師著**《略說八、九識並存…等之過失》**
16.**大乘無我觀**—《悟前與悟後》別說　平實導師述著　回郵 20 元
17.**佛教之危機**—中國台灣地區現代佛教之真相（附錄：公案拈提六則）
平實導師著　回郵 25 元
18.**燈 影**—燈下黑（覆「求教後學」來函等）平實導師著　回郵 35 元
19.**護法與毀法**—覆上平居士與徐恒志居士網站毀法二文
張正圜老師著　回郵 35 元
20.**淨土聖道**—兼評**選擇本願念佛**　正德老師著　**由正覺同修會購贈** 回郵 25 元
21.**辨唯識性相**—對「紫蓮心海《辯唯識性相》書中否定阿賴耶識」之回應
正覺同修會 台南共修處法義組 著　回郵 25 元
22.**假如來藏**—對法蓮法師《如來藏與阿賴耶識》書中否定阿賴耶識之回應
正覺同修會 台南共修處法義組 著　回郵 35 元
23.**入不二門**—公案拈提集錦 第一輯（於平實導師公案拈提諸書中選錄約二十則，
合輯爲一冊流通之）平實導師著　回郵 20 元
24.**真假邪說**—西藏密宗索達吉喇嘛《破除邪説論》真是邪説
釋正安法師著　回郵 35 元
25.**真假開悟**—真如、如來藏、阿賴耶識間之關係　平實導師述著　回郵 35 元
26.**真假禪和**—辨正釋傳聖之謗法謬說　孫正德老師著　回郵 30 元

27.**眼見佛性**—駁慧廣法師眼見佛性的含義文中謬說

游正光老師著　回郵 25 元

28.**普門自在**—公案拈提集錦 第二輯（於平實導師公案拈提諸書中選錄約二十則，合輯爲一冊流通之）平實導師著　回郵 25 元

29.**印順法師的悲哀**—以現代禪的質疑為線索　恒毓博士著　回郵 25 元

30.**識蘊真義**—現觀識蘊內涵、取證初果、親斷三縛結之具體行門。

—依《成唯識論》及《唯識述記》正義，略顯安慧《大乘廣五蘊論》之邪謬

平實導師著　回郵 35 元

31.**正覺電子報** 各期紙版本　免附回郵　每次最多函索三期或三本。

（已無存書之較早各期，不另增印贈閱）

32.**現代人應有的宗教觀**　蔡正禮老師 著　回郵3.5元

33.**遠惑趣道**—正覺電子報般若信箱問答錄　第一輯　回郵20元

34.**遠惑趣道**—正覺電子報般若信箱問答錄　第二輯　回郵20元

35.**確保您的權益**—器官捐贈應注意自我保護　游正光老師 著　回郵10元

36.**正覺教團電視弘法三乘菩提 DVD 光碟（一）**

由正覺教團多位親教師共同講述錄製 DVD 8 片，MP3 一片，共 9 片。有二大講題：一爲「三乘菩提之意涵」，二爲「學佛的正知見」。內容精闢，深入淺出，精彩絕倫，幫助大眾快速建立三乘法道的正知見，免被外道邪見所誤導。有志修學三乘佛法之學人不可不看。（製作工本費 100 元，回郵 25 元）

37.**正覺教團電視弘法 DVD 專輯（二）**

總有二大講題：一爲「三乘菩提之念佛法門」，一爲「學佛正知見（第二篇）」，由正覺教團多位親教師輪番講述，內容詳細闡述如何修學念佛法門、實證念佛三昧，以及學佛應具有的正確知見，可以幫助發願往生西方極樂淨土之學人，得以把握往生，更可令學人快速建立三乘法道的正知見，免於被外道邪見所誤導。有志修學三乘佛法之學人不可不看。（一套 17 片，工本費 160 元。回郵 35 元）

38.**佛藏經** 燙金精裝本 每冊回郵 20 元。正修佛法之道場欲大量索取者，請正式發函並蓋用大印寄來索取（2008.04.30 起開始敬贈）

39.**喇嘛性世界**—揭開假藏傳佛教譚崔瑜伽的面紗　張善思 等人合著

由正覺同修會購贈　回郵 20 元

40.**假藏傳佛教的神話**—性、謊言、喇嘛教　張正玄教授編著　回郵 20 元

由正覺同修會購贈　回郵 20 元

41.**隨 緣**—理隨緣與事隨緣　平實導師述　回郵 20 元。

42.**學佛的覺醒**　正枝居士 著　回郵 25 元

43.**導師之真實義**　蔡正禮老師 著　回郵 10 元

44.**淺談達賴喇嘛之雙身法**—兼論解讀「密續」之達文西密碼

吳明芷居士 著　回郵 10 元

45.**魔界轉世**　張正玄居士 著　回郵 10 元

46.**一貫道與開悟**　蔡正禮老師 著　回郵 10 元

47.**博愛**—愛盡天下女人　正覺教育基金會 編印　回郵 10 元

48.**意識虛妄經教彙編**—實證解脫道的關鍵經文　正覺同修會編印　回郵 25 元

49.**邪箭囈語**—破斥藏密外道多識仁波切《破魔金剛箭雨論》之邪說

陸正元老師著　上、下冊回郵各 30 元

50.**真假沙門**—依 佛聖教闡釋佛教僧寶之定義

蔡正禮老師著　俟正覺電子報連載後結集出版

51.**真假禪宗**—藉評論釋性廣《印順導師對變質禪法之批判及對禪宗之肯定》以顯示真假禪宗

附論一：凡夫知見 無助於佛法之信解行證

附論二：世間與出世間一切法皆從如來藏實際而生而顯

余正偉老師著　俟正覺電子報連載後結集出版　回郵未定

52.**假鋒虛焰金剛乘**—揭示顯密正理，兼破索達吉師徒《般若鋒兮金剛焰》。

釋正安 法師著　俟正覺電子報連載後結集出版

★ 上列贈書之郵資，係台灣本島地區郵資，大陸、港、澳地區及外國地區，請另計酌增（大陸、港、澳、國外地區之郵票不許通用）。尚未出版之書，請勿先寄來郵資，以免增加作業煩擾。

★ 本目錄若有變動，唯於後印之書籍及「成佛之道」網站上修正公佈之，不另行個別通知。

函索書籍請寄：佛教正覺同修會　103 台北市承德路 3 段 277 號 9 樓
台灣地區函索書籍者請附寄郵票，無時間購買郵票者可以等值現金抵用，但不接受郵政劃撥、支票、匯票。大陸地區得以人民幣計算，國外地區請以美元計算（請勿寄來當地郵票，在台灣地區不能使用）。欲以掛號寄遞者，請另附掛號郵資。

親自索閱：正覺同修會各共修處。　★請於共修時間前往取書，餘時無人在道場，請勿前往索取；共修時間與地點，詳見書末正覺同修會共修現況表（以近期之共修現況表為準）。

註：正智出版社發售之局版書，請向各大書局購閱。若書局之書架上已經售出而無陳列者，請向書局櫃台指定洽購；若書局不便代購者，請於正覺同修會共修時間前往各共修處請購，正智出版社已派人於共修時間送書前往各共修處流通。 郵政劃撥購書及 大陸地區 購書，請詳別頁正智出版社發售書籍目錄最後頁之說明。

成佛之道 網站：http://www.a202.idv.tw　正覺同修會已出版之結緣書籍，多已登載於 成佛之道 網站，若住外國、或住處遙遠，不便取得正覺同修會贈閱書籍者，可以從本網站閱讀及下載。　書局版之《宗通與說通》亦已上網，台灣讀者可向書局洽購，售價 300 元。《狂密與眞密》第一輯~第四輯，亦於 2003.5.1.全部於本網站登載完畢；台灣地區讀者請向書局洽購，每輯約 400 頁，售價 300 元（網站下載紙張費用較貴，容易散失，難以保存，亦較不精美）。

正智出版社 籌募弘法基金發售書籍目錄 2018/05/13

1.**宗門正眼**—公案拈提 第一輯 重拈 平實導師著 500 元
因重寫內容大幅度增加故，字體必須改小，並增爲 576 頁 主文 546 頁。比初版更精彩、更有內容。初版《禪門摩尼寶聚》之讀者，可寄回本公司免費調換新版書。免附回郵，亦無截止期限。（2007 年起，每冊附贈本公司精製公案拈提〈超意境〉CD 一片。市售價格 280 元，多購多贈。）
2.**禪淨圓融** 平實導師著 200 元（第一版舊書可換新版書。）
3.**真實如來藏** 平實導師著 400 元
4.**禪—悟前與悟後** 平實導師著 上、下冊，每冊 250 元
5.**宗門法眼**—公案拈提 第二輯 平實導師著 500 元
（2007 年起，每冊附贈本公司精製公案拈提〈超意境〉CD 一片）
6.**楞伽經詳解** 平實導師著 全套共 10 輯 每輯 250 元
7.**宗門道眼**—公案拈提 第三輯 平實導師著 500 元
（2007 年起，每冊附贈本公司精製公案拈提〈超意境〉CD 一片）
8.**宗門血脈**—公案拈提 第四輯 平實導師著 500 元
（2007 年起，每冊附贈本公司精製公案拈提〈超意境〉CD 一片）
9.**宗通與說通**—成佛之道 平實導師著 主文 381 頁 全書 400 頁售價 300 元
10.**宗門正道**—公案拈提 第五輯 平實導師著 500 元
（2007 年起，每冊附贈本公司精製公案拈提〈超意境〉CD 一片）
11.**狂密與真密 一～四輯** 平實導師著 西藏密宗是人間最邪淫的宗教，本質不是佛教，只是披著佛教外衣的印度教性力派流毒的喇嘛教。此書中將西藏密宗密傳之男女雙身合修樂空雙運所有祕密與修法，毫無保留完全公開，並將全部喇嘛們所不知道的部分也一併公開。內容比大辣出版社喧騰一時的《西藏慾經》更詳細。並且函蓋藏密的所有祕密及其錯誤的中觀見、如來藏見……等，藏密的所有法義都在書中詳述、分析、辨正。每輯主文三百餘頁 每輯全書約 400 頁 售價每輯 300 元
12.**宗門正義**—公案拈提 第六輯 平實導師著 500 元
（2007 年起，每冊附贈本公司精製公案拈提〈超意境〉CD 一片）
13.**心經密意**—心經與解脫道、佛菩提道、祖師公案之關係與密意 平實導師述 300 元
14.**宗門密意**—公案拈提 第七輯 平實導師著 500 元
（2007 年起，每冊附贈本公司精製公案拈提〈超意境〉CD 一片）
15.**淨土聖道**—兼評「選擇本願念佛」 正德老師著 200 元
16.**起信論講記** 平實導師述著 共六輯 每輯三百餘頁 售價各 250 元
17.**優婆塞戒經講記** 平實導師述著 共八輯 每輯三百餘頁 售價各 250 元
18.**真假活佛**—略論附佛外道盧勝彥之邪說（對前岳靈犀網站主張「盧勝彥是證悟者」之修正） 正犀居士（岳靈犀）著 流通價 140 元
19.**阿含正義**—唯識學探源 平實導師著 共七輯 每輯 300 元

20.**超意境 CD** 以平實導師公案拈提書中超越意境之頌詞，加上曲風優美的旋律，錄成令人嚮往的超意境歌曲，其中包括正覺發願文及平實導師親自譜成的黃梅調歌曲一首。詞曲雋永，殊堪翫味，可供學禪者吟詠，有助於見道。內附設計精美的彩色小冊，解說每一首詞的背景本事。每片 280 元。【每購買公案拈提書籍一冊，即贈送一片。】

21.**菩薩底憂鬱 CD** 將菩薩情懷及禪宗公案寫成新詞，並製作成超越意境的優美歌曲。 1.主題曲〈菩薩底憂鬱〉，描述地後菩薩能離三界生死而迴向繼續生在人間，但因尚未斷盡習氣種子而有極深沈之憂鬱，非三賢位菩薩及二乘聖者所知，此憂鬱在七地滿心位方才斷盡；本曲之詞中所說義理極深，昔來所未曾見；此曲係以優美的情歌風格寫詞及作曲，聞者得以激發嚮往諸地菩薩境界之大心，詞、曲都非常優美，難得一見；其中勝妙義理之解說，已印在附贈之彩色小冊中。 2.以各輯公案拈提中直示禪門入處之頌文，作成各種不同曲風之超意境歌曲，值得玩味、參究；聆聽公案拈提之優美歌曲時，請同時閱讀內附之印刷精美說明小冊，可以領會超越三界的證悟境界；未悟者可以因此引發求悟之意向及疑情，眞發菩提心而邁向求悟之途，乃至因此眞實悟入般若，成眞菩薩。 3.正覺總持咒新曲，總持佛法大意；總持咒之義理，已加以解說並印在隨附之小冊中。本 CD 共有十首歌曲，長達 63 分鐘。每盒各附贈二張購書優惠券。每片 280 元。

22.**禪意無限 CD** 平實導師以公案拈提書中偈頌寫成不同風格曲子，與他人所寫不同風格曲子共同錄製出版，幫助參禪人進入禪門超越意識之境界。盒中附贈彩色印製的精美解說小冊，以供聆聽時閱讀，令參禪人得以發起參禪之疑情，即有機會證悟本來面目而發起實相智慧，實證大乘菩提般若，能如實證知般若經中的眞實意。本 CD 共有十首歌曲，長達 69 分鐘，每盒各附贈二張購書優惠券。每片 280 元。

23.**我的菩提路**第一輯　釋悟圓、釋善藏等人合著　售價 300 元

24.**我的菩提路**第二輯　郭正益、張志成等人合著　售價 300 元

25.**我的菩提路**第三輯　王美伶等人合著　售價 300 元

26.**我的菩提路**第四輯　陳晏平等人合著　售價 300 元

27.**鈍鳥與靈龜**—考證後代凡夫對大慧宗杲禪師的無根誹謗。

平實導師著 共 458 頁 售價 350 元

28.**維摩詰經講記** 平實導師述 共六輯 每輯三百餘頁 售價各 250 元

29.**真假外道**—破劉東亮、杜大威、釋證嚴常見外道見 正光老師著 200 元

30.**勝鬘經講記**—兼論印順《勝鬘經講記》對於《勝鬘經》之誤解。

平實導師述　共六輯　每輯三百餘頁　售價 250 元

31.**楞嚴經講記** 平實導師述 共 **15** 輯，每輯三百餘頁 售價 300 元

32.**明心與眼見佛性**—駁慧廣〈蕭氏「眼見佛性」與「明心」之非〉文中謬說

正光老師著　共 448 頁　售價 300 元

33.**見性與看話頭** 黃正倖老師 著，本書是禪宗參禪的方法論。
內文 375 頁，全書 416 頁，售價 300 元。
34.**達賴真面目**—玩盡天下女人 白正偉老師 等著 中英對照彩色精裝大本 800 元
35.**喇嘛性世界**—揭開假藏傳佛教譚崔瑜伽的面紗 張善思 等人著 200 元
36.**假藏傳佛教的神話**—性、謊言、喇嘛教 正玄教授編著 200 元
37.**金剛經宗通** 平實導師述 共九輯 每輯售價 250 元。
38.**空行母**—性別、身分定位，以及藏傳佛教。
珍妮·坎貝爾著 呂艾倫 中譯 售價 250 元
39.**末代達賴**—性交教主的悲歌 張善思、呂艾倫、辛燕編著 售價 250 元
40.**霧峰無霧**—給哥哥的信 辨正釋印順對佛法的無量誤解
游宗明 老師著 售價 250 元
41.**第七意識與第八意識？**—穿越時空「超意識」
平實導師述 每冊 300 元
42.**黯淡的達賴**—失去光彩的諾貝爾和平獎
正覺教育基金會編著 每冊 250 元
43.**童女迦葉考**—論呂凱文〈佛教輪迴思想的論述分析〉之謬。
平實導師 著 定價 180 元
44.**人間佛教**—實證者必定不悖三乘菩提
平實導師 述，定價 400 元
45.**實相經宗通** 平實導師述 共八輯 每輯 250 元
46.**真心告訴您(一)**—達賴喇嘛在幹什麼？
正覺教育基金會編著 售價 250 元
47.**中觀金鑑**—詳述應成派中觀的起源與其破法本質
孫正德老師著 分為上、中、下三冊，每冊 250 元
48.**藏傳佛教要義**—《狂密與真密》之簡體字版 平實導師 著 上、下冊
僅在大陸流通 每冊 300 元
49.**法華經講義** 平實導師述 共二十五輯 每輯 300 元
已於 2015/05/31 起開始出版，每二個月出版一輯
50.**西藏「活佛轉世」制度**—附佛、造神、世俗法
許正豐、張正玄老師合著 定價 150 元
51.**廣論三部曲** 郭正益老師著 定價 150 元
52.**真心告訴您(二)**—達賴喇嘛是佛教僧侶嗎？
—補祝達賴喇嘛八十大壽
正覺教育基金會編著 售價 300 元
53.**次法**—實證佛法前應有的條件
張善思居士著 分為上、下二冊，每冊 250 元
54.**涅槃**—解說四種涅槃之實證及內涵 平實導師著 上下冊 各 350 元
預定 2018/09/30 出版上冊，11 月底出版下冊
55.**廣論之平議**—宗喀巴《菩提道次第廣論》之平議 正雄居士著
約二或三輯 俟正覺電子報連載後結集出版 書價未定

56.**末法導護**—對印順法師中心思想之綜合判攝　　正慶老師著　書價未定
57.**菩薩學處**—菩薩四攝六度之要義　　陸正元老師著　　出版日期未定。
58.**八識規矩頌**詳解　〇〇居士 註解　出版日期另訂　書價未定。
59.**印度佛教史**—法義與考證。依法義史實評論印順《印度佛教思想史、佛教史地考論》之謬說　正偉老師著　出版日期未定　書價未定
60.**中國佛教史**—依中國佛教正法史實而論。〇〇老師 著　書價未定。
61.**中論正義**—釋龍樹菩薩《中論》頌正理。
孫正德老師著　出版日期未定　書價未定
62.**中觀正義**—註解平實導師《中論正義頌》。
〇〇法師（居士）著　出版日期未定　書價未定
63.**佛藏經講記**　平實導師述　出版日期未定　書價未定
64.**阿含經講記**—將選錄四阿含中數部重要經典全經講解之，講後整理出版。
平實導師述　約二輯　每輯 300 元　出版日期未定
65.**寶積經講記**　平實導師述　每輯三百餘頁 優惠價 300 元　出版日期未定
66.**解深密經講記**　平實導師述 約四輯　將於重講後整理出版
67.**成唯識論略解**　平實導師著　五～六輯　每輯300 元　出版日期未定
68.**修習止觀坐禪法要講記**　平實導師述　每輯三百餘頁
將於正覺寺建成後重講、以講記逐輯出版　出版日期未定
69.**無門關**—《無門關》公案拈提　平實導師著　出版日期未定
70.**中觀再論**—兼述印順《中觀今論》謬誤之平議。正光老師著 出版日期未定
71.**輪迴與超度**—佛教超度法會之真義。
〇〇法師（居士）著　出版日期未定　書價未定
72.《**釋摩訶衍論**》**平議**—對偽稱龍樹所造《釋摩訶衍論》之平議
〇〇法師（居士）著　出版日期未定　書價未定
73.**正覺發願文**註解—以真實大願為因 得證菩提
正德老師著　出版日期未定　書價未定
74.**正覺總持咒**—佛法之總持　正圜老師著　出版日期未定　書價未定
75.**三自性**—依四食、五蘊、十二因緣、十八界法，說三性三無性。
作者未定　出版日期未定
76.**道品**—從三自性說大小乘三十七道品　作者未定　出版日期未定
77.**大乘緣起觀**—依四聖諦七真如現觀十二緣起 作者未定　出版日期未定
78.**三德**—論解脫德、法身德、般若德。　作者未定　出版日期未定
79.**真假如來藏**—對印順《如來藏之研究》謬說之平議　作者未定 出版日期未定
80.**大乘道次第**　作者未定　出版日期未定　書價未定
81.**四緣**—依如來藏故有四緣。　作者未定　出版日期未定
82.**空之探究**—印順《空之探究》謬誤之平議　作者未定 出版日期未定
83.**十法義**—論阿含經中十法之正義　作者未定　出版日期未定
84.**外道見**—論述外道六十二見　作者未定　出版日期未定

正智出版社有限公司書籍介紹

禪淨圓融：言淨土諸祖所未曾言，示諸宗祖師所未曾示；禪淨圓融，另闢成佛捷徑，兼顧自力他力，闡釋淨土門之速行易行道，亦同時揭櫫聖教門之速行易行道；令廣大淨土行者得免緩行難證之苦，亦令聖道門行者得以藉著淨土速行道而加快成佛之時劫。乃前無古人之超勝見地，非一般弘揚禪淨法門典籍也，先讀為快。平實導師著200元。

宗門正眼——公案拈提第一輯：繼承克勤圜悟大師碧巖錄宗旨之禪門鉅作。先則舉示當代大法師之邪說，消弭當代禪門大師鄉愿之心態，摧破當今禪門「世俗禪」之妄談；次則旁通教法，表顯宗門正理；繼以道之次第，消弭古今狂禪；後藉言語及文字機鋒，直示宗門入處。悲智雙運，禪味十足，數百年來難得一睹之禪門鉅著也。平實導師著　500元（原初版書《禪門摩尼寶聚》，改版後補充為五百餘頁新書，總計多達二十四萬字，內容更精彩，並改名為《宗門正眼》，讀者原購初版《禪門摩尼寶聚》皆可寄回本公司免費換新，免附回郵，亦無截止期限）（2007年起，凡購買公案拈提第一輯至第七輯，每購一輯皆贈送本公司精製公案拈提〈超意境〉CD一片，市售價格280元，多購多贈）。

禪—悟前與悟後：本書能建立學人悟道之信心與正確知見，圓滿具足而有次第地詳述禪悟之功夫與禪悟之內容，指陳參禪中細微淆訛之處，能使學人明自眞心、見自本性。若未能悟入，亦能以正確知見辨別古今中外一切大師究係眞悟？或屬錯悟？便有能力揀擇，捨名師而選明師，後時必有悟道之緣。一旦悟道，遲者七次人天往返，便出三界，速者一生取辨。學人欲求開悟者，不可不讀。　平實導師著。上、下冊共500元，單冊250元。

眞實如來藏：如來藏眞實存在，乃宇宙萬有之本體，並非印順法師、達賴喇嘛等人所說之「唯有名相、無此心體」。如來藏是涅槃之本際，是一切有智之人竭盡心智、不斷探索而不能得之生命實相；是古今中外許多大師自以爲悟而當面錯過之生命實相。如來藏即是阿賴耶識，乃是一切有情本自具足、不生不滅之眞實心。當代中外大師於此書出版之前所未能言者，作者於本書中盡情流露、詳細闡釋。眞悟者讀之，必能增益悟境、智慧增上；錯悟者讀之，必能檢討自己之錯誤，免犯大妄語業；未悟者讀之，能知參禪之理路，亦能以之檢查一切名師是否眞悟。此書是一切哲學家、宗教家、學佛者及欲昇華心智之人必讀之鉅著。　平實導師著　售價400元。

宗門法眼—**公案拈提**第二輯：列舉實例，闡釋土城廣欽老和尚之悟處；並直示這位不識字的老和尚妙智橫生之根由，繼而剖析禪宗歷代大德之開悟公案，解析當代密宗高僧卡盧仁波切之錯悟證據，並例舉當代顯宗高僧、大居士之錯悟證據（凡健在者，爲免影響其名聞利養，皆隱其名）。藉辨正當代名師之邪見，向廣大佛子指陳禪悟之正道，彰顯宗門法眼。悲勇兼出，強捋虎鬚；慈智雙運，巧探驪龍；摩尼寶珠在手，直示宗門入處，禪味十足；若非大悟徹底，不能爲之。禪門精奇人物，允宜人手一冊，供作參究及悟後印證之圭臬。本書於2008年4月改版，增寫為大約500頁篇幅，以利學人研讀參究時更易悟入宗門正法，以前所購初版首刷及初版二刷舊書，皆可免費換取新書。平實導師著 500元（2007年起，凡購買公案拈提第一輯至第七輯，每購一輯皆贈送本公司精製公案拈提〈超意境〉CD一片，市售價格280元，多購多贈）。

宗門道眼—**公案拈提**第三輯：繼宗門法眼之後，再以金剛之作略、慈悲之胸懷、犀利之筆觸，舉示寒山、拾得、布袋三大士之悟處，消弭當代錯悟者對於寒山大士……等之誤會及誹謗。亦舉出民初以來與虛雲和尚齊名之蜀郡鹽亭袁煥仙夫子——南懷瑾老師之師，其「悟處」何在？並蒐羅許多眞悟祖師之證悟公案，顯示禪宗歷代祖師之睿智，指陳部分祖師、奧修及當代顯密大師之謬悟，作爲殷鑑，幫助禪子建立及修正參禪之方向及知見。假使讀者閱此書已，一時尚未能悟，亦可一面加功用行，一面以此宗門道眼辨別眞假善知識，避開錯誤之印證及歧路，可免大妄語業之長劫慘痛果報。欲修禪宗之禪者，務請細讀。平實導師著 售價500元（2007年起，凡購買公案拈提第一輯至第七輯，每購一輯皆贈送本公司精製公案拈提〈超意境〉CD一片，市售價格280元，多購多贈）。

楞伽經詳解：本經是禪宗見道者印證所悟眞僞之根本經典，亦是禪宗見道者悟後起修之依據經典；故達摩祖師於印證二祖慧可大師之後，將此經典連同佛缽祖衣一併交付二祖，令其依此經典佛示金言、進入修道位，修學一切種智。由此可知此經對於眞悟之人修學佛道，是非常重要之一部經典。此經能破外道邪說，亦破佛門中錯悟名師之謬說，亦破禪宗部分祖師之狂禪：不讀經典、一向主張「一悟即成究竟佛」之謬執。並開示愚夫所行禪、觀察義禪、攀緣如禪、如來禪等差別，令行者對於三乘禪法差異有所分辨；亦糾正禪宗祖師古來對於如來禪之誤解，嗣後可免以訛傳訛之弊。此經亦是法相唯識宗之根本經典，禪者悟後欲修一切種智而入初地者，必須詳讀。　平實導師著，全套共十輯，已全部出版完畢，每輯主文約320頁，每冊約352頁，定價250元。

宗門血脈—**公案拈提第四輯**：末法怪象—許多修行人自以爲悟，每將無念靈知認作眞實；崇尚二乘法諸師及其徒眾，則將外於**如來藏之緣起性空**—無因論之無常空、斷滅空、一切法空—錯認爲 佛所說之般若空性。這兩種現象已於當今海峽兩岸及美加地區顯密大師之中普遍存在；人人自以爲悟，心高氣壯，便敢寫書解釋祖師證悟之公案，大多出於意識思惟所得，言不及義，錯誤百出，因此誤導廣大佛子同陷大妄語之地獄業中而不能自知。彼等書中所說之悟處，其實處處違背第一義經典之聖言量。彼等諸人不論是否身披袈裟，都非佛法宗門血脈，或雖有禪宗法脈之傳承，亦只徒具形式；猶如螟蛉，非眞血脈，未悟得根本眞實故。禪子欲知佛、祖之眞血脈者，請讀此書，便知分曉。平實導師著，主文452頁，全書464頁，定價500元（2007年起，凡購買公案拈提第一輯至第七輯，每購一輯皆贈送本公司精製公案拈提〈超意境〉CD一片，市售價格280元，多購多贈）。

宗通與說通：古今中外，錯誤之人如麻似粟，每以常見外道所說之靈知心，認作眞心；或妄想虛空之勝性能量爲眞如，或錯認物質四大元素藉冥性（靈知心本體）能成就吾人色身及知覺，或認初禪至四禪中之了知心爲不生不滅之涅槃心。此等皆非通宗者之見地。復有錯悟之人一向主張「宗門與教門不相干」，此即尙未通達宗門之人也。其實宗門與教門互通不二，宗門所證者乃是眞如與佛性，教門所說者乃說宗門證悟之眞如佛性，故教門與宗門不二。本書作者以宗教二門互通之見地，細說「宗通與說通」，從初見道至悟後起修之道、細說分明；並將諸宗諸派在整體佛教中之地位與次第，加以明確之教判，學人讀之即可了知佛法之梗概也。欲擇明師學法之前，允宜先讀。平實導師著，主文共381頁，全書392頁，只售成本價300元。

宗門正道—公案拈提第五輯：修學大乘佛法有二果須證解脫果及大菩提果。二乘人不證大菩提果，唯證解脫果；此果之智慧，名爲聲聞菩提、緣覺菩提。大乘佛子所證二果之菩提果爲佛菩提，故名大菩提果，其慧名爲一切種智函蓋二乘解脫果。然此大乘二果修證，須經由禪宗之宗門證悟方能相應。而宗門證悟極難，自古已然；其所以難者，咎在古今佛教界普遍存在三種邪見：1.以修定認作佛法，2.以無因論之緣起性空—否定涅槃本際如來藏以後之一切法空作爲佛法，3.以常見外道邪見（離語言妄念之靈知性）作爲佛法。如是邪見，或因自身正見未立所致，或因邪師之邪教導所致，或因無始劫來虛妄熏習所致。若不破除此三種邪見，永劫不悟宗門眞義、不入大乘正道，唯能外門廣修菩薩行。平實導師於此書中，有極爲詳細之說明，有志佛子欲摧邪見、入於內門修菩薩行者，當閱此書。主文共496頁，全書512頁。售價500元（2007年起，凡購買公案拈提第一輯至第七輯，每購一輯皆贈送本公司精製公案拈提〈超意境〉CD一片，市售價格280元，多購多贈）。

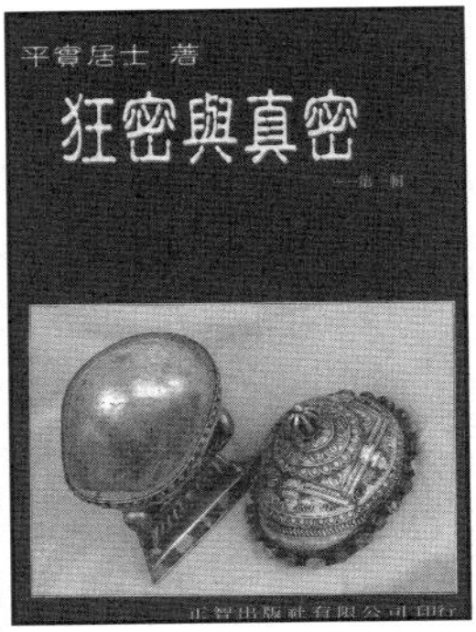

狂密與真密：密教之修學，皆由有相之觀行法門而入，其最終目標仍不離顯教經典所說第一義諦之修證；若離顯教第一義經典、或違背顯教第一義經典，即非佛教。西藏密教之觀行法，如灌頂、觀想、遷識法、寶瓶氣、大聖歡喜雙身修法、喜金剛、無上瑜伽、大樂光明、樂空雙運等，皆是印度教**兩性生生不息思想之轉化，自始至終**皆以**如何能運用交合淫樂之法達到全身受樂**爲其中心思想，純屬欲界五欲的貪愛，不能令人超出欲界輪迴，更不能令人斷除我見；何況大乘之明心與見性，更無論矣！故密宗之法絕非佛法也。而其明光大手印、大圓滿法教，又皆同以常見外道所說**離語言妄念之無念靈知心**錯認爲佛地之眞如，不能直指不生不滅之眞如。西藏密宗所有法王與徒眾，都尚未開頂門眼，不能辨別眞僞，以**依人不依法、依密續不依經典**故，不肯將其上師喇嘛所說對照第一義經典，純依密續之藏密祖師所說爲準，因此而誇大其證德與證量，動輒謂彼祖師上師爲究竟佛、爲地上菩薩；如今台海兩岸亦有自謂其師證量高於 釋迦文佛者，然觀其師所述，猶未見道，仍在觀行即佛階段，尚未到禪宗相似即佛、分證即佛階位，竟敢標榜爲究竟佛及地上法王，誑惑初機學人。凡此怪象皆是狂密，不同於眞密之修行者。近年狂密盛行，密宗行者被誤導者極眾，動輒自謂已證佛地眞如，自視爲究竟佛，陷於大妄語業中而不知自省，反謗顯宗眞修實證者之證量粗淺；或如義雲高與釋性圓…等人，於報紙上公然誹謗眞實證道者爲「騙子、無道人、人妖、癩蛤蟆…」等，造下誹謗大乘勝義僧之大惡業；或以外道法中有爲有作之甘露、魔術……等法，誑騙初機學人，狂言彼外道法爲眞佛法。如是怪象，在西藏密宗及附藏密之外道中，不一而足，舉之不盡，學人宜應愼思明辨，以免上當後又犯毀破菩薩戒之重罪。密宗學人若欲遠離邪知邪見者，請閱此書，即能了知密宗之邪謬，從此遠離邪見與邪修，轉入眞正之佛道。

平實導師著 共四輯 每輯約400頁（主文約340頁）每輯售價300元。

宗門正義—公案拈提第六輯：佛教有六大危機，乃是藏密化、世俗化、膚淺化、學術化、宗門密意失傳、悟後進修諸地之次第混淆；其中尤以宗門密意之失傳，爲當代佛教最大之危機。由宗門密意失傳故，易令世尊本懷普被錯解，易令 世尊正法被轉易爲外道法，以及加以淺化、世俗化，是故宗門密意之廣泛弘傳與具緣佛弟子，極爲重要。然而欲令宗門密意之廣泛弘傳予具緣之佛弟子者，必須同時配合錯誤知見之解析、普令佛弟子知之，然後輔以公案解析之直示入處，方能令具緣之佛弟子悟入。而此二者，皆須以公案拈提之方式爲之，方易成其功、竟其業，是故平實導師續作宗門正義一書，以利學人。　全書500餘頁，售價500元（2007年起，凡購買公案拈提第一輯至第七輯，每購一輯皆贈送本公司精製公案拈提〈超意境〉CD一片，市售價格280元，多購多贈）。

心經密意—心經與解脫道、佛菩提道、祖師公案之關係與密意。二乘菩提所證之解脫道，實依第八識心之斷除煩惱障現行而立解脫之名；大乘菩提所證之佛菩提道，實依親證第八識如來藏之涅槃性、清淨自性、及其中道性而立般若之名；禪宗祖師公案所證之眞心，即是此第八識如來藏；是故三乘佛法所修所證之三乘菩提，皆依此如來藏心而立名也。此第八識心，即是《心經》所說之心也。證得此如來藏已，即能漸入大乘佛菩提道，亦可因證知此心而了知二乘無學所不能知之無餘涅槃本際，是故《心經》之密意，與三乘佛菩提之關係極爲密切、不可分割，三乘佛法皆依此心而立名故。今者平實導師以其所證解脫道之無生智及佛菩提之般若種智，將《心經》與解脫道、佛菩提道、祖師公案之關係與密意，以演講之方式，用淺顯之語句和盤托出，發前人所未言，呈三乘菩提之眞義，令人藉此《心經密意》一舉而窺三乘菩提之堂奧，迥異諸方言不及義之說；欲求眞實佛智者、不可不讀！主文317頁，連同跋文及序文…等共384頁，售價300元。

宗門密意—**公案拈提**第**七**輯：佛教之世俗化，將導致學人以信仰作爲學佛，則將以感應及世間法之庇祐，作爲學佛之主要目標，不能了知學佛之主要目標爲親證三乘菩提。大乘菩提則以般若實相智慧爲主要修習目標，以二乘菩提解脫道爲附帶修習之標的；是故學習大乘法者，應以禪宗之證悟爲要務，能親入大乘菩提之實相般若智慧中故，般若實相智慧非二乘聖人所能知故。此書則以台灣世俗化佛教之三大法師，說法似是而非之實例，配合眞悟祖師之公案解析，提示證悟般若之關節，令學人易得悟入。平實導師著，全書五百餘頁，售價500元（2007年起，凡購買公案拈提第一輯至第七輯，每購一輯皆贈送本公司精製公案拈提〈超意境〉CD一片，市售價格280元，多購多贈）。

淨土聖道—兼評日本本願念佛：佛法甚深極廣，般若玄微，非諸二乘聖僧所能知之，一切凡夫更無論矣！所謂一切證量皆歸淨土是也！是故大乘法中「聖道之淨土、淨土之聖道」，其義甚深，難可了知；乃至眞悟之人，初心亦難知也。今有正德老師眞實證悟後，復能深探淨土與聖道之緊密關係，憐憫衆生之誤會淨土實義，亦欲利益廣大淨土行人同入聖道，同獲淨土中之聖道門要義，乃振奮心神、書以成文，今得刊行天下。主文279頁，連同序文等共301頁，總有十一萬六千餘字，正德老師著，成本價200元。

起信論講記：詳解大乘起信論**心生滅門**與**心眞如門**之眞實意旨，消除以往大師與學人對起信論所說**心生滅門**之誤解，由是而得了知眞心如來藏之非常非斷中道正理；亦因此一講解，令此論以往隱晦而被誤解之眞實義，得以如實顯示，令大乘佛菩提道之正理得以顯揚光大；初機學者亦可藉此正論所顯示之法義，對大乘法理生起正信，從此得以眞發菩提心，眞入大乘法中修學，世世常修菩薩正行。平實導師演述，共六輯，都已出版，每輯三百餘頁，售價各250元。

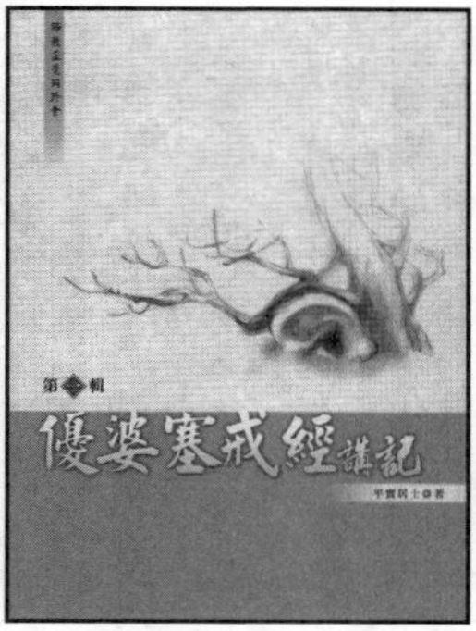

優婆塞戒經講記：本經詳述在家菩薩修學大乘佛法，應如何受持菩薩戒？對人間善行應如何看待？對三寶應如何護持？應如何正確地修集此世後世證法之福德？應如何修集後世「行菩薩道之資糧」？並詳述第一義諦之正義：五蘊非我非異我、自作自受、異作異受、不作不受……等深妙法義，乃是修學大乘佛法、行菩薩行之在家菩薩所應當了知者。出家菩薩今世或未來世登地已，捨報之後多數將如華嚴經中諸大菩薩，以在家菩薩身而修行菩薩行，故亦應以此經所述正理而修之，配合《楞伽經、解深密經、楞嚴經、華嚴經》等道次第正理，方得漸次成就佛道；故此經是一切大乘行者皆應證知之正法。平實導師講述，每輯三百餘頁，售價各250元；共八輯，已全部出版。

真假活佛—略論附佛外道盧勝彥之邪說：人人身中都有眞活佛，永生不滅而有大神用，但眾生都不了知，所以常被身外的西藏密宗假活佛籠罩欺瞞。本來就眞實存在的眞活佛，才是眞正的密宗無上密！諾那活佛因此而說禪宗是大密宗，但藏密的所有活佛都不知道、也不曾實證自身中的眞活佛。本書詳實宣示眞活佛的道理，舉證盧勝彥的「佛法」不是眞佛法，也顯示盧勝彥是假活佛，直接的闡釋第一義佛法見道的眞實正理。眞佛宗的所有上師與學人們，都應該詳細閱讀，包括盧勝彥個人在內。正犀居士著，優惠價140元。

阿含正義—唯識學探源：廣說四大部《阿含經》諸經中隱說之眞正義理，一一舉示佛陀本懷，令阿含時期初轉法輪根本經典之眞義，如實顯現於佛子眼前。並提示末法大師對於阿含眞義誤解之實例，一一比對之，證實唯識增上慧學確於原始佛法之阿含諸經中已隱覆密意而略說之，證實 世尊確於原始佛法中已曾密意而說第八識如來藏之總相；亦證實 世尊在四阿含中已說此藏識是名色十八界之因、之本—證明如來藏是能生萬法之根本心。佛子可據此修正以往受諸大師（譬如西藏密宗應成派中觀師：印順、昭慧、性廣、大願、達賴、宗喀巴、寂天、月稱、……等人）誤導之邪見，建立正見，轉入正道乃至親證初果而無困難；書中並詳說三果所證的**心解脫**，以及四果**慧解脫**的親證，都是如實可行的具體知見與行門。全書共七輯，已出版完畢。平實導師著，每輯三百餘頁，售價300元。

超意境CD：以平實導師公案拈提書中超越意境之頌詞，加上曲風優美的旋律，錄成令人嚮往的超意境歌曲，其中包括正覺發願文及平實導師親自譜成的黃梅調歌曲一首。詞曲雋永，殊堪翫味，可供學禪者吟詠，有助於見道。內附設計精美的彩色小冊，解說每一首詞的背景本事。每片280元。【每購買公案拈提書籍一冊，即贈送一片。】

鈍鳥與靈龜：鈍鳥及靈龜二物，被宗門證悟者說爲二種人：前者是精修禪定而無智慧者，也是以定爲禪的愚癡禪人；後者是或有禪定、或無禪定的宗門證悟者，凡已證悟者皆是靈龜。但後來被人虛造事實，用以嘲笑大慧宗杲禪師，說他雖是靈龜，卻不免被天童禪師預記「患背」痛苦而亡：「**鈍鳥離巢易，靈龜脫殼難。**」藉以貶低大慧宗杲的證量。同時將天童禪師實證如來藏的證量，曲解爲意識境界的離念靈知。自從大慧禪師入滅以後，錯悟凡夫對他的不實毀謗就一直存在著，不曾止息，並且捏造的假事實也隨著年月的增加而越來越多，終至編成「鈍鳥與靈龜」的假公案、假故事。本書是考證大慧與天童之間的不朽情誼，顯現這件假公案的虛妄不實；更見大慧宗杲面對惡勢力時的正直不阿，亦顯示大慧對天童禪師的至情深義，將使後人對大慧宗杲的誣謗至此而止，不再有人誤犯毀謗賢聖的惡業。書中亦舉證宗門的所悟確以第八識如來藏爲標的，詳讀之後必可改正以前被錯悟大師誤導的參禪知見，日後必定有助於實證禪宗的開悟境界，得階大乘眞見道位中，即是實證般若之賢聖。全書459頁，售價350元。

我的菩提路 第一輯：凡夫及二乘聖人不能實證的佛菩提證悟，末法時代的今天仍然有人能得實證，由正覺同修會釋悟圓、釋善藏法師等二十餘位實證如來藏者所寫的見道報告，已爲當代學人見證宗門正法之絲縷不絕，證明大乘義學的法脈仍然存在，爲末法時代求悟般若之學人照耀出光明的坦途。由二十餘位大乘見道者所繕，敘述各種不同的學法、見道因緣與過程，參禪求悟者必讀。全書三百餘頁，售價300元。

我的菩提路 第二輯：由郭正益老師等人合著，書中詳述彼等諸人歷經各處道場學法，一一修學而加以檢擇之不同過程以後，因閱讀正覺同修會、正智出版社書籍而發起抉擇分，轉入正覺同修會中修學；乃至學法及見道之過程，都一一詳述之。其中張志成等人係由前現代禪轉進正覺同修會，張志成原爲現代禪副宗長，以前未閱本會書籍時，曾被人藉其名義著文評論 平實導師（詳見《宗通與說通》辨正及《眼見佛性》書末附錄…等）；後因偶然接觸正覺同修會書籍，深覺以前聽人評論平實導師之語不實，於是投入極多時間閱讀本會書籍、深入思辨，詳細探索中觀與唯識之關聯與異同，認爲正覺之法義方是正法，深覺相應；亦解開多年來對佛法的迷雲，確定應依八識論正理修學方是正法。乃不顧面子，毅然前往正覺同修會面見平實導師懺悔，並正式學法求悟。今已與其同修王美伶（亦爲前現代禪傳法老師），同樣證悟如來藏而證得法界實相，生起實相般若眞智。此書中尚有七年來本會第一位眼見佛性者之見性報告一篇，一同供養大乘佛弟子。全書四百頁，售價300元。

我的菩提路第三輯：由王美伶老師等人合著。自從正覺同修會成立以來，每年夏初、冬初都舉辦精進禪三共修，藉以助益會中同修們得以證悟明心發起般若實相智慧；凡已實證而被平實導師印證者，皆書具見道報告用以證明佛法之眞實可證而非玄學，證明佛法並非純屬思想、理論而無實質，是故每年都能有人證明正覺同修會的「實證佛教」主張並非虛語。特別是眼見佛性一法，自古以來中國禪宗祖師實證者極寡，較之明心開悟的證境更難令人信受；至2017年初，正覺同修會中的證悟明心者已近五百人，然而其中眼見佛性者至今唯十餘人爾，可謂難能可貴，是故明心後欲冀眼見佛性者實屬不易。黃正倖老師是懸絕七年無人見性後的第一人，她於2009年的見性報告刊於本書的第二輯中，爲大眾證明佛性確實可以眼見；其後七年之中求見性者都屬解悟佛性而無人眼見，幸而又經七年後的2016冬初，以及2017夏初的禪三，復有三人眼見佛性，希冀鼓舞四眾佛子求見佛性之大心，今則具載一則於書末，顯示求見佛性之事實經歷，供養現代佛教界欲得見性之四眾弟子。全書四百頁，售價300元。

我的菩提路第四輯：由陳晏平等人著。中國禪宗祖師往往有所謂「見性」之言，所言多屬看見如來藏具有能令人發起成佛之自性，並非《大般涅槃經》中如來所說之眼見佛性。眼見佛性者，於親見佛性之時，即能於山河大地眼見自己佛性，亦能於他人身上眼見自己佛性及對方之佛性，如是境界無法爲尚未實證者解釋；勉強說之，縱使眞實明心證悟之人聞之，亦只能以自身明心之境界想像之，但不論如何想像多屬非量，能有正確之比量者亦是稀有，故說眼見佛性極爲困難。眼見佛性之人若所見極分明時，在所見佛性之境界下所眼見之山河大地、自己五蘊身心皆是虛幻，自有異於明心者之解脫功德受用，此後永不思證二乘涅槃，必定邁向成佛之道而進入第十住位中，已超第一阿僧祇劫三分有一，可謂之爲超劫精進也。今又有明心之後眼見佛性之人出於人間，將其明心及後來見性之報告，連同其餘證悟明心者之精彩報告一同收錄於此書中，供養眞求佛法實證之四眾佛子。全書380頁，售價300元，預定2018年6月30日發行。

楞嚴經講記：楞嚴經係密教部之重要經典，亦是顯教中普受重視之經典；經中宣說明心與見性之內涵極爲詳細，將一切法都會歸如來藏及佛性─妙眞如性；亦闡釋佛菩提道修學過程中之種種魔境，以及外道誤會涅槃之狀況，旁及三界世間之起源。然因言句深澀難解，法義亦復深妙寬廣，學人讀之普難通達，是故讀者大多誤會，不能如實理解佛所說之明心與見性內涵，亦因是故多有悟錯之人引爲開悟之證言，成就大妄語罪。今由平實導師詳細講解之後，整理成文，以易讀易懂之語體文刊行天下，以利學人。全書十五輯，全部出版完畢。每輯三百餘頁，售價每輯300元。

勝鬘經講記：如來藏爲三乘菩提之所依，若離如來藏心體及其含藏之一切種子，即無三界有情及一切世間法，亦無二乘菩提緣起性空之出世間法；本經詳說無始無明、一念無明皆依如來藏而有之正理，藉著詳解煩惱障與所知障間之關係，令學人深入了知二乘菩提與佛菩提相異之妙理；聞後即可了知佛菩提之特勝處及三乘修道之方向與原理，邁向攝受正法而速成佛道的境界中。平實導師講述，共六輯，每輯三百餘頁，售價各250元。

菩薩底憂鬱CD將菩薩情懷及禪宗公案寫成新詞，並製作成超越意境的優美歌曲。1.主題曲〈菩薩底憂鬱〉，描述地後菩薩能離三界生死而迴向繼續生在人間，但因尚未斷盡習氣種子而有極深沈之憂鬱，非三賢位菩薩及二乘聖者所知，此憂鬱在七地滿心位方才斷盡；本曲之詞中所說義理極深，昔來所未曾見；此曲係以優美的情歌風格寫詞及作曲，聞者得以激發嚮往諸地菩薩境界之大心，詞、曲都非常優美，難得一見；其中勝妙義理之解說，已印在附贈之彩色小冊中。2.以各輯公案拈提中直示禪門入處之頌文，作成各種不同曲風之超意境歌曲，值得玩味、參究；聆聽公案拈提之優美歌曲時，請同時閱讀內附之印刷精美說明小冊，可以領會超越三界的證悟境界；未悟者可以因此引發求悟之意向及疑情，眞發菩提心而邁向求悟之途，乃至因此眞實悟入般若，成眞菩薩。3.正覺總持咒新曲，總持佛法大意；總持咒之義理，已加以解說並印在隨附之小冊中。本CD共有十首歌曲，長達63分鐘，附贈二張購書優惠券。每片280元。

禪意無限CD平實導師以公案拈提書中偈頌寫成不同風格曲子，與他人所寫不同風格曲子共同錄製出版，幫助參禪人進入禪門超越意識之境界。盒中附贈彩色印製的精美解說小冊，以供聆聽時閱讀，令參禪人得以發起參禪之疑情，即有機會證悟本來面目，實證大乘菩提般若。本CD共有十首歌曲，長達69分鐘，每盒各附贈二張購書優惠券。每片280元。

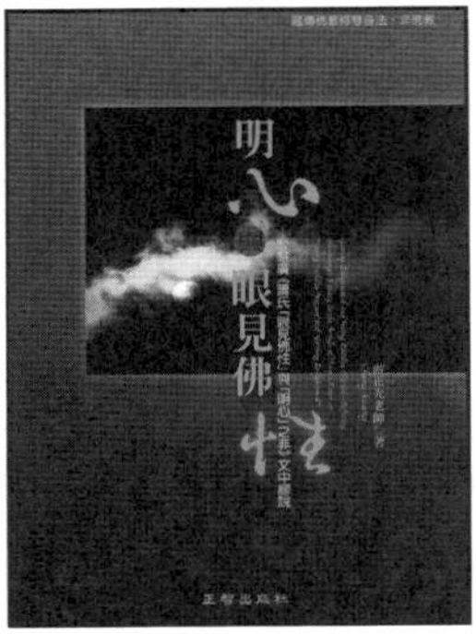

明心與眼見佛性：本書細述明心與眼見佛性之異同，同時顯示了中國禪宗破初參明心與重關眼見佛性二關之間的關聯；書中又藉法義辨正而旁述其他許多勝妙法義，讀後必能遠離佛門長久以來積非成是的錯誤知見，令讀者在佛法的實證上有極大助益。也藉慧廣法師的謬論來教導佛門學人回歸正知正見，遠離古今禪門錯悟者所墮的意識境界，非唯有助於斷我見，也對未來的開悟明心實證第八識如來藏有所助益，是故學禪者都應細讀之。游正光老師著　共448頁　售價300元。

見性與看話頭：黃正倖老師的《見性與看話頭》於《正覺電子報》連載完畢，今結集出版。書中詳說禪宗看話頭的詳細方法，並細說看話頭與眼見佛性的關係，以及眼見佛性者求見佛性前必須具備的條件。本書是禪宗實修者追求明心開悟時參禪的方法書，也是求見佛性者作功夫時必讀的方法書，內容兼顧眼見佛性的理論與實修之方法，是依實修之體驗配合理論而詳述，條理分明而且極爲詳實、周全、深入。本書內文375頁，全書416頁，售價300元。

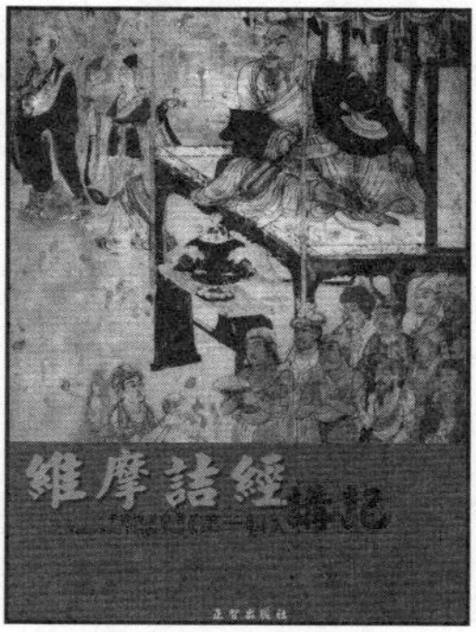

維摩詰經講記：本經係　世尊在世時，由等覺菩薩維摩詰居士藉疾病而演說之大乘菩提無上妙義，所說函蓋甚廣，然極簡略，是故今時諸方大師與學人讀之悉皆錯解，何況能知其中隱含之深妙正義，是故普遍無法爲人解說；若強爲人說，則成依文解義而有諸多過失。今由平實導師公開宣講之後，詳實解釋其中密意，令維摩詰菩薩所說大乘不可思議解脫之深妙正法得以正確宣流於人間，利益當代學人及與諸方大師。書中詳實演述大乘佛法深妙不共二乘之智慧境界，顯示諸法之中絕待之實相境界，建立大乘菩薩妙道於永遠不敗不壞之地，以此成就護法偉功，欲冀永利娑婆人天。已經宣講圓滿整理成書流通，以利諸方大師及諸學人。全書共六輯，每輯三百餘頁，售價各250元。

真假外道：本書具體舉證佛門中的常見外道知見實例，並加以教證及理證上的辨正，幫助讀者輕鬆而快速的了知常見外道的錯誤知見，進而遠離佛門內外的常見外道知見，因此即能改正修學方向而快速實證佛法。游正光老師著　。成本價200元。

金剛經宗通：三界唯心，萬法唯識，是成佛之修證內容，是諸地菩薩之所修；般若則是成佛之道（實證三界唯心、萬法唯識）的入門，若未證悟實相般若，即無成佛之可能，必將永在外門廣行菩薩六度，永在凡夫位中。然而實相般若的發起，全賴實證萬法的實相；若欲證知萬法的眞相，則必須探究萬法之所從來，則須實證自心如來—金剛心如來藏，然後現觀這個金剛心的金剛性、眞實性、如如性、清淨性、涅槃性、能生萬法的自性性、本住性，名爲證眞如；進而現觀三界六道唯是此金剛心所成，人間萬法須藉八識心王和合運作方能現起。如是實證《華嚴經》的「三界唯心、萬法唯識」以後，由此等現觀而發起實相般若智慧，繼續進修第十住位的如幻觀、第十行位的陽焰觀、第十迴向位的如夢觀，再生起增上意樂而勇發十無盡願，方能滿足三賢位的實證，轉入初地；自知成佛之道而無偏倚，從此按部就班、次第進修乃至成佛。第八識自心如來是般若智慧之所依，般若智慧的修證則要從實證金剛心自心如來開始；《金剛經》則是解說自心如來之經典，是一切三賢位菩薩所應進修之實相般若經典。這一套書，是將平實導師宣講的《金剛經宗通》內容，整理成文字而流通之；書中所說義理，迥異古今諸家依文解義之說，指出大乘見道方向與理路，有益於禪宗學人求開悟見道，及轉入內門廣修六度萬行。講述完畢後結集出版，總共9輯，每輯約三百餘頁，售價各250元。

空行母—性別、身分定位，以及藏傳佛教：本書作者爲蘇格蘭哲學家，因爲嚮往佛教深妙的哲學內涵，於是進入當年盛行於歐美的假藏傳佛教密宗，擔任卡盧仁波切的翻譯工作多年以後，被邀請成爲卡盧的空行母（又名佛母、明妃），開始了她在密宗裡的實修過程；後來發覺在密宗雙身法中的修行，其實無法使自己成佛，也發覺密宗對女性岐視而處處貶抑，並剝奪女性在雙身法中擔任一半角色時應有的身分定位。當她發覺自己只是雙身法中被喇嘛利用的工具，沒有獲得絲毫應有的尊重與基本定位時，發現了密宗的父權社會控制女性的本質；於是作者傷心地離開了卡盧仁波切與密宗，但是卻被恐嚇不許講出她在密宗裡的經歷，也不許她說出自己對密宗的教義與教制下對女性剝削的本質，否則將被咒殺死亡。後來她去加拿大定居，十餘年後方才擺脫這個恐嚇陰影，下定決心將親身經歷的實情及觀察到的事實寫下來並且出版，公諸於世。出版之後，她被流亡的達賴集團人士大力攻訐，誣指她爲精神狀態失常、說謊……等。但有智之士並未被達賴集團的政治操作及各國政府政治運作吹捧達賴的表相所欺，使她的書銷售無阻而又再版。正智出版社鑑於作者此書是親身經歷的事實，所說具有針對「藏傳佛教」而作學術研究的價值，也有使人認清假藏傳佛教剝削佛母、明妃的男性本位實質，因此洽請作者同意中譯而出版於華人地區。珍妮·坎貝爾女士著，呂艾倫 中譯，每冊250元。

霧峰無霧—給哥哥的信：本書作者藉兄弟之間信件往來論義，略述佛法大義；並以多篇短文辨義，舉出釋印順對佛法的無量誤解證據，並一一給予簡單而清晰的辨正，令人一讀即知。久讀、多讀之後即能認清楚釋印順的六識論見解，與眞實佛法之牴觸是多麼嚴重；於是在久讀、多讀之後，於不知不覺之間提升了對佛法的極深入理解，正知正見就在不知不覺間建立起來了。當三乘佛法的正知見建立起來之後，對於三乘菩提的見道條件便將隨之具足，於是聲聞解脫道的見道也就水到渠成；接著大乘見道的因緣也將次第成熟，未來自然也會有親見大乘菩提之道的因緣，悟入大乘實相般若也將自然成功，自能通達般若系列諸經而成實義菩薩。作者居住於南投縣霧峰鄉，自喻見道之後不復再見霧峰之霧，故鄉原野美景一一明見，於是立此書名爲《霧峰無霧》；讀者若欲撥霧見月，可以此書爲緣。游宗明 老師著 售價250元。

假藏傳佛教的神話—性、謊言、喇嘛教：本書編著者是由一首名叫「阿姊鼓」的歌曲爲緣起，展開了序幕，揭開假藏傳佛教—喇嘛教—的神秘面紗。其重點是蒐集、摘錄網路上質疑「喇嘛教」的帖子，以揭穿「假藏傳佛教的神話」爲主題，串聯成書，並附加彩色插圖以及說明，讓讀者們瞭解西藏密宗及相關人事如何被操作爲「神話」的過程，以及神話背後的眞相。作者：張正玄教授。售價200元。

達賴真面目—玩盡天下女人：假使您不想戴綠帽子，請記得詳細閱讀此書；假使您不想讓好朋友戴綠帽子，請您將此書介紹給您的好朋友。假使您想保護家中的女性，也想要保護好朋友的女眷，請記得將此書送給家中的女性和好友的女眷都來閱讀。本書爲印刷精美的大本彩色中英對照精裝本，爲您揭開達賴喇嘛的眞面目，內容精彩不容錯過，爲利益社會大眾，特別以優惠價格嘉惠所有讀者。編著者：白志偉等。大開版雪銅紙彩色精裝本。售價800元。

喇嘛性世界—揭開假藏傳佛教譚崔瑜伽的面紗：這個世界中的喇嘛，號稱來自世外桃源的香格里拉，穿著或紅或黃的喇嘛長袍，散布於我們的身邊傳教灌頂，吸引了無數的人嚮往學習；這些喇嘛虔誠地爲大眾祈福，手中拿著寶杵（金剛）與寶鈴（蓮花），口中唸著咒語：「唵．嘛呢．叭咪．吽……」，咒語的意思是說：「我至誠歸命金剛杵上的寶珠伸向蓮花寶穴之中」！「喇嘛性世界」是什麼樣的「世界」呢？本書將爲您呈現喇嘛世界的面貌。當您發現眞相以後，您將會唸：「噢！喇嘛．性．世界，譚崔性交嘛！」作者：張善思、呂艾倫。售價200元。

末代達賴—性交教主的悲歌：簡介從藏傳僞佛教（喇嘛教）的修行核心—性力派男女雙修，探討達賴喇嘛及藏傳僞佛教的修行內涵。書中引用外國知名學者著作、世界各地新聞報導，包含：歷代達賴喇嘛的祕史、達賴六世修雙身法的事蹟，以及《時輪續》中的性交灌頂儀式……等；達賴喇嘛書中開示的雙修法、達賴喇嘛的黑暗政治手段；達賴喇嘛所領導的寺院爆發喇嘛性侵兒童；新聞報導《西藏生死書》作者索甲仁波切性侵女信徒、澳洲喇嘛秋達公開道歉、美國最大假藏傳佛教組織領導人邱陽創巴仁波切的性氾濫，等等事件背後眞相的揭露。作者：張善思、呂艾倫、辛燕。售價250元。

第七意識與第八意識？—穿越時空「超意識」「三界唯心，萬法唯識」是佛教中應該實證的聖教，也是《華嚴經》中明載而可以實證的法界實相。唯心者，三界一切境界、一切諸法唯是一心所成就，即是每一個有情的第八識如來藏，不是意識心。唯識者，即是人類各各都具足的八識心王——眼識、耳鼻舌身意識、意根、阿賴耶識，第八阿賴耶識又名如來藏，人類五陰相應的萬法，莫不由八識心王共同運作而成就，故說萬法唯識。依聖教量及現量、比量，都可以證明意識是二法因緣生，是由第八識藉意根與法塵二法爲因緣而出生，又是夜夜斷滅不存之生滅心，即無可能反過來出生第七識意根、第八識如來藏，當知不可能從生滅性的意識心中，細分出恆審思量的第七識意根，更無可能細分出恆而不審的第八識如來藏。本書是將演講內容整理成文字，細說如是內容，並已在《正覺電子報》連載完畢，今彙集成書以廣流通，欲幫助佛門有緣人斷除意識我見，跳脫於識陰之外而取證聲聞初果；嗣後修學禪宗時即得不墮外道神我之中，得以求證第八識金剛心而發起般若實智。平實導師 述，每冊300元。

黯淡的達賴—失去光彩的諾貝爾和平獎：本書舉出很多證據與論述，詳述達賴喇嘛不為世人所知的一面，顯示達賴喇嘛並不是真正的和平使者，而是假借諾貝爾和平獎的光環來欺騙世人；透過本書的說明與舉證，讀者可以更清楚的瞭解，達賴喇嘛是結合暴力、黑暗、淫欲於喇嘛教裡的集團首領，其政治行為與宗教主張，早已讓諾貝爾和平獎的光環染污了。本書由財團法人正覺教育基金會寫作、編輯，由正覺出版社印行，每冊250元。

黯淡的達賴
—失去光彩的諾貝爾和平獎

人間佛教 Humanistic Buddhism
—實證者必定不悖三乘菩提
—Teachings from an enlightened Buddhist do not contradict the Three-Vehicle Bodhi
平實導師 著

人間佛教—實證者必定不悖三乘菩提　「大乘非佛說」的講法似乎流傳已久，卻只是日本人企圖擺脫中國正統佛教的影響，而在明治維新時期才開始提出來的說法；台灣佛教、大陸佛教的淺學無智之人，由於未曾實證佛法而迷信日本人錯誤的學術考證，錯認為這些別有用心的日本佛學考證的講法為天竺佛教的真實歷史；甚至還有更激進的反對佛教者提出「釋迦牟尼佛並非真實存在，只是後人捏造的假歷史人物」，竟然也有少數人願意跟著「學術」的假光環而信受不疑，於是開始有一些佛教界人士造作了反對中國佛教而推崇南洋小乘佛教的行為，使佛教的信仰者難以檢擇，導致一般大陸人士開始轉入基督教的盲目迷信中。在這些佛教及外教人士之中，也就有一分人根據此邪說而大聲主張「大乘非佛說」的謬論，這些人以「人間佛教」的名義來抵制中國正統佛教，公然宣稱中國的大乘佛教是由聲聞部派佛教的凡夫僧所創造出來的。這樣的說法流傳於台灣及大陸佛教界凡夫僧之中已久，卻非真正的佛教歷史中曾經發生過的事，只是繼承六識論的聲聞法中凡夫僧依自己的意識境界立場，純憑臆想而編造出來的妄想說法，卻已經影響許多無智之凡夫僧俗信受不移。本書則是從佛教的經藏法義實質及實證的現量內涵本質立論，證明大乘佛法本是佛說，是從《阿含正義》尚未說過的不同面向來討論「人間佛教」的議題，證明「大乘真佛說」。閱讀本書可以斷除六識論邪見，迴入三乘菩提正道發起實證的因緣；也能斷除禪宗學人學禪時普遍存在之錯誤知見，對於建立參禪時的正知見有很深的著墨。平實導師 述，內文488頁，全書528頁，定價400元。

童女迦葉考—論呂凱文〈佛教輪迴思想的論述分析〉之謬　童女迦葉是佛世率領五百大比丘遊行於人間的歷史事實，是以童貞行而依止菩薩戒弘化於人間的大菩薩，不依別解脫戒（聲聞戒）來弘化於人間。這是大乘佛教與聲聞佛教同時存在於佛世的歷史明證，證明大乘佛教不是從聲聞法中分裂出來的部派佛教的產物，卻是聲聞佛教分裂出來的部派佛教聲聞凡夫僧所不樂見的史實；於是古今聲聞法中的凡夫都欲加以扭曲而作詭說，更是末法時代高聲大呼「大乘非佛說」的六識論聲聞凡夫極力想要扭曲的佛教史實之一，於是想方設法扭曲迦葉菩薩爲聲聞僧，以及扭曲迦葉童女爲比丘僧等荒謬不實之論著便陸續出現，古時聲聞僧寫作的《分別功德論》是最具體之事例，現代之代表作則是呂凱文先生的〈佛教輪迴思想的論述分析〉論文。鑑於如是假藉學術考證以籠罩大眾之不實謬論，未來仍將繼續造作及流竄於佛教界，繼續扼殺大乘佛教學人法身慧命，必須舉證辨正之，遂成此書。平實導師　著，每冊180元。

中觀金鑑—詳述應成派中觀的起源與其破法本質　學佛人往往迷於中觀學派之不同學說，被應成派與自續派所迷惑；修學般若中觀二十年後自以爲實證般若中觀了，卻仍不曾入門，甫聞實證般若中觀者之所說，則茫無所知，迷惑不解；隨後信心盡失，不知如何實證佛法；凡此，皆因惑於這二派中觀學說所致。自續派中觀所說同於常見，以意識境界立爲第八識如來藏之境界，應成派所說則同於斷見，但又同立意識爲常住法，故亦具足斷常二見。今者孫正德老師有鑑於此，乃將起源於密宗的應成派中觀學說，追本溯源，詳考其來源之外，亦一一舉證其立論內容，詳加辨正，令密宗雙身法祖師以識陰境界而造之應成派中觀學說本質，詳細呈現於學人眼前，令其維護雙身法之目的無所遁形。若欲遠離密宗此二大派中觀謬說，欲於三乘菩提有所進道者，允宜具足閱讀並細加思惟，反覆讀之以後將可捨棄邪道返歸正道，則於般若之實證即有可能，證後自能現觀如來藏之中道境界而成就中觀。本書分上、中、下三冊，每冊250元，已全部出版完畢。

實相經宗通：學佛之目的在於實證一切法界背後之實相，禪宗稱之爲本來面目或本地風光，佛菩提道中稱之爲實相法界；此實相法界即是金剛藏，又名佛法之祕密藏，即是能生有情五陰、十八界及宇宙萬有（山河大地、諸天、三惡道世間）的第八識如來藏，又名阿賴耶識心，即是禪宗祖師所說的眞如心，此心即是三界萬有背後的實相。證得此第八識心時，自能瞭解般若諸經中隱說的種種密意，即得發起實相般若——實相智慧。每見學佛人修學佛法二十年後仍對實相般若茫然無知，亦不知如何入門，茫無所趣；更因不知三乘菩提的互異互同，是故越是久學者對佛法越覺茫然，都肇因於尚未瞭解佛法的全貌，亦未瞭解佛法的修證內容即是第八識心所致。本書對於修學佛法者所應實證的實相境界提出明確解析，並提示趣入佛菩提道的入手處，有心親證實相般若的佛法實修者，宜詳讀之，於佛菩提道之實證即有下手處。平實導師述著，共八輯，全部出版完畢，每輯成本價250元。

真心告訴您（一）——達賴喇嘛在幹什麼？這是一本報導篇章的選集，更是「破邪顯正」的暮鼓晨鐘。「破邪」是戳破假象，說明達賴喇嘛及其所率領的密宗四大派法王、喇嘛們，弘傳的佛法是仿冒的佛法；他們是假藏傳佛教，是坦特羅(譚崔性交)外道法和藏地崇奉鬼神的苯教混合成的「喇嘛教」，推廣的是以所謂「無上瑜伽」的男女雙身法冒充佛法的假佛教，詐財騙色誤導眾生，常常造成信徒家庭破碎、家中兒少失怙的嚴重後果。「顯正」是揭櫫眞相，指出眞正的藏傳佛教只有一個，就是覺囊巴，傳的是　釋迦牟尼佛演繹的第八識如來藏妙法，稱爲他空見大中觀。正覺教育基金會即以此古今輝映的如來藏正法正知見，在眞心新聞網中逐次報導出來，將箇中原委「眞心告訴您」，如今結集成書，與想要知道密宗眞相的您分享。售價250元。

真心告訴您（二）——達賴喇嘛是佛教僧侶嗎？補祝達賴喇嘛八十大壽：這是一本針對當今達賴喇嘛所領導的喇嘛教，冒用佛教名相、於師徒間或師兄姊間，實修男女邪淫，而從佛法三乘菩提的現量與聖教量，揭發其謊言與邪術，證明達賴及其喇嘛教是仿冒佛教的外道，是「假藏傳佛教」。藏密四大派教義雖有「八識論」與「六識論」的表面差異，然其實修之內容，皆共許「無上瑜伽」四部灌頂爲究竟「成佛」之法門，也就是共以男女雙修之邪淫法爲「即身成佛」之密要，雖美其名曰「欲貪爲道」之「金剛乘」，並誇稱其成就超越於（應身佛）釋迦牟尼佛所傳之顯教般若乘之上；然詳考其理論，則或以意識離念時之粗細心爲第八識如來藏，或以中脈裡的明點爲第八識如來藏，或如宗喀巴與達賴堅決主張第六意識爲常恆不變之眞心者，分別墮於外道之常見與斷見中；全然違背 佛說能生五蘊之如來藏的實質。售價300元。

西藏「活佛轉世」制度——附佛、造神、世俗法：歷來關於喇嘛教活佛轉世的研究，多針對歷史及文化兩部分，於其所以成立的理論基礎，較少系統化的探討。尤其是此制度是否依據「佛法」而施設？是否合乎佛法眞實義？現有的文獻大多含糊其詞，或人云亦云，不曾有明確的闡釋與如實的見解。因此本文先從活佛轉世的由來，探索此制度的起源、背景與功能，並進而從活佛的尋訪與認證之過程，發掘活佛轉世的特徵，以確認「活佛轉世」在佛法中應具足何種果德。定價150元。

法華經講義：此書爲平實導師始從2009/7/21演述至2014/1/14之講經錄音整理所成。世尊一代時教，總分五時三教，即是華嚴時、聲聞緣覺教、般若教、種智唯識教、法華時；依此五時三教區分爲藏、通、別、圓四教。本經是最後一時的圓教經典，圓滿收攝一切法教於本經中，是故最後的圓教聖訓中，特地指出無有三乘菩提，其實唯有一佛乘；皆因眾生愚迷故，方便區分爲三乘菩提以助眾生證道。世尊於此經中特地說明如來示現於人間的唯一大事因緣，便是爲有緣眾生「開、示、悟、入」諸佛的所知所見——第八識如來藏妙眞如心，並於諸品中隱說「妙法蓮花」如來藏心的密意。然因此經所說甚深難解，眞義隱晦，古來難得有人能窺堂奧；平實導師以知如是密意故，特爲末法佛門四眾演述《妙法蓮華經》中各品蘊含之密意，使古來未曾被古德註解出來的「此經」密意，如實顯示於當代學人眼前。乃至〈藥王菩薩本事品〉、〈妙音菩薩品〉、〈觀世音菩薩普門品〉、〈普賢菩薩勸發品〉中的微細密意，亦皆一併詳述之，開前人所未曾言之密意，示前人所未見之妙法。最後乃至以〈法華大意〉而總其成，全經妙旨貫通始終，而依佛旨圓攝於一心如來藏妙心，厥爲曠古未有之大說也。平實導師述已於2015/05/31起開始出版，每二個月出版一輯，共有25輯。每輯300元。

涅槃：眞正學佛之人，首要即是見道，由見道故方有涅槃之實證，證涅槃者方能出生死，但涅槃有四種：二乘聖者的有餘涅槃、無餘涅槃，以及大乘聖者的本來自性清淨涅槃、佛地的無住處涅槃。大乘聖者實證本來自性清淨涅槃，入地前再取證二乘涅槃，然後起惑潤生捨離二乘涅槃，繼續進修而在七地心前斷盡三界愛之習氣種子，依七地無生法忍之具足而證得念念入滅盡定；八地後進斷異熟生死，直至妙覺地下生人間成佛，具足四種涅槃，方是眞正成佛。此理古來少人言，以致誤會涅槃正理者比比皆是，今於此書中廣說四種涅槃、如何實證之理、實證前應有之條件，實屬本世紀佛教界極重要之著作，令人對涅槃有正確無訛之認識，然後可以依之實行而得實證。本書共有上下二冊，每冊各四百餘頁，對涅槃詳加解說，每冊各350元。預定2018/9出版上冊，2018/11出版下冊。

解深密經講記：本經係　世尊晚年第三轉法輪，宣說地上菩薩所應熏修之唯識正義經典，經中所說義理乃是大乘一切種智增上慧學，以阿陀那識—如來藏—阿賴耶識爲主體。禪宗之證悟者，若欲修證初地無生法忍乃至八地無生法忍者，必須修學《楞伽經、解深密經》所說之八識心王一切種智；此二經所說正法，方是眞正成佛之道；印順法師否定第八識如來藏之後所說萬法緣起性空之法，是以誤會後之二乘解脫道取代大乘眞正成佛之道，尚且不符二乘解脫道正理，亦已墮於斷滅見中，不可謂爲成佛之道也。平實導師曾於本會郭故理事長往生時，於喪宅中從首七開始宣講，於每一七各宣講三小時，至第十七而快速略講圓滿，作爲郭老之往生佛事功德，迴向郭老早證八地、速返娑婆住持正法。茲爲今時後世學人故，將擇期重講《解深密經》，以淺顯之語句講畢後，將會整理成文，用供證悟者進道；亦令諸方未悟者，據此經中佛語正義，修正邪見，依之速能入道。平實導師述著，全書輯數未定，每輯三百餘頁，將於未來重講完畢後逐輯出版。

阿含經講記—小乘解脫道之修證：數百年來，南傳佛法所說證果之不實，所說解脫道之虛妄，所弘解脫道法義之世俗化，皆已少人知之；從南洋傳入台灣與大陸之後，所說法義虛謬之事，亦復少人知之；今時台灣全島印順系統之法師居士，多不知南傳佛法數百年來所說解脫道之義理已然偏斜、已然世俗化、已非眞正之二乘解脫正道，猶極力推崇與弘揚。彼等南傳佛法近代所謂之證果者多非眞實證果者，譬如阿迦曼、葛印卡、帕奧禪師、一行禪師……等人，悉皆未斷我見故。近年更有台灣南部大願法師，高抬南傳佛法之二乘修證行門爲「捷徑究竟解脫之道」者，然而南傳佛法縱使眞修實證，得成阿羅漢，至高唯是二乘菩提解脫之道，絕非究竟解脫，無餘涅槃中之實際尚未得證故，法界之實相尚未了知故，習氣種子待除故，一切種智未實證故，焉得謂爲「究竟解脫」？即使南傳佛法近代眞有實證之阿羅漢，尚且不及三賢位中之七住明心菩薩本來自性清淨涅槃智慧境界，則不能知此賢位菩薩所證之無餘涅槃實際，仍非大乘佛法中之見道者，何況普未實證聲聞果乃至未斷我見之人？謬充證果已屬逾越，更何況是誤會二乘菩提之後，以未斷我見之凡夫知見所說之二乘菩提解脫偏斜法道，焉可高抬爲「究竟解脫」？而且自稱「捷徑之道」？又妄言解脫之道即是成佛之道，完全否定般若實智、否定三乘菩提所依之如來藏心體，此理大大不通也！平實導師爲令修學二乘菩提欲證解脫果者，普得迴入二乘菩提正見、正道中，是故選錄四阿含諸經中，對於二乘解脫道法義有具足圓滿說明之經典，預定未來十年內將會加以詳細講解，令學佛人得以了知二乘解脫道之修證理路與行門，庶免被人誤導之後，未證言證，干犯道禁，成大妄語，欲升反墮。本書首重斷除我見，以助行者斷除我見而實證初果爲著眼之目標，若能根據此書內容，配合平實導師所著《識蘊眞義》《阿含正義》內涵而作實地觀行，實證初果非爲難事，行者可以藉此三書自行確認聲聞初果爲實際可得現觀成就之事。此書中除依二乘經典所說加以宣示外，亦依斷除我見等之證量，及大乘法中道種智之證量，對於意識心之體性加以細述，令諸二乘學人必定得斷我見、常見，免除三縛結之繫縛。次則宣示斷除我執之理，欲令升進而得薄貪瞋痴，乃至斷五下分結…等。平實導師述，共二冊，每冊三百餘頁。每輯300元。

修習止觀坐禪法要講記：修學四禪八定之人，往往錯會禪定之修學知見，欲以無止盡之坐禪而證禪定境界，卻不知修除性障之行門才是修證四禪八定不可或缺之要素，故智者大師云「性障初禪」；性障不除，初禪永不現前，云何修證二禪等？又：行者學定，若唯知數息，而不解六妙門之方便善巧者，欲求一心入定，未到地定極難可得，智者大師名之爲「事障未來」：障礙未到地定之修證。又禪定之修證，不可違背二乘菩提及第一義法，否則縱使具足四禪八定，亦不能實證涅槃而出三界。此諸知見，智者大師於《修習止觀坐禪法要》中皆有闡釋。作者平實導師以其第一義之見地及禪定之實證證量，曾加以詳細解析。將俟正覺寺竣工啟用後重講，不限制聽講者資格；講後將以語體文整理出版。欲修習世間定及增上定之學者，宜細讀之。平實導師述著。

★聲明★

本社於2015/01/01開始調整本目錄中部分書籍之售價，以因應各項成本的持續增加。

喇嘛教修外道雙身法，墮識陰境界，非佛教

弘揚如來藏他空見的覺囊派才是真正藏傳佛教

總經銷： 飛鴻 國際行銷股份有限公司

231 新北市新店區中正路 501 之 9 號 2 樓

Tel.02－82186688（五線代表號） Fax.02-82186458、82186459

零售：1.**全台連鎖經銷書局：**

三民書局、誠品書局、何嘉仁書店

敦煌書店、紀伊國屋、金石堂書局、建宏書局

諾貝爾圖書城、墊腳石圖書文化廣場

2.**台北市：**佛化人生 **大安區**羅斯福路 3 段 325 號 6 樓之 4 台電大樓對面

3.**新北市：**春大地書店 **蘆洲區**中正路 117 號

4.**桃園市：**御書堂 **龍潭區**中正路 123 號

5.**新竹市：**大學書局 **東區**建功路 10 號

6.**台中市：**瑞成書局 **東區**雙十路 1 段 4 之 33 號

佛教詠春書局 **南屯區**永春東路 884 號

文春書店 **霧峰區**中正路 1087 號

7.**彰化市：**心泉佛教文化中心 南瑤路 286 號

8.**高雄市：**政大書城 **苓雅區**光華路 148-83 號

明儀書局 **三民區**明福街 2 號

青年書局 **苓雅區**青年一路 141 號

9.**宜蘭市：**金隆書局 中山路 3 段 43 號

10.**台東市：**東普佛教文物流通處 博愛路 282 號

11.**其餘鄉鎮市經銷書局：**請電詢總經銷**飛鴻**公司。

12.**大陸地區請洽：**

香港：樂文書店

旺角店 :香港九龍旺角西洋菜街 62 號 3 樓

電話 : (852) 2390 3723 **email: luckwinbooks@gmail.com**

銅鑼灣店 :香港銅鑼灣駱克道 506 號 2 樓

電話 : (852) 2881 1150 **email: luckwinbs@gmail.com**

廈門：廈門外圖臺灣書店有限公司

地址：廈門市思明區湖濱南路809 號 廈門外圖書城3 樓 郵編：361004

電話：0592-5061658（臺灣地區請撥打 86-592-5061658）

E-mail：JKB118@188.COM

13.**美國：世界日報圖書部：**紐約圖書部 電話 7187468889#6262

洛杉磯圖書部 電話 3232616972#202

14.**國內外地區網路購書：**

正智出版社 書香園地 http://books.enlighten.org.tw/

（書籍簡介、經銷書局可直接聯結下列網路書局購書）

三民 網路書局 http://www.sanmin.com.tw

誠品 網路書局 http://www.eslitebooks.com

博客來 網路書局　http://www.books.com.tw
金石堂 網路書局　http://www.kingstone.com.tw
飛鴻 網路書局　http://fh6688.com.tw

附註：1.請儘量向各經銷書局購買：郵政劃撥需要八天才能寄到（本公司在您劃撥後第四天才能接到劃撥單，次日寄出後第二天您才能收到書籍，此六天中可能會遇到週休二日，是故共需八天才能收到書籍）若想要早日收到書籍者，請劃撥完畢後，將劃撥收據貼在紙上，旁邊寫上您的姓名、住址、郵區、電話、買書詳細內容，直接傳眞到本公司 02-28344822，並來電 02-28316727、28327495 確認是否已收到您的傳眞，即可提前收到書籍。 **2**.因台灣每月皆有五十餘種宗教類書籍上架，書局書架空間有限，故唯有新書方有機會上架，通常每次只能有一本新書上架；本公司出版新書，大多上架不久便已售出，若書局未再叫貨補充者，書架上即無新書陳列，則請直接向書局櫃台訂購。 **3**.若書局不便代購時，可於晚上共修時間向正覺同修會各共修處請購（共修時間及地點，詳閱**共修現況表**。每年例行年假期間請勿前往請書，年假期間請見共修現況表）。 **4**.郵購：郵政劃撥帳號 19068241。 **5**.正覺同修會會員購書都以八折計價（戶籍台北市者爲一般會員，外縣市爲護持會員）都可獲得優待，欲一次購買全部書籍者，可以考慮入會，節省書費。入會費一千元（第一年初加入時才需要繳），年費二千元。**6.尚未出版之書籍，請勿預先郵寄書款與本公司，謝謝您！** **7**.若欲一次購齊本公司書籍，或同時取得正覺同修會贈閱之全部書籍者，請於正覺同修會共修時間，親到各共修處請購及索取；**台北市讀者**請洽：103 台北市承德路三段 267 號 10 樓（捷運淡水線 圓山站旁）請書時間：週一至週五爲 18.00~21.00，第一、三、五週週六爲 10.00~21.00，雙週之週六爲 10.00~18.00 請購處專線電話：25957295-分機 14（於請書時間方有人接聽）。

敬告大陸讀者：

大陸讀者購書、索書捷徑（尚未在大陸出版的書籍，以下二個途徑都可以購得，電子書另包括結緣書籍）：

1.**廈門外國圖書公司**：廈門市思明區湖濱南路 809 號　廈門外圖書城 3F
　郵編：361004　電話：0592-5061658　網址：http://www.xibc.com.cn/

2.**電子書**：正智出版社有限公司及正覺同修會在台灣印行的各種局版書、結緣書，已有『**正覺電子書**』陸續上線中，提供讀者於手機、平板電腦上購書、下載、閱讀正智出版社、正覺同修會及正覺教育基金會所出版之電子書，詳細訊息敬請參閱『正覺電子書』專頁：
http://books.enlighten.org.tw/ebook

關於平實導師的書訊，請上網查閱：
　成佛之道　http://www.a202.idv.tw
　正智出版社　書香園地　http://books.enlighten.org.tw/

中國網採訪佛教正覺同修會、正覺教育基金會訊息：

http://big5.china.com.cn/gate/big5/fangtan.china.com.cn/2014-06/19/content_32714638.htm

http://pinpai.china.com.cn/

★ 正智出版社有限公司售書之稅後盈餘，全部捐助財團法人正覺寺籌備處、佛教正覺同修會、正覺教育基金會，供作弘法及購建道場之用；懇請諸方大德支持，功德無量。

★ 聲　明 ★

本社於 2015/01/01 開始調整本目錄中部分書籍之售價，以因應各項成本的持續增加。

＊ 喇嘛教修外道雙身法、墮識陰境界，非佛教 ＊

＊ 弘揚如來藏他空見的覺囊派才是真正藏傳佛教 ＊

換書及道歉公告

《法華經講義》第十三輯，因謄稿、印製等相關人員作業疏失，導致該書中的經文及內文用字將「**親近**」誤植成「清淨」。茲爲顧及讀者權益，自 2017/8/30 開始免費調換新書；敬請所有讀者將以前所購第十三輯初版首刷及二刷本，攜回或寄回本社免費換新，或請自行更正其中的錯誤之處；郵寄者之回郵由本社負擔，不需寄來郵票。同時對因此而造成讀者閱讀、以及換書的困擾及不便，在此向所有讀者致上最誠懇的歉意，祈請讀者大眾見諒！錯誤更正說明如下：

一、第 256 頁第 10 行~第 14 行：【就是先要具備「**法親近處**」、「**眾生親近處**」；法**親近**處就是在實相之法有所實證，如果在實相法上有所實證，他在二乘菩提中自然也能有所實證，以這個作爲第一個**親近**處——第一個基礎。然後還要有第二個基礎，就是瞭解應該如何善待眾生；對於眾生不要有排斥或者是貪取之心，平等觀待而攝受、親近一切有情。以這兩個**親近**處作爲基礎，來實行其他三個安樂行法。】。

二、第 268 頁第 13 行：【具足了那兩個「**親近處**」，使你能夠在末法時代，如實而圓滿的演述《法華經》時，那麼你作這個夢，它就是如理作意的，完全符合邏輯去完成這個過程，就表示你那個晚上，在那短短的一場夢中，已經度了不少眾生了。】

正智出版社有限公司 敬啓

售後服務—換書啓事（免附回郵） 2017/12/05

《楞伽經詳解》第三輯初版免費調換新書啓事：茲因 平實導師弘法早期尚未回復往世全部證量，有些法義接受他人的說法，寫書當時並未察覺而有二處（同一種法義）跟著誤說，如今發現已將之修正。茲爲顧及讀者權益，已開始免費調換新書；敬請所有讀者將以前所購第三輯（不論第幾刷），攜回或寄回本公司免費換新；郵寄者之回郵由本公司負擔，不需寄來郵票。因此而造成讀者閱讀、以及換書的不便，在此向所有讀者致上萬分的歉意，祈請讀者大眾見諒！

《楞嚴經講記》第 14 輯初版首刷本免費調換新書啓事：本講記第 14 輯出版前因 平實導師諸事繁忙，未將之重新閱讀而只改正校對時發現的錯別字，故未能發覺十年前所說法義有部分錯誤，於第 15 輯付印前重閱時才發覺第 14 輯中有部分錯誤尚未改正。今已重新審閱修改並已重印完成，煩請所有讀者將以前所購第 14 輯初版首刷本，寄回本公司免費換新（初版二刷本無錯誤），本公司將於寄回新書時同時附上您寄書來換新時的郵資，並在此向所有讀者致上最誠懇的歉意。

《心經密意》初版書免費調換二版新書啓事：本書係演講錄音整理成書，講時因時間所限，省略部分段落未講。後於再版時補寫增加 13 頁，維持原價流通之。茲爲顧及初版讀者權益，自 2003/9/30 開始免費調換新書，原有初版一刷、二刷書籍，皆可寄來本公司換書。

《宗門法眼》已經增寫改版爲 464 頁新書，2008 年 6 月中旬出版。讀者原有初版之第一刷、第二刷書本，都可以寄回本公司免費調換改版新書。改版後之公案及錯悟事例維持不變，但將內容加以增說，較改版前更具有廣度與深度，將更能助益讀者參究實相。

換書者**免附回郵**，亦無截止期限；舊書請寄：111 台北郵政 73-151 號信箱 或 103 台北市承德路三段 267 號 10 樓 正智出版社有限公司。舊書若有塗鴨、殘缺、破損者，仍可換取新書；但缺頁之舊書至少應仍有五分之三頁數，方可換書。所有讀者不必顧念本公司是否有盈餘之問題，都請踴躍寄來換書；本公司成立之目的不是營利，只要能眞實利益學人，即已達到成立及運作之目的。若以郵寄方式換書者，免附回郵；並於寄回新書時，由本公司附上您寄來書籍時耗用的郵資。造成您不便之處，再次致上萬分的歉意。

正智出版社有限公司 啓

國家圖書館出版品預行編目資料

阿含正義-唯識學探源 第六輯／平實導師著 —初版—
臺北市：正智，2007—〔民96—〕
冊； 公分

ISBN:978-986-81358-6-4 （第1輯：平裝）
ISBN:978-986-81358-8-8 （第2輯：平裝）
ISBN:978-986-81358-9-5 （第3輯：平裝）
ISBN:978-986-82992-1-4 （第4輯：平裝）
ISBN:978-986-82992-4-5 （第5輯：平裝）
ISBN:978-986-82992-5-2 （第6輯：平裝）
ISBN:978-986-82992-7-6 （第7輯：平裝）
1.阿含部

221.8 95015882

阿含正義 唯識學探源 ——第六輯

作　者：平實導師
校　對：蘇振慶 章乃鈞 蔡禮政 劉惠莉
出版者：正智出版社有限公司
電話：〇二 28327495 28316727（白天）
傳眞：〇二 28344822
111台北郵政73-151號信箱
郵政劃撥帳號：一九〇六八二四一
正覺講堂：總機〇二25957295（夜間）
總經銷：飛鴻國際行銷股份有限公司
231新北市新店區中正路501-9號2樓
電話：〇二 82186688（五線代表號）
傳眞：〇二 82186458 82186459
初版首刷：公元二〇〇七年六月底 二千冊
初版六刷：公元二〇一八年六月 二千冊
定　價：三〇〇元

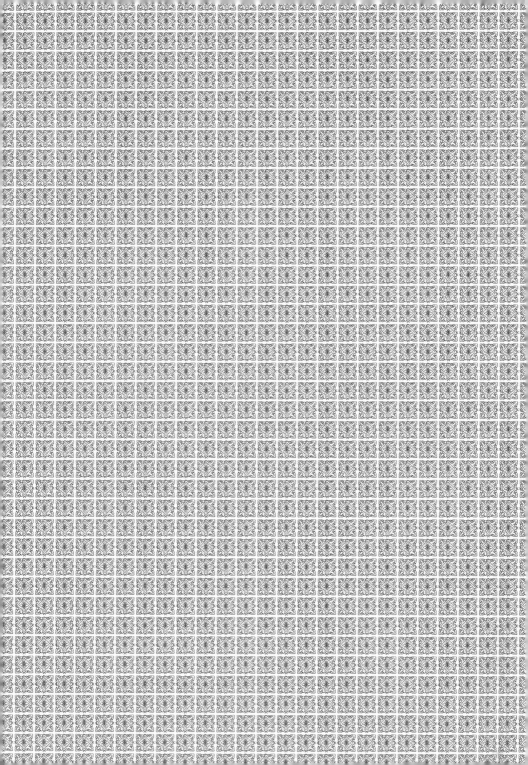